Das EPPENDORF BUCH

Werner Skrentny,
Autor, Hamburg-Eppendorf

Knuth Weidlich, Herausgeber,
Weidlich Verlag und Medienvertrieb, Norderstedt

1. Auflage 2013

02.02.2018

Inhalt

VORWORT

Eppendorf gilt als einer der attraktiven Stadtteile Hamburgs, den eine fast durchgängige Jahrhundertwende-Architektur, viel Grün samt Parks, die Gewässer und ein trotz 24.000 Bewohnern teils noch „dörfliches Flair" auszeichnen.

Das war bereits 1990 Anlass, dieses Buch zu veröffentlichen, das damals auf große Resonanz stieß und in kürzester Zeit drei Auflagen erlebte. Grundlage für das Buch war dabei das umfangreiche Archiv des damaligen Historika Photoverlag Hamburg in Eppendorf, das bis in das Jahr 1900 zurückgeht und teilweise noch auf Photoplatten vorhanden ist.
Aufgelegt wurden damals 200 verschiedene Kartenmotive, Hamburg-Kalender und Poster.

Fast zweieinhalb Jahrzehnte später dachten wir, es sei, auch wegen der oft geäußerten Nachfrage, Zeit für ein neues Eppendorf-Buch.

Und hier ist es nun.
Hauptbestandteil sind die zehn Straßengeschichten geblieben: Eppendorfer Landstraße z. B., Eppendorfer Baum, Erikastr. u.a.m., natürlich durchweg gründlich aktualisiert und neu verfasst. Denn nicht nur die Zeit ist voran geschritten, auch die Forschung. Viel mehr weiß man inzwischen dank der verdienstvollen „Stolperstein"-Bände über das Schicksal jüdischer Bürger aus dem Stadtteil.

Etliche Kapitel sind deutlich erweitert worden, so das um das doch einmalige Stiftsviertel, das bedeutende UKE oder zur Firmengeschichte an der Alsterkrugchaussee, wo ehemals Langnese (!) begann.

Komplett neu sind sechs Häusergeschichten; es geht u.a. um das „neue" Bethanien und die Emigranten aus dem Trummersweg. Zusätzliche Extras sind Informationen zu spektakulären Ereignissen, die über den Stadtteil hinaus Aufsehen erregten: Unglücke, ein Bombenanschlag, eine Mordtat. Weiter enthalten sind die in den Erstauflagen schon beliebten Lokalrunden – natürlich erweitert um die von 2013. Und ein weiterer Beleg für das, was sich im Viertel verändert hat.

In der Ausstattung dominieren nun die Farbfotos, doch sind Schwarz-Weiß-Aufnahmen aus dem Archiv des Historika Photoverlag Hamburg nach wie vor ein wichtiger Bestandteil. Ein weiteres Eppendorf-„Bilderbuch" sollte es allerdings nicht sein. Deshalb auch die ausführlichen Texte, gibt es doch so viel über den Stadtteil zu berichten. Auch zu jüngeren Entwicklungen, wie der mittlerweile sehr intensiven Debatte, wie es mit dem Stadtteil weitergehen soll,
Stichwort: „Eppendorf oder Eppencity?"

Mit den Stadtteil-Grenzen haben wir es im Übrigen nicht ganz genau genommen:
Irgendwie gelten Teile von Harvestehude oder Hoheluft-Ost nebenan ja auch als Eppendorf...
Und wie zu lesen sein wird: Eppendorf ist nicht „nur" „Schicki-Micki".

Wir wünschen allen Leserinnen und Lesern eine interessante Lektüre und Ansicht.
Für Anregungen, mögliche Ergänzungen und Korrekturen sind wir jederzeit dankbar (info@weidlich-verlag.de).

Knuth Weidlich, Herausgeber, Weidlich Verlag und Medienvertrieb, Norderstedt
Werner Skrentny, Autor, Hamburg-Eppendorf

Nachrichten aus Eppendorf: 1789 bis 2013

1789

„110 Feuerstellen, viele Gartenhäuser"

„Zum Kloster gehört auch das aufwärts der Alster von der Stadt eine halbe Meile gelegene Kirchdorf Eppendorf; es enthält 110 Feuerstellen, worunter aber viele hamburgische Gartenhäuser sind. An Landleuten bewohnen es 5 Vollhüfner* und 15 Käthner**. Außerdem ist noch eine Wachsbleiche und eine Wassermühle da. Das Land ist Geest; und von den 5 Vollhüfnern benutzt ein jeder 30, von den 15 Käthnern aber ein jeder nur 3 Morgen***, die gewöhnlichen Scheffel**** auf Morgen reduziert. Ein Klostervogt sorgt für die Gerechtsamen des Klosters, und erteilt die Befehle der Obrigkeit, der Baumvogt verwaltet die Angelegenheiten des Dorfes."

Jonas Ludwig von Heß: Hamburg, topographisch, politisch und historisch beschrieben. 1789.

* Nach dem Flächenmaß Hufe, 7.5 bis 20 ha
** Besitzer einer kleinen Hütte (Kathe) mit etwas Land, meist daneben noch als Handwerker oder Tagelöhner beim Bauern tätig
*** 2.500 bis 3.500 qm Land
**** Landwirtschaftliche Fläche

1895

„Eine bedeutende Entwicklung steht bevor"

„Eppendorf hat seine Einwohner-Zahl seit 1880 mehr als vervierfacht; es gibt jedoch namentlich im Norden dieses Stadtteils noch ausgedehnte Bauterrains, welche mittels eines für zukünftige Verkehrsverhältnisse berechneten Straßennetzes erschlossen werden sollen; für Eppendorf steht somit noch eine bedeutende Entwicklung bevor."

Wilhelm Melhop: Topographie der Freien und Hansestadt Hamburg von 1880 bis 1895

1903

„Eppendorf kann keine Fabrikstadt werden"

„Von der zur Ausarbeitung des Bebauungsplans für die Vororte eingesetzten Senats- und Bürgerschafts-Commission ist der von den Bewohnern Eppendorfs mit Spannung erwartete Entwurf des Bebauungsplans für den Stadtteil fertiggestellt und in der Börse sowie in sämtlichen Polizeibezirks öffentlich ausgelegt worden.

Aus dem Bebauungsplan ist auf den ersten Blick ersichtlich, dass der bei weitem überwiegende Teil des Eppendorfer Gebietes für eine bessere, weniger intensive Bebauung reserviert werden soll. Es sollen dort nur Etagenhäuser mit beschränkter Geschosszahl errichtet werden dürfen. Ferner soll auf dem größten Teil des Eppendorfer Gebiets die Errichtung von Fabriken und die nachbarschaftsbelästigender Geschäftsbetriebe gänzlich ausgeschlossen werden. Eine eigentliche Fabrikstadt kann also Eppendorf nach dem Bebauungsplan nie werden, trotzdem sich bereits eine Anzahl von Fabriken, namentlich an der Alsterkrugchaussee, in Eppendorf befinden.

Dort, wo die Geschosszahl der zu errichtenden Etagenhäuser beschränkt wird, kann die Zahl der zugelassenen Obergeschosse (Etagen) um ein Obergeschoss vermehrt werden, wenn der Bauende auf die Anlage eines Wohnkellers verzichtet. Diese Bestimmung dürfte geeignet sein, ohne große Härten für die direct Beteiligten den Wohnkeller in den betreffenden Gebieten allmählich verschwinden zu lassen, was im gesundheitlichen Interesse der Bevölkerung nur zu begrüßen ist.

Der Bebauungsplan von Eppendorf erweist sich nach Allem als ein überaus umfangreiches, gründlich erwogenes Werk, welches vielleicht nur in wenigen kleinen Einzelheiten verbesserungsfähig wäre, dessen jetzige Veröffentlichung schon in nächster Zeit sicherlich den weiteren Ausbau und die ferne Entwicklung des Stadtteils Eppendorf in jeder Beziehung günstig beeinflussen dürfte."

„Hamburger Nachrichten", 13. Mai 1903

1905

Eppendorfs „anziehender Charakter"

„Alle ehemaligen Vororte stehen gegenwärtig mehr oder minder unter dem Zeichen: Es will ein Neues werden! Die natürliche Bevölkerungszunahme Hamburgs, verstärkt durch das Blühen aller Zweige von Industrie und Handel, die immer weiter um sich greifende Entwicklung der inneren Stadt zum rein geschäftlichen Zentrum und last not least die nun glücklich in deutlichen Linien am Firmament der Zukunft sich abzeichnende Vorortsbahn sind ein Teil der Ursachen dafür, dass in den äußeren Stadtteilen Hamburgs, in denen noch Platz ist, eine äußerst rege Bautätigkeit herrscht.

Dass Eppendorf in dieser Beziehung allen Vororten vorangeht, ist leicht erklärlich, wenn man bedenkt, dass das benachbarte Eimsbüttel baulich nicht sonderlich mehr ausdehnungsfähig ist. Eppendorf aber hat nicht nur Baugrund im reichen Maße, sondern es liegt hier auch die Sicherheit vor, dass es seinen nach vieler Richtung anziehenden Charakter behält. Es ist kein Vorort für ein so genanntes Mietskasernenviertel.

Die breite Eppendorfer Landstraße mit ihren herrlichen Rosenbeeten ist fast ganz bebaut mit besseren und vornehmsten Wohnhäusern; eine Reihe alter feiner Landhäuser ist im Besitz erster hamburgischer Familien. Das ganz neue Looge-Viertel ist ausschließlich für Villen bestimmt; die Zugangsstraßen wie Loogestieg, Haynstraße u.a. werden mit architektonisch wirkenden Etagenhäusern bebaut, die nur gegen teure Mieten zu haben sein werden.

Die neuen Straßen in diesem Looge-Viertel, wie Godeffroy-, Geffcken-, Gaedechens-, Kellinghusenstraße und Trummersweg, die zum Teil direkt an die Alster heranführen, münden aus in große Plätze, welche schon jetzt mit geschmackvollen Anlagen versehen sind. Dass auch das Terrain auf der entgegengesetzten Seite der Landstraße nicht eng bebaut wird, dafür sorgen die umfangreichen parkähnlichen Anlagen vor dem Eppendorfer Krankenhaus.

Ein etwas lebhafteres Gepräge wird die verlängerte breite Tarpenbeckstraße erhalten, die die Verbindung zwischen dem Eppendorferbaum und Großborstel herstellen soll. Die Straße hat in ihrem fertigen Teil jetzt ausschließlich gefällige Landhäuser und Stiftungen; die später zu bauende Fortsetzung wird reiches geschäftliches Getriebe aufnehmen.

Der Lockstedter Weg mit seiner schattigen Allee gehört zu den ruhigen Straßen, die von der im hastenden Betriebe der Großstadt lebendigen Bevölkerung viel gesucht werden. Das große Terrain zwischen dieser schönen Straße und der stark bevölkerten Niendorferstraße, das zum Teil der reichen St. Johanniskirche Eppendorfs gehört, soll jetzt auch erschlossen werden. Hier werden nach dem Willen der Besitzer zahlreiche Straßen mit mittleren und kleinen Wohnungen angelegt werden.

Auch am Marktplatz Eppendorf gehen einschneidende bauliche Veränderungen vor sich ; die alten, zum Teil achtzig und hundert Jahre alten Gebäude werden samt und sonders niedergerissen, um modernen Neubauten Platz zu machen.

So wird Eppendorf innerhalb einiger Jahre einen vollkommen großstädtischen Charakter erhalten."

„Hamburger Nachrichten", 20. November 1905

1908

„Gesunde Bebauung"

„Nachdem die Bürgerschaft den letzten, dem Senatsantrag zustimmenden Beschluss über den Bebauungsplan Eppendorfs gefasst hat, ist dieser gesetzlich festgestellt und zugleich ein weiterer großer Fortschritt in der Sicherstellung einer gesunden und zweckentsprechenden Bebauung in diesem Teil des Stadtgebiets gemacht worden.

Für die beiden zwischen dem Mühlenteich und der Alster gelegenen Baublöcke an der Alsterkrugchaussee sowie für einige andere kleinere Baublöcke in der Nähe ist das Verbot der Errichtung von Fabriken beschlossen worden mit Rücksicht darauf, dass das Gebiet des Alstertal in Eppendorf und Winterhude für eine bessere, vornehmere Bebauung reserviert werden soll. Man hat sich zu diesem Verbot entschlossen, trotzdem bereits mehrere Fabriken auf dem in Betracht kommenden Gelände vorhanden sind, wie zum Beispiel die Langnesische Biskuitfabrik."

„Hamburger Nachrichten", 11. Januar 1908

1909

„Reizend gelegen"

„Das Dampfboot erreicht Eppendorf an der Alster (von Hamburg auch Straßenbahn dahin), reizend gelegen, von hübschen Villen und Gärten umgeben. Da selbst das neue allgemeine Krankenhaus und das 1895 enthüllte Denkmal für Samuel Heinicke, den Begründer der 1. deutschen Taubstummenanstalt."

Woerl`s Reisehandbücher: Illustrierter Führer durch Hamburg–Altona und Umgebung, 1909.

1910

„Am Marktplatz kennt man sich kaum mehr aus"

„Wenn man etwas über den Stadtteil Eppendorf schreiben will, so kommt man in Versuchung, dem Namen die Bezeichnung „neu" vorzusetzen. Eppendorf gehört sicherlich zu den Stadtteilen Hamburgs, die von der Natur recht freundlich bedacht sind. Der liebliche Alsterlauf, der Mühlenteich mit seinen reizvoll ausgestalteten Ufern, der Park vor dem Allgemeinen Krankenhaus und die vielen hübschen Anlagen an Straßen und Plätzen rechtfertigen das Urteil.

Ein neues Eppendorf aber ist hervorgegangen aus den Umwälzungen, die sich gründen auf die umfangreichen Bauten für die neue Hochbahn und die damit im Zusammenhang stehende lebhaft blühende Tätigkeit zur Errichtung zahlreicher großer und zum Teil reich ausgestatteter Wohnhäuser. Da ist manches Alte der Neuzeit zum Opfer gefallen.

Der große, von stattlichen Baumalleen durchzogene Wiesengrund, Looge genannt, wird ja schon seit mehreren Jahren durchquert von zahlreichen neuen Straßen mit sogenannten „herrschaftlichen" Wohnungen. Auch die „Landstraße" bringt seit Jahren, wohl oder übel, Opfer für das Anwachsen der Großstadt. Es wäre dabei zu wünschen, dass das efeuumrankte Stammhaus unseres Bürgermeisters Schröder recht lange der Neuzeit Widerstand leisten möge.*

Denn im übrigen schreitet die Zeit auch in Eppendorf unerbittlich über das Gewordene hinaus. An der schönen Ludolfstraße ist jüngst ein Teil der alten, schlichten und gemütlichen Landhäuser abgerissen worden und ihren Platz hat ein modernes, riesiges Wohnhaus eingenommen. Am Marktplatz kennt man sich kaum mehr aus. Die alten mehr als hundertjährigen Häuschen sind verschwunden. Die größten Veränderungen aber sind am Eppendorfer Baum vor sich gegangen, wo jetzt ein eindrucksvoller großer freier Platz vergessen lässt, dass dort bei dem starken Straßenbahnkreuzverkehr recht häufig unliebsame Schwierigkeiten zu überbrücken waren.

Die Eppendorfer werden aber sicherlich mit diesen Veränderungen im allgemeinen zufrieden sein, zumal ihnen nicht nur die Hochbahn viele Annehmlichkeiten und Verkehrsmöglichkeiten bringt, sondern weil auch der neue Bahnhof an der Goernestraße den Stadtteil um ein stattliches Gebäude bereichern wird.

Schließlich sei noch die Hoffnung ausgesprochen, dass es gelingen möge, einige der stattlichen Baumgestalten auf der Looge zu erhalten."

„Hamburger Nachrichten", 4. August 1910

** 1925 Verkauf an die Stadt, Abriss*

1930

„Wenig Kirchdorf-Poesie"

„Von dem alten Eppendorf, dem Ziel sonntäglicher Wanderungen und Spaziergänge, einem „Lustort" und einer Stätte der Erholung in der freien Natur, ist wenig übriggeblieben. Die Kirche ist beinahe das letzte, was von der Poesie des alten Kirchdorfes auf uns gekommen ist."

„Hamburger Anzeiger", 1930

1950

„Hetzjagd statt Ruhe"

„ Das alte Eppendorf ist verschwunden. Die pompösen Gärten und gartenumsäumten Teiche des vorigen Jahrhunderts, die Laubengänge, Gewächshäuser, verschnörkelten Wege, Rabatten und Bosketten* fielen der Spitzhacke zum Opfer oder wurden von der Kriegsfackel angesteckt. Die beschauliche Ruhe einer aufregungslosen Zeit hat der Hetzjagd nach den Verkehrsmitteln Platz gemacht. Geblieben ist jedoch die Tradition dieses Stadtteils. Geblieben sind auch einige Punkte, die uns wie Rückstände einer längst verklungenen Epoche anmuten."

Heinz Metzger, in: „Hamburger Abendblatt", 4. November 1950

** Lustwäldchen oder Gartenanlage*

1951

„Einige dörfliche Häuser"

„Eppendorf, bekannt durch das große Universitätskrankenhaus, liegt westlich des Isebek–Kanals und der kanalisierten Alster und geht auf ein Dorf dieses Namens zurück. Einige niedrige dörfliche Häuser und Gasthäuser („Altes Landhaus", „Alte Grenze") und viele alte Bäume erinnern noch an die frühere Zeit. Hauptstraßen sind die Eppendorfer Landstraße mit neuem Kaufhaus (1951), die Hoheluftchaussee und der Eppendorfer Baum."

Karl Baedeker: Hamburg und die Niederelbe. Reisehandbuch.1951

1970

„Puschenkneipen" und Kellerläden

„Es war stiller in den Wohnstraßen, das Leben hatte bedächtigeren Gang, man stand auch viel beisammen, klönte, klatschte. Es gab mehr Bäume und weniger Beton, mehr Gras und Erde und weniger Steinpflaster und Asphalt.

Es gab ein Theater und ein Kino, es gab Puschenkneipen, in denen die Opas saßen. Es gab zahllose Tante-Emma-Läden. Das fing gleich in der Hegestraße an mit mehreren Kellerläden, wo man Süßigkeiten, Schreibwaren, Gemüse und lose Milch bekam, und setzte sich hinter dem Eppendorfer Baum mit altertümlichen Drogerien, Zigarrenläden* und Uhrmachereien fort.

Die Hausfassaden waren ergraut, verwittert, die Farbe blätterte, man verdiente, solange noch die Mietpreisbindung galt, nicht viel an Immobilien, in die alten Kästen wurde wenig investiert. Das konservierte dann auch altüberkommene bizarre Mietverhältnisse, die Witwen mit den halben Dutzend Untermietern, die Alten, die den ganzen Tag hinter den Fensterscheiben hockten."

Dr. Reinhard Barth, der 1970 in die Haynstr. 1 einzog, im Buch „Das Haus. Tagebuchblätter aus der Haynstraße" über das damalige Eppendorf.

** Bei Bauarbeiten wurde 2013 Eppendorfer Baum 23/25 die alte Ladenaufschrift „Zigarren Knust" sichtbar.*

1971

„Montmartre Hamburgs?"

„Kommt es in Eppendorf zu einem Generationskonflikt unter den Geschäftsleuten? Werden weitere Boutiquen und Pubs im „English-Style" eröffnet, weil Handwerksbetriebe und Fachgeschäfte offensichtlich keine Chance haben? Hans Maaß, 1. Vorsitzender des Eppendorfer Bürgervereins: „Wir wollen nicht der Montmartre Hamburgs werden!"

Es sind junge Leute, die abends ins konservative Eppendorf kommen: Langhaarige mit Bärten und offenen Hemdkragen. Abend für Abend füllen Sie „Onkel Pö´s Carnegie Hall" mit sich selbst, Zigarettenqualm, Träumen und Illusionen von einer Welt, in der es keine „Spießer" mehr gibt."

„Hamburger Abendblatt", 1971

1972

„Über Nacht eine anziehende Note"

„Eppendorf ist „in". Am Eppendorfer Baum und in den anliegenden Straßen, vornehmlich an der Hegestraße und am Lehmweg, entwickelte sich in den letzten Jahren ein Einkaufsviertel besonderer Art, das mit seinem Gemisch von alteingesessenen Fachgeschäften und Lebensmittelhandlungen, den neuen poppigen Boutiquen, den mancherlei Läden in anglomanischer Aufmachung, den „Klim-Bim"- und Krimskrams–Antiquitätengeschäften und den Galerien die Eppendorfer und viele Passanten von sonst woher anzieht und einladet, durch das Revier zu bummeln.

Mit neuen Ideen und viel Wagemut eröffneten junge Leute (mit oftmals ver"teufel"ten * Frisuren, aber überraschend guten Manieren und sauberem, anständigen Geschäftsgebaren) in engster Nachbarschaft jahrelang ansässiger Geschäfte in leergewordenen Läden ihren Handel alter Sachen, für die Romantiker immer ein Herz und ein stets offenes, zumindest leicht aufspringendes Portemonnaie haben, und fanden sich Galeristen, die Kunst von morgen, nach manchem Geschmack von übermorgen oder später, zum Durchbruch verhelfen wollten.

Zu den lebensnotwendigen Fachgeschäften gesellte sich ein Jungbürgertum, das farbenfreudig den Daseinskampf aufnahm und dem ganzen Viertel sozusagen über Nacht eine viele Interessenten anziehende Note verlieh. Sie sind zu bewundern, diese jungen Leute, und das tun bestimmt alle Einsichtigen, die selbstverständlich zu allererst jeden nach seiner Fasson selig werden und leben lassen. Die Aktivität der jungen Leute ist erfreulich, macht Eppendorf attraktiver und belebt das Geschäft. Die alten renommierten Fachgeschäfte bezeugen das, das Publikum nimmt es anerkennend wahr, und das junge Volk schwärmt: Eppendorf ist „in"."

Helmut Alter, in: „Der Eppendorfer", Zeitschrift des Eppendorfer Bürgervereins, Januar 1972

** bezieht sich auf Fritz Teufel (1943-2010), den damaligen Berliner Kommunarden.*

1973

„Wenig Society, viel Bohème"

„Eppendorf: Ein Idyll aus selbstgepoptem gelbgepoptem Jugendstil, Pinten, Kramboutiquen mit wenig Society und viel Bohéme. Eppendorf, des Bürgers Vorstadt von einst, hat sich zum Dorado der Gemütlichkeit, zu einer hübschen Insel für nette Leute stilisiert.

Jenes Viertel lockte nach reichlich genossener Pöseldorf-Kost zunächst mit hässlich-schönen Stuckfassaden, billigen Zehn-Zimmer-Wohnungen, schließlich mit ein Paar Antiquariaten.

Dann kamen sie in Scharen, die Modelädchen, irgendwo in den vielen Kellern, die improvisierten Kneipen, Galerien, die Studenten und Pop-Renovierer. Und unter die Einwohner von ehedem mischten sich junge Groß- und Kleinfamilien, Klamottenjünger und Pizzaschlecker. Hier und da waren plötzlich Gartenlokale, schossen eppendorferische Pubs und Imbissbuden wie Pilze aus den Pflastersteinen. Hallo an allen Ecken, Small-Talk und ein paar wacklige Stühle: Die Atmosphäre im Revier war geboren. Mit Nonchalance und Charme überall, ohne Möchtegern und Uniformität, einfach ganz von allein.

So ganz geheim ist der Eppendorf–Tipp schon längst nicht mehr. Die Jung–Schickeriagarde findet mittlerweile auch hier , was sie so dringend zu suchen scheint. In Eppendorfs Straßen gibt es eben für jeden etwas."

Kathrin Kehrer, in: „Hamburger Abendblatt", 10. August 1973

1988

„Im Trend"

„Der Stadtteil gilt wegen zentraler Lage, Nähe zu Parks, Alster und Tarpenbek, und vor allem, weil im Krieg kaum Bausubstanz zerstört wurde (Volksmund:"Glücksstadt") als bevorzugtes Wohngebiet. Eppendorf liegt heute im Trend, die Mieten im Aufwind. Vordergründig prägen Szene–Lokale und Shopping das Bild. Verschwunden sind dafür der Schlachter an der Ecke, der Fahrradladen und etliche kleine Geschäfte. Aber Eppendorf ist nicht allein Eppendorfer Landstraße: Der Gang durchs Viertel eröffnet ganz andere Perspektiven."

„Hamburg zu Fuß". 20 Stadtteilrundgänge durch Geschichte und Gegenwart (3. Aufl. 1988)

1990

„Alle Wünsche erfüllt ..."

„Auch wenn der Berufsverkehr durch die Hauptstraßen tost, spürt man auch heute noch etwas von dem dörflichen Charme und der Ruhe, die vielleicht diesen Stadtteil vor anderen auszeichnet. Kaum ein Wohnquartier Hamburgs ist gefragter.

In Nähe zum Zentrum trifft man hier auf eine Mischung, die dem arrivierten Stadtmenschen alle Wünsche erfüllt: Bürgerhäuser mit prächtigen Fassaden, ausgedehnte Parks, gepflegte Gärten, noble Geschäfte, edle Restaurants, Kneipen mit Atmosphäre, der Isemarkt um die Ecke, das luxuriöse Holthusenbad, der elegante Jugendstilbahnhof Kellinghusenstraße – und natürlich die Alster. Eigentlich fehlt nur eines: Parkplätze."

„Hamburger Abendblatt", 1990

2009

„Wer hier wohnt, zieht nie wieder weg"

„Es macht Eppendorf, dieses urbane Kleinod nordwestlich der Außenalster, so liebens- und lebenswert, dass es zwar schickimicki, aber trotzdem gemütlich und fast dörflich ist. Dass die Innenstadt nur ein paar U-Bahnstationen entfernt liegt und man sich in der Alten Mühle beim Hayns Park trotzdem wie auf dem Land fühlt (...) Wer einmal hier wohnt, zieht nie wieder weg. Schon weil er sich ohne Intarsienparkett, wilhelminischen Stuck und in einer Deckenhöhe unter drei Meter wie im Kartoffelkeller fühlen würde."

Evelyn Holst, „Einmal Eppendorf, immer Eppendorf", in: „MERIAN", September 2009

2010

„Nicht auszuhalten"

„Als Kind fand ich es in Eppendorf schön. Ab zehn bin ich aber in Eimsbüttel zur Schule gegangen und habe da auch Abi gemacht (....) Das eklige Eppendorf habe ich erst später kennen gelernt (...) Während meines Zivildienstes musste ich mich tagsüber auf den Straßen von Eppendorf herumtreiben, mit den militanten, reichen Müttern, die ihre Töchter im Geländewagen von der Schule abholen und in schicken Cafés die Übernahme der nächsten Boutique planen. An dem Tag, an dem der Zivildienst zuende war, konnte ich endlich Eppendorf verlassen. Ich bin an dem Tag ausgezogen. Es gibt auch null Ausländer in Eppendorf, es ist nicht auszuhalten."

Jan Delay, d.i. Jan Eißfeldt, bekannter Interpret von Hip-Hop, Reggae, Soul, Funk, geboren 1976 und aufgewachsen in der Hausgemeinschaft Hayn-/Hegestr., am 29.4.2010 im Interview mit "Hinz & Kunzt", dem Hamburger Straßenmagazin.

2012

„Schwärende Wunde"

„Die schwärendste Wunde meiner Heimatstadt Hamburg heißt Eppendorf. Der Stadtteil, wo alle „Tagesschau"-Sprecher leben und alle Reederei-Besitzer und die Sprösslinge von Reederei-Besitzern."

Bernd Begemann, geb. 1962, Liedermacher aus Hamburg-Rothenburgsort, in der Ansage seines Titels „Die Slums von Eppendorf" am 16. September 2012 in der Lokalität „Treibsand" in Lübeck (bei Drucklegung 528 Aufrufe bei www.youtube.de).

2012

„Wie im Paradies"

„Amsterdam, Madrid und London sind ebenfalls schöne Städte. Aber zum Leben ist Hamburg vorzuziehen, und ganz besonders Eppendorf ist schöner als London. Nur hier ist es möglich, so zu leben wie jeder normale Bürger. Mann, bin ich glücklich, wieder zurück zu sein. Als wäre ich im Paradies."

Sylvie van der Vaart, „Bild-Zeitung", 14.9.2012. Das Ehepaar van der Vaart lebte beim ersten Engagement des Fußball-Stars im Stadtquartier Falkenried.

2012

„Nicht nur Neureiche"

„Wer Eppendorf verstehen will, sollte hier einmal gelebt haben. Es wäre ungerecht, Eppendorf nur oberflächlich zu betrachten. Klar gibt es sie hier: die Yuppies im Polo-Sport-Sylt-Look und mittelgescheitelte Kinder, die auf Namen wie Lara-Louisa oder Franz-Friedrich hören. Das Schöne aber ist: Hier wohnen nicht nur Neureiche, sondern auch Alteingesessene. Menschen, die Eppendorf noch aus der Zeit kennen, als Begriffe wie Latte macchiato und Mietwucher unbekannt waren.

Vermutlich gibt es nicht viele Stadtteile, die gefühlt so voller Bäume und zugleich voller Autos sind wie Eppendorf. Ersteres bezogen auf die vielen Grünanlagen

Das Missverhältnis zwischen Autos und Parkplätzen rührt daher, dass viele Eppendorfer sich zwei Autos leisten. Den Strafzettel fürs Falschparken obendrauf. Jugendstilambiente hat seinen Preis. Wer hier wohnt, gehört in der Regel zu den Besserverdienenden, hat geerbt oder Glück gehabt.

Eppendorf als Kultkiez prägte vor allem die legendäre Musikkneipe Onkel Pö

Viele Künstler zogen damals nach Eppendorf. „Heute wohnen hier vor allem Familien, es ist nicht mehr so wild wie vor 30 Jahren", so Heinz Körschner, der langjährige Vorsitzende des Bürgervereins

Borchers-Chef Jan Kleinert: „Eppendorf ist ruhiger geworden. Paare und Familien bleiben am späten Abend zu Hause."

Tagsüber ist das anders. Da trifft man sich auf der Eppendorfer Landstraße

Es ist die Vielfalt, die das Stück Straße zwischen Eppendorfer Markt und Eppendorfer Baum so reizvoll macht. Trotz hoher Fluktuation und neuer Geschäfte verliert Eppendorf eines schon seit Jahrzehnten, vielleicht sogar Jahrhunderten nicht: den Charme, ein besonderes Dorf innerhalb einer Metropole zu sein."

Anika Riegert in „Hamburger Abendblatt", Die Stadtteilserie, 14. Juli 2012

2013

„Steigen sie hier aus..."

„Nächste Haltestelle: Eppendorfer Baum. Wenn Sie's schön haben wollen, steigen Sie hier aus."

Roger Willemsen sagte für den HVV eine Haltestelle an.

2013

Ob in Bombay, ob in Rio...

„Bist Du nächste Woche wieder in Bombay?"

„Nein, geht nicht! Ich muss die Kinder nehmen. Meine Frau ist in Abu Dhabi."

Samstagnachmittag-Dialog von Passanten auf der Eppendorfer Landstraße.

Ein Eppendorf-Dokument: Karl Schefflers „Der junge Tobias“

Und die Bauernfamilien starben

Ein eindrucksvolles Dokument des Wandels Eppendorfs vom Dorf zum Stadtteil sind die Erinnerungen des aus der Ludolfstraße stammenden Kunstkritikers Karl Scheffler (1869 Hamburg-1951 Überlingen), „Der junge Tobias. Eine Jugend und ihre Umwelt“, erstmals 1927 im Insel-Verlag zu Leipzig erschienen, mit einer Zeichnung von Max Liebermann auf dem Titel. Nach dem Publizisten benannt ist der Schefflerweg - nicht in Eppendorf, sondern in Othmarschen.

Ein Zeuge des dörflichen Eppendorf ist das „Klostervogt-Haus“, Eppendorfer Marktplatz 11. Nach Armin Clasen wurde es „mit großer Wahrscheinlichkeit“ 1778 erbaut. In dem spätbarocken Fachwerkhaus amtierte als letzter Klostervogt von 1795 bis 1833 Christian Georg Borchert. 1830 war Eppendorf unter hamburgische Verwaltung gekommen. – Links: „Das alte Schulhaus in Eppendorf bei Hamburg worin SAMUEL HEINICKE von 1769 bis 1777 den ersten Taubstummen-Unterricht ertheilte“, lautet der Aufdruck auf dieser alten Postkarte. Die Dorfschule selbst ist 1890 abgerissen worden. Man beachte den noch „ungezähmten“ Alsterlauf.

S. 9 Titel von „Der junge Tobias“, 1927 erstmals verlegt. Die Zeichnung stammt von Max Liebermann, Maler und Grafiker und bedeutendster Vertreter des deutschen Impressionismus.

Hier nun Auszüge:

„Bald nach dem deutsch–französischen Kriege (Anm.: 1871) und nach der politischen Einigung der deutschen Staaten begann eine Wandlung. Jedes Jahr brachte Veränderungen, und bald konnte sich keiner mehr den neuen Lebensbedingungen entziehen. Im Dorfe (Anm.: Eppendorf) sogar spürte man die Baulust, die jenen Jahren eigen war. Zuerst wurden weiter oben am Flusse einige große Fabriken gebaut.

Mit den Fabriken kamen Menschen ins Dorf, die dort früher nie zu sehen gewesen waren, es sei denn in Feiertagskleidern als Ausflügler. Es waren Scharen jener Arbeiter und Arbeiterinnen, die sich von den ländlichen und handwerklichen Arbeitern auf den ersteren Blick unterschieden, weil sie nichts gelernt hatten als ein paar Handgriffe, weil kein Berufsgeist in ihnen war, weil sie zu Klasse derer gehören, die in der Folge Proletarier genannt worden sind.

„Stockwerkhäuser, einsam im Felde“

Da der Weg zur Stadt weit war, stellte sich bald das Bedürfnis heraus, für diese Arbeiter im Dorfe selbst Wohnungen zu schaffen. Und da etwas Passendes nicht vorhanden war, entstanden die ersten ärmlichen Mietquartiere. Einsam im Felde erhoben sich hohe, kahle Stockwerkhäuser, in denen arme Familien schmutzig und ohne Behagen nebeneinander hausten, ein ungepflegter, schnell verwahrlosender Hof schloss sich an. Die Häuser und der Raum zwischen ihnen wimmelten von Kindern. Aber es waren Kinder einer neuen Bevölkerung. Die Armut dieser Menschen war eine andere als die Armut der dörflichen Hofarbeiter, ihr Schmutz war ein anderer, es war alles hässlicher und in der Hässlichkeit frecher. Die Industriearbeiter erschienen verkommen, auch wenn es ihnen ganz ordentlich ging; die Frauen waren nicht Hausfrauen und Mütter, und die Kinder waren kleine Landstreicher, die in den Gärten Obst stahlen und das Korn auf den Feldern zertraten.

Die Stockwerkshäuser brauchten besondere Anlagen für Licht, Wasser und Kanalisation, weil die Zusammenballung vieler Menschen in einer Wohnkaserne eine gewisse Sorge für die Volksgesundheit erfordert. Es wurden diese neuen Häuser darum mit Wasserleitungen und Gasleitungen versehen. Das ganze Dorf wurde umgewühlt, um Anschluss an die weiter flussabwärts gelegenen Hauptrohre zu gewinnen. Als die Leitungen dann aber einmal lagen, ging man gleich auch zur Gasbeleuchtung der Straßen über.

„Der Geist der Spekulation erwachte“

Die alten Dorfbewohner ergriffen die Gelegenheit und sprachen vom Fortschritt der Zeit. Sie begannen zu überlegen, ob sie ihren im Preis bedeutend gestiegenen Boden nicht besser ausnutzen könnten, ob sie ihr einstöckiges Bürgerhaus nicht niederreißen und an seine Stelle ein Mietshaus mit vielen Wohnungen und Stockwerken aufführen lasse sollten. Der Geist der Spekulation erwachte. Für jene Arbeiter- und Mietshäuser mussten neue Straßen angelegt werden.

Sie konnten naturgemäß nur auf den Wiesen und Feldern angelegt werden, die den Bauern gehörten. Der Boden musste also den Bauern abgekauft werden. Und diese verstanden die heraufkommende Zeit, sie waren geschickt genug im Rechnen, um die Preise zu treiben. Da sie zudem in der Gemeinde Einfluss hatten, unterstützten sie eine Politik, die die Ansiedlung neuer städtischer Bevölkerungsteile förderte.

Ihr Weizen begann im großen dann zu blühen, als sie überhaupt keinen Weizen mehr zu bauen brachten, als nämlich die Regierung den Plan fasste und durchführte, in der Umgebung des Dorfes ein Zentralkrankenhaus (Anm.: das heutige UKE) zu errichten und als die Regierung den Bauern zu diesem Zweck viele Äcker und Felder abkauften.

Verhältnismäßig wohlhabend waren die Bauern schon vorher gewesen, jetzt wurden sie reich und wussten mit dem Reichtum nichts Rechtes zu beginnen. Sie verloren zuerst ihre Tätigkeit. In den Pferdeställen standen nur noch ein paar Kutschpferde; die Kühe wurden verkauft, weil es keine Weiden mehr gab; die Kornböden blieben leer, weil nichts mehr zu ernten war. Die Höfe lagen tot da, die Knechte waren bis auf wenige entlassen, die Hofarbeiter hatten sich anderswo, bei der Gemeinde oder in den Fabriken, Beschäftigung suchen müssen, und die Bauern gingen auf ihren weitläufigen Besitzungen umher, ohne mit sich selbst etwas anfangen zu können.

Wie aber aus dem Müßiggang die Willkür entspringt, so kam es den reich gewordenen Bauern nun in den Sinn, sie könnten und müssten die vornehmen Herren spielen. Es begann damit, dass sie sich neben ihr großes strohgedecktes Bauernhaus ein steinernes Wohnhaus bauten. Das war nicht mehr ein ländliches Haus, sondern es war eine Villa, nach der letzten Architekturmode entworfen. Ringsherum legte der Landschaftsgärtner einen Ziergarten an mit geschlängelten Kieswegen, Tulpenbeeten und viel Gebüsch. Blieb dann noch ein Stück Gartenland übrig, so wurde es parzelliert und als Bauplatz für Mietswohnungen verkauft.

Schimpfwort Bauer

Als die Bauern sich so von Jahrhunderte alten Sitten und Gewohnheiten lösten, legten sie auch das Arbeitskleid ab; sie wollten in jeder Weise herrschaftlich erscheinen. Es war dahin gekommen, dass das Wort Bauer spöttisch und geringschätzig ausgesprochen wurde, dass es fast schon zu einem Schimpfwort geworden war. Das Dorf begann, seine Vergangenheit zu verleugnen. Waren aber andere Dorfbewohner geschickt genug, sich den neuen Verhältnissen anzupassen, so waren die Bauern dazu nicht imstande.

Die Männer, die sich bisher bei Sonnenaufgang im Stall beschäftigt und bis spät am Abend auf dem Hof gearbeitet hatte, hockten nun in den Stuben hinter der Zeitung, schlenderten durchs Dorf, fuhren über Land oder besuchten als gut zahlende Gäste die Wirtschaften. Zuweilen richteten sie selbst eine Wirtschaft ein, um wenigstens den Schein einer Tätigkeit zu haben. Doch fehlte ihnen dann das Geschick, mit den Gästen umzugehen. Verlegen standen sie hinter dem Schanktisch, bedienten mürrisch und wussten nichts zu sprechen.

Die Frauen wollten Damen sein, sie nahmen städtische Dienstmädchen anstelle der Bauernmägde und wussten sie doch nicht zu kommandieren, sie kauften teure Kleider und verstanden sie nicht zu tragen, sie ließen sich frisieren und wirkten komisch.

Am schlimmsten waren die Folgen für die Kinder. Die Eltern hatten ihnen keinen Hof mehr zu hinterlassen, sondern nur noch ein Vermögen. Die Söhne wurden in eine städtische Schule geschickt, wo fremde Sprachen gelehrt wurden und die Berechtigung zum einjährigen Mili-

Eppendorf sehr ländlich: Ein kolorierter Kupferstich von Anton Radl (1774-1852) aus dem Jahr 1827.

tärdienst erworben werden konnte. Die Mädchen kamen auf eine höhere Töchterschule, erhielten Klavierunterricht und besuchten in der Stadt Tanzzirkel, um gesellschaftlichen Anstand zu lernen. Als Bauer, gestützt von alten Sitten und Überlieferungen, wären diese Söhne und Töchter nicht schlechter gewesen als ihre Vorfahren; in der Schule hinter der französischen Grammatik, in der städtischen Kleidung, am Klavier und in der Tanzstunde aber wirkten sie plump und dumm. Die großen vierschrötigen Bengel wurden im letzten Augenblick in eine Privatanstalt gegeben, und dort wurde mit Ach und Krach das Examen gemacht. Dann folgte die Glanzzeit, das Dienstjahr beim Militär. Es wurde möglichst in einem Kavallerieregiment abgedient, denn von allen bäuerlichen Instinkten blieb die Pferdeliebhaberei am lebendigsten. In diesem Dienstjahr wurde vom Geld des Vaters reichlich Gebrauch gemacht. Die uniformierten Bauernsöhne wandelten stolz durch das Dorf und saßen mit Altersgenossen, denen sie ihre Heldentaten im Dienst erzählten, im Wirtshaus. Bis zum Unteroffizier brachten es die wenigsten, bis zum Reserveleutnant keiner. War das Jahr um, so stand der junge Mann berufslos da. Und er ergriff nun auch keinen Beruf mehr.

Der gewöhnliche Ablauf war, dass er nach einigen Jahren eines regellosen Bummellebens heiratete. Das junge Ehepaar lebte vom Vermögen der Eltern. Die Männer kutschierten viel im Lande umher, sie spielten und tranken in den Gasthäusern und verloren schnell den Rest von Haltung. Fast alle wurden Trinker und verfielen den Lastern des Müßigganges. Delirium war nichts Seltenes, wenn sie zu Jahren kamen; es kam sogar vor, dass einer dieser Männer ohne äußeren Anlass auf den Heuboden des alten väterlichen Hauses stieg und sich erhängte.

Das Familienleben war schlecht. Die Kinderzahl, die früher in den Bauernfamilien groß gewesen oder doch immer auf derselben Höhe geblieben war, nahm schnell ab. Die alten Bauernfamilien verfielen und starben mit einer schicksalhaften Schnelligkeit aus.

Das Tempo war zu schnell ...

Auch im Handwerk und Kleingewerbe war die alte Sicherheit des Lebens erschüttert. Die Meister hielten nicht mehr darauf, ihre Söhne selbst in die Lehre zu nehmen, weil die eigene Existenz unsicher wurde, weil es sich nicht mehr lohnte, das Geschäft zu vererben. Die Konkurrenz wurde scharf. Wo bisher zwei oder drei Handwerksmeister ein bequemes Auskommen gefunden hatten, da erschienen drei, vier neue Konkurrenten, die von der beginnenden Bautätigkeit angelockt wurden. Sie unterboten sich gegenseitig und führten Geschäftspraktiken ein, die den Handwerkern im Dorfe bisher fremd gewesen waren. Das Tempo, das jetzt in die Geschäfte kam, war den alten Handwerksmeistern und Ladenbesitzern zu schnell. Sie mussten vor dem Unternehmer zurückstehen.

Es kamen die Verführungen hinzu, die der im Wert schnell steigende Bodenpreis mit sich brachte. Fast jeder Handwerker oder Gewerbetreibende besaß ein kleines schuldenfreies Grundstück und ein Haus darauf. Und nun zeigte es sich, dass dieser Besitz zum Leben genügte. Der Eigentümer brauchte sich nur zu entschließen, Haus und Laden zu verkaufen und dann in einer Etagenwohnung das dafür gelöste Kapital nebst den Zinsen zu verzehren, oder er konnte selbst sein altes Haus niederreißen und mit Hilfe von Bankgeldern ein Stockwerkhaus bauen und von den Mieten die Hypothekenzinsen und den eigenen Lebensbedarf bestreiten. Er behielt in diesem Fall sein Geschäft noch bei, aber es hatte doch nicht mehr die rechte Art; er war mehr Hauswirt von Berufs wegen als Handwerksmeister.

Die Knaben (Anm: Söhne der Handwerksmeister) kamen entweder in ein städtisches Kaufmannskontor als Lehrling, oder sie taten Dienst als Schreiber bei einem Advokaten. Wie wichtige kleine Kaufherren gingen sie allmorgendlich mit steifem Hut und weißer Wäsche zur Stadt und waren damit für das Handwerk, ja für das selbstgenügsame Kleinbürgertum verloren. Es bildeten sich die Anfänge einer anspruchsvollen, aber doch unsicher dastehenden Kleinbourgeoisie, die gesättigt wurde von der Halbbildung und die ihr Wissen aus der Tageszeitung gewann. Alle wollten mehr scheinen, als sie waren, alle waren mehr oder weniger Opfer eines unklaren Ehrgeizes und eines Dranges nach oben.

Bisher war es Sitte gewesen, dass die Töchter der Handwerker in einem vornehmen Stadthaus, oder auch in den Landhäusern der städtischen Kaufherren im Dorfe, einige Jahre gedient hatten. Dieses wurde nun als unwürdig aufgegeben. Die Töchter, die nicht faul im Hause

Bis 1841 bestand „der hohe Steg" bei St. Johannis über die Alster, auch „Winterhuder Kirchensteg" genannt. Zeichnung von 1835.

herum sitzen konnten, suchten Stellen als Verkäuferinnen in den Läden der Stadt, sie wurden Näherinnen, Schneiderinnen oder Erzieherinnen. Die Töchter der ehemaligen Hofarbeiter aber gingen als Arbeiterinnen in die Fabrik. Sie alle wollten möglichst viel Geld verdienen und abends frei sein.

Es war aber auch lebendiges Talent, das nach oben drängte. Die Fälle waren nicht vereinzelt, dass Söhne kleiner Handwerker oder einfacher Arbeiter im Laufe weniger Jahrzehnte zu bedeutenden Erfolgen und Stellungen kamen. Im Dorfe war mancher Name solcher Männer bekannt, die aus engen Familienverhältnissen stammten und im Geschäftsleben der Stadt eine Rolle spielten, die ein Handwerkergeschäft ins Unternehmerhafte erweitert hatten. Und es trat die Gegenerscheinung auf, dass Familienkräfte, die bereits viele Jahrzehnte oder Jahrhunderte alt waren, unfruchtbar wurden und zur Untätigkeit verdammt waren.

Das Ende der Landhäuser

Unter dem Einfluss der Wandlungen begann das Dorf, erst langsam und dann immer schneller, hässlich zu werden. Die reichen Kaufherren, die Besitzer der alten vornehmen Landhäuser, mochten den Sommer nicht mehr im Dorf verbringen, Ruhe und Reinlichkeit waren dahin. Mietshäuser standen dort, wo früher die strohbedeckten Häuschen mit ihren kleinen Blumengärten gewesen waren. Proletarier wohnten und lärmten, wo sonst eine ländliche Bevölkerung still vor sich hin gelebt hatte. An die Stelle der ländlichen Wirtshäuser, vor denen die Pferde aus hölzernen Krippen gefressen hatten, traten Bier- und Branntweinkneipen, in denen abends raue Stimmen grölten. Die Besitzer der Landhäuser blieben weg, ließen Haus und Garten verwildern, oder sie verkauften die Besitzungen einem Unternehmer, der sie dann aufteilte und für Spekulationsbauten benutzte.

Es dauerte nicht viele Jahre, bis sich der Charakter des Dorfes von Grund auf geändert hatte. Aus dem Ackerdorf war, da die Stadt ihre Arbeitermassen nun an das Dorf abzugeben begann, ein mit der Stadt immer mehr verwachsener Vorort geworden. Früher ernährte das Dorf die Stadt, indem es Gemüse, Milch, Fleisch und Korn lieferte, jetzt musste umgekehrt die Stadt das Dorf ernähren.

Es wurde eine Pferdebahnlinie eingerichtet; nach zehn Jahren aber reichte sie nicht mehr aus; es wurden elektrische Leitungen gelegt, und die Straßenbahnwagen rollten in schneller Folge auf mehreren Linien hin und her. Sie fuhren an einer ununterbrochenen Reihe von Häusern vorbei, an Läden und Geschäften mit grellen Reklametafeln und an kleinen Villen; denn die Zahl derer, die ein eigenes Haus bewohnen konnten, mehrte sich jährlich. Wo sonst an der Stelle des alten Schlagbaums der Dorfkrug gewesen war, da standen jetzt mehrere Tanzsalons. Dort versammelte sich Sonntags die Arbeiterjugend und lärmte quer über die Straße von einem Tanzsaal zum anderen. Der Fluss sah bald gar nicht mehr wie ein Fluss aus. Man sagte und schrieb, er müsse reguliert werden. Die Ufer wurden gerade gemacht und mit soliden Steinmauern befestigt, so dass man durch einen Kanal zu fahren meinte. Der alte Leinpfad wurde zu einer Villenstraße, und die Wiesen waren ganz zum Bauland geworden, da die Flussgrundstücke sehr begehrt waren. Die Ladeplätze wurden erweitert und angelegt, als sei in Zukunft ein Riesenverkehr zu bewältigen.

Um so wunderlicher wirkten einige der alten strohgedeckten Scheunen, die wie vergessen stehen geblieben waren. Aber es nistete kein Storch mehr auf dem First, die Unruhe war zu groß. Alles nahm n einer künstlichen Weise städtischen Charakter an."

Klaus Seifert (1931-2007), seit 1970 Buchhändler im Viertel, war eine Institution. s. a. S. 17

Mit freundlicher Genehmigung des Verlages Heinrich Ellermann Hamburg/München veröffentlichen wir Auszüge aus dem Kapitel „Dorf und Stadt". Das Buch ist im Buchhandel leider nicht mehr erhältlich. Die Restauflage hatte in den 1970er Jahren Buchhändler Klaus Seifert aus der Eppendorfer Landstraße erworben. 1991 hat er das letzte Exemplar verkauft

Die Hauptstraße:

„Bad Eppendorf“, das „Roxy“ und ein „Monopteros“

Einkaufsbummel auf der Eppendorfer Landstraße anno dazumal. In den Geschäften rechts mit der Nr. 100 befanden sich damals Geschäfte für „Uhren, Gold- und Silberwaaren“ und „Schuhwaaren“. –
Bild im Bild: „Das bunte Haus“, Landstr. 98.

Die Hauptstraße des Viertels ist die Eppendorfer Landstraße. Die Meisten verstehen darunter das Stück vom Eppendorfer Baum bis zum Eppendorfer Marktplatz, gesäumt von großen, repräsentativen Etagenhäusern, überwiegend aus der Zeit der Jahrhundertwende. Tatsächlich aber ist die Landstraße noch viel länger, sie wird zur sog. Kleinen Eppendorfer Landstraße, und „verflüchtigt“ sich schließlich im Grünen bei der Meenkwiese nahe der Alster.

Ehemals am Anfang der Eppendorfer Landstraße, Ecke Lenhartzstraße.

„Von der alten Eppendorfer Landstraße, wie ich sie erinnere und wie sie mir seit 1903 bekannt ist, ist schon heute nicht mehr viel übrig. Aus der ursprünglich ländlichen Straße, die vom Stadtkern Hamburgs zum Dörfchen Eppendorf führt, ist mehr und mehr eine Hauptverkehrsstraße geworden."

Das schrieb einer der Chronisten des Viertels, Prof. Dr. med. Günther Budelmann, in den 1960er Jahren, denn die Landstraße war ja tatsächlich einmal eine Landstraße gewesen - bis die Stadt sich das Dorf nahm. Das zählte 1871 noch rund 2.000 Bewohner. 1905 waren es bereits über 48.000 und im Jahr 1927 mehr als 88.000 Einwohner. Die Bauernanwesen und alten Landhäuser verschwanden zugunsten der heutigen Bebauung, die den Bombenkrieg weitgehend unbeschadet überstand (Volksmund: „Glücksdorf").

Das Bezirksamt hatte 1979 zwischen Goerne- und Haynstr. die Landstraße auf zwei Fahrspuren verengen lassen und den Fußgängern mehr Platz eingeräumt. In der Zeitschrift des Bürgervereins „Der Eppendorfer" hieß es dazu 1979: „Mit dem Herausnehmen der Straßenbahnschienen verschwindet auch ein Rest Herzstück Eppendorfer Vergangenheit. Ein neue Zeit ist angebrochen, das Auto dominiert und verlangt sein Recht. Eines wird mit Sicherheit eintreten: Durch die Begrenzung auf nur zwei Fahr-Spuren wird die Eppendorfer Landstraße als Renn- und Lärmstrecke danach der Vergangenheit angehören". Tatsächlich erhielten die Fußgänger nun wesentlich mehr Raum.

„Hier ruht Knauer"?

„Dem Gründer dieser Anstalt", steht auf dem Gedenkstein, auf EBV-Initiative seit 16. Mai 1984 am Ort Eppendorfer Landstr. 42/Ecke Loogestieg vor der „Commerzbank", wo Parkplätze wie leider auch sonst gang und gäbe den einstigen Vorgarten ersetzt haben. Doch auf dem Stein, der zuvor etwas ramponiert im Kellinghusenpark stand, ist noch mehr zu lesen.

„Georg Andreas Knauer, 1759–1828. Gewidmet von seiner Familie. Ao. 1829". „Hier ruht Knauer", hat einmal jemand mit Kreide aufs Denkmal geschrieben (was nicht zutrifft). An das, was in dieser Gegend einmal war, erinnern heute zwei Eppendorfer Straßennamen: Knauerstraße und Beim Andreasbrunnen (letztere Straße gilt heute als „geschlossenes Bild spätwilhelminischen bürgerlichen Wohnens"). Andreasbrunnen, das war „Bad Eppendorf", eine Knauersche Gründung. Der Fabrikant, Reeder und Weinhändler aus der Brands-twiete hatte eines Leberleidens wegen des öfteren zur Kur ins böhmische Karlsbad reisen müssen, damals noch eine beschwerliche Überland-Tour. So kam ihm der Gedanke, auf seinem Sommersitz in Eppendorf die „Trinkanstalt Andreasbrunnen" einzurichten.

1825 war sie eröffnet worden und im Jahr darauf registrierte man auf dem Knauerschen Areal zwischen Landstraße und Alster bereits 70 Brunnengäste. Nun wurden Bade- und Brunnenhäuser gebaut, die Grünanlagen großzügig gestaltet und 1828 das Konversationshaus errichtet. Als Knauer im selben Jahr starb, führten Witwe und Kinder das Unternehmen fort, in das nun sogar Gäste aus Kopenhagen kamen.

Aus einem Beitrag von Franz Otto Hintze: „Die Brunnenanstalt entsprach nunmehr völlig einem modernen Bade. Die Kurgäste wohnten im Bade-, Brunnen- und Kurhause in kleinen behaglichen Zimmern, deren Zahl sich nach und nach auf 110 erhöhte. Daneben waren noch Gartenwohnungen für ganze Familien vorhanden.

Frühmorgens versammelten sich die Kurgäste vor dem Brunnenhause, um dort gut bereiteten Karlsbader Sprudel, Marienbader Kreuzbrunnen, Kissinger Ràkoczy oder schlesischen Oberbrunnen zu trinken. Während der ganzen Morgenstunden konzertierte vor der Brunnenhalle ein gut besetztes Orchester. Im Konversationshaus befanden sich auch Lese-, Billard- und Spielzimmer, während auch eine im großen Saal abgehaltene Table d` hôte gern benutzt wurde. Der Garten bot mit seinen schattigen Alleen, Blumenanlagen und schönen Durchblicken – er grenzte an den Isebek bei dessen Einfluss in die Alster – die angenehmsten Promenaden".

„Bad Eppendorf"

Eppendorf war nun auf der deutschen Bäder-Karte, doch als die Eisenbahn für bessere Verkehrsbedingungen sorgte, verlor auch der „Andreasbrunnen" seine Attraktivität. Baden-Baden z.B. war doch etwas anderes und warum künstliches Mineralwasser trinken, wo doch die na-

„Bad Eppendorf", nämlich das Konversationshaus des Andreasbrunnen, das von 1828 bis 1910 bestand, zeigt dieser kolorierte Stahlstich von Julius Gottheil (1810-1868), der im Zeitraum 1850 bis 1864 als Maler und Grafiker in Hamburg tätig war. Heute stehen an diesem Ort Etagenhäuser.

Kriegszerstörungen waren in Eppendorf eher die Ausnahme. Hier Gebäude in der Eppendorfer Landstraße, v.l. Nr. 115 (Rossschlachterei Krätzel), Nr. 117 Friseur Dauck und Handlung Müller, Nr. 119 Wettbüro Siemen und Glaserei Cammin. Heute befinden sich an dieser Stelle Nachkriegsbauten, u.a. der „Penny"-Supermarkt (Landesmedienanstalt Hamburg).

türlichen Quellen nicht mehr unerreichbar weit waren? Der Portier, der stets eine grüne Jägeruniform trug und einen gewaltigen Stab mit Goldknopf hielt, wurde überflüssig; das Kurorchester packte seine Instrumente ein. Aus dem Kur-Ort wurden ein Vergnügungslokal und eine Gartenwirtschaft, immer noch so populär, dass die Alster-Dampfschiffe deswegen am Eppendorfer Baum Halt machten. Schließlich wurde das Gelände verkauft, auf dem Etagenhäuser emporwuchsen. Jetzt sinnieren wir einmal: Wie wäre das wohl am Wochenende, um die Ecke das Kurkonzert und dazu noch einen Schluck aus dem Gesundbrunnen?

Einiges zur Haus-Nummer 36

Jedes Haus der Landstraße hat seine Geschichte. Nehmen wir nur einmal das Eckgebäude Landstraße 36/Loogestieg. An seiner Stelle befand sich ehemals das Gutshaus bzw. Landhaus des Juristen und Offiziers Reinhard Bunsen (1863-1921): Der Garten, eher ein Park, reichte bis zur heutigen Straße Beim Andreasbrunnen. Das Anwesen samt Stallgebäude, Gemüsegarten und Obstbäumen, den vielen Reihen Stachelbeer-, Himbeer- und Johannisbeerbüschen verschwand, als das Etagenhaus und weitere derartige Gebäude am Loogestieg errichtet wurden.

Eppendorfer Landstr. 36, Parterre, stand fortan u.a. für die Biographie des Georg Friedrich Nobiling (1880–1953) und seines Cafés. Nobiling, zuvor beruflich in Schweden und Russland tätig, ließ sich 1907 im Stadtteil nieder. Der Obermeister der Hamburger Konditoreiinnung und langjährige Bürgerschaftsabgeordnete führte ein weithin bekanntes Kaffeehaus und Ausflugslokal, das nach seinem Tod eine etwas schummerige Lokalität gewesen sein soll und sodann durch den Einzug des Wäscherei-Betriebes Wulff wieder „reingewaschen" wurde. Kleine filmische Randnotiz: Das Geschäft ist in der „Stahlnetz"-Folge „In jeder Stadt..." der Fernsehserie 1962 zu sehen (und das Entstehen des Neubaus Nr. 34 nebenan auch...). Seit 1991 besteht im Vorbau die „Neue Apotheke Eppendorf", gegründet 1866 auf Steinwerder und seit 1888 auf der Veddel („Apotheke am Freihafen"). 1940 ist der Umzug in die Eppendorfer Landstr. 48/Ecke Woldsenweg genehmigt worden und nun ist man eben eine Ecke weiter angekommen.

Zeitweise gehörte das Haus Günter Kaußen, Deutschlands größtem privaten Hausbesitzer, der es 1977 sogar auf den „Spiegel"-Titel schaffte. Der Kölner Immobilienkaufmann hatte es zum Prinzip gemacht, Mieter aus Altbauwohnungen zu klagen, um diese anschließend in saniertem Zustand als Eigentumswohnungen zu veräußern. 1985 beging Kaußen Selbstmord.

Es waren jene 1970er Jahre, in denen an der Landstraße St. Pauli-Kellner, Luden, Rocker der „Hell´s Angels" und Wohngemeinschaften einzogen, die die Wände sehr bunt und phantasiereich gestalteten. Denn leben wollte in den Altbauten mit den hohen Zimmern und den charakteristischen Doppeltüren im Durchgang damals sonst niemand. Zeugnis jüngerer Geschichte ist in Nr. 36 bis heute ein Anti-Vietnam-Krieg-Aufkleber der 1968er-Jahre im Treppenhaus.
Die Wohnungen sind z.T. bereits in der Nachkriegszeit, als viele Menschen ausgebombt waren, unterteilt worden. So besitzt die eine Miet-Partei das einstige Herrenzimmer und das Musikzimmer mit einer Lyra in Stuck, die andere den Trakt mit dem Dienstmädchen-Zimmer und mit blau-weißen niederländischen Motiven gekachelter Küche. Die Hintertreppe, den einstigen Dienstboteneingang, hat man inzwischen stillgelegt.

Barrikaden im Viertel

Eines der stattlichsten Gebäude der Straße befindet sich gegenüber, Nr. 23-25: „Das unglaublich moderne Eppendorfer Postamt", wie es Denkmalschützer Prof. Jörg Haspel genannt hat. Als die ehemalige Knauer-Villa Landstr. 70, wo die Post von 1920 bis 1930 residierte, zu klein wurde, erwarb die Deutsche Reichs-Post das Grundstück von Michahelles und errichtete anstelle von Villa, Nebengebäuden und Park das fünfstöckige Postamt, das am 1. Oktober 1930 eröffnete. Da in der Nachkriegszeit jedes Hamburger Postamt eine Art von Orts-Chronik abliefern musste, wissen wir auch um die Situation 1945 in Eppendorf: Es wurde erwartet, dass das Postamt „als wichtigstes und festestes Gebäude Brennpunkt etwaiger Kampfhandlungen" sein würde. Weshalb Barrikaden und Sperren in der Eppendorfer Landstraße, der Hayn- und Lenhartzstraße sowie am Kellinghusen-Bahnhof errichtet wurden. Doch blieb es glücklicherweise friedlich in Eppendorf, denn Hamburg wurde am 3. Mai 1945 kampflos an die Briten übergeben.

Kriminalfälle im Loogestieg

Bundesweit Aufsehen erregten ehemals zwei Kriminalfälle, die in der Straße Loogestieg spielten, die von der Eppendorfer Landstraße abgeht.

Am 28. Juni 1946 fiel dort in Nr. 8 die Haus-Eigentümerin und Zahnarzt-Witwe Maria Moser einem Raubmord zum Opfer. Die Tat gestand der Tscheche Erich Sterba, der deshalb 1949 in seinem Heimatland zu 25 Jahren Zuchthaus verurteilt (und 1962 entlassen) wurde. Sterba beschuldigte als Mittäterin Eva Mariotti (1917-1979), die er im Flüchtlingslager Moorfleet kennen lernte. Eva Stiebeck aus Prag hatte den französischen Schwarzhändler André Mariotti geheiratet, der auch mit der Witwe Moser im Loogestieg Geschäfte gemacht haben soll.

Frau Mariotti reiste 1951 nach La Paz aus, wurde von Interpol gesucht und 1961 in Brasilien unter dem Namen Sylvia Sousa-Leite entdeckt, nachdem sie auf dem Titel der „Neue Illustrierte" abgebildet war.

Es folgten die Hamburger „Mariotti-Prozesse": „Die Mariotti – das klingt wie „die Callas" (...) da schaltet jeder auf Empfang", schrieb „Der Spiegel". Der Ansturm Neugieriger auf den Verhandlungssaal im Landgericht war gewaltig. Der erste Prozess platzte. Die zweite Verhandlung endete mit dem Urteil „Lebenslang Zuchthaus", das der Bundesgerichtshof allerdings aufhob. Die Neuauflage, die auch einen Ortstermin im Loogestieg einschloss, brachte aufgrund von Widersprüchen des Kronzeugen Sterba einen Freispruch und 200.000 DM Haftentschädigung für Eva Mariotti. Sie wanderte nach Gran Canaria aus, wo sie 1979 einsam und verarmt starb.

1970 verfilmte die ARD den Fall. 2005 gab es unter dem Titel „Mord beim Ave Maria" eine Dokumentation des NDR-Fernsehens.

Sprengstoff unterm Beifahrersitz

In derselben Straße, Loogestieg 10, einem Haus, das zeitweise unter Polizeischutz stand, lebte der Waffenhändler Otto Schlüter. Bei einem Sprengstoff-Anschlag mittels einer Magnet-Haftladung unter dem Beifahrersitz seines Mercedes 220, der vor dem Gebäude stand, wurde am 3. Juni 1957 seine Mutter Kathi (62) getötet. Bereits am 28. September 1956 kam bei einem Anschlag auf das Lager der Otto Schlüter GmbH Osterbekstr. 43-45 auf der Uhlenhorst sein Geschäftsfreund Wilhelm L. (62) ums Leben, vier Menschen wurden schwer verletzt. Im Hamburger Hafen flog der Frachter „Atlas" in die Luft und Schlüter-Partner Georg Puchert kam 1959 bei einem Attentat in Frankfurt/Main ums Leben.

Ob Bundesdeutschland nun „Nebenschauplatz des schmutzigen Krieges in Algerien" sei, fragte die Presse. Offensichtlich ging es um Waffenlieferungen an die algerische Befreiungsfront FLN, die eine Geheimorganisation von Kolonial-Franzosen namens „Le Main Rouge", „Die rote Hand", bekämpfte.

SPD-MdB Helmut Schmidt war das 1958 Anlass für eine Anfrage an die Bundesregierung, in der Hamburger Bürgerschaft tagte ein Untersuchungsausschuss. Otto Schlüters Firma ging in Konkurs, er stand des öfteren vor Gericht und wurde verurteilt, u.a. wegen Verstoß gegen das Waffengesetz. Als er 1977 erneut vor dem Kadi stand, folgerte das „HA": „Wo es in der Welt Krisenherde gibt, da ist für Otto Schlüter ein Geschäft zu machen."

„Bundeshaus" und NS-Adressen

Eine der kleinen alten Einzelvillen, die in der Landstraße erhalten geblieben sind, ist unter Nr. 39 das „Guttemplerhaus". Der 1889 begründete deutsche Ableger der International Organization of Good Templars (I.O.G.T.) von 1851 aus den USA versteht sich als „Gemeinschaft von Menschen, die persönlich alkoholfrei leben und den Trinksitten entgegenwirken, für den Frieden, worunter sie die gewaltfreie Lösung von Konflikten verstehen, und für die Brüderlichkeit eintreten, die Gleichberechtigung der Geschlechter und Rassen."

Die Guttempler waren 1903 im Haus Nr. 33 (die Villa hat einen Vorbau erhalten, heute „Eiszeit" und „fée Mode"), heimisch geworden und erwarben 1906 mit ihrer Baugenossenschaft für Guttempler-Logenhäuser GmbH das Gebäude Nr. 39 mit Garten. Hier wurde eine antialkoholische Gaststätte, das „Bundeshaus Eppendorf", eröffnet. Unter der erwähnten Adresse Nr. 33, Eigentümer war der Bäcker Haarmeyer, waren in der NS-Zeit z.B. die Ortsgruppe (OG) Süd der NSDAP und andere Organisationen ansässig. Andere Partei-Adressen im Viertel: OG Nord Erikastr. 122; OG West Eppendorfer Landstr. 120; OG Ost Godeffroystraße 10 (jetzt Arnold-Heise-Str.); OG Otto Blöcker" (ein von KPD-Anhängern erschossener Hitlerjunge) Eppendorfer Weg 211; OG „Falkenburg" Curschmannstr. 9. Daneben bestanden noch das NSDAP-Kreisamt (Beim Andreasbrunnen 6), die SS-Standarte (Lehmweg 14) sowie Hitler-Jugend (HJ) und Bund Deutscher Mädel (BDM) (Loogeplatz 14). Zeitweise gaben die Eppendorfer Nationalsozialisten eine eigene Zeitschrift namens „Die braune Wacht" heraus.

Als die Sekte kam

Bürger und Besucher des Stadtteils schätzen die kleinen erhalten gebliebenen Villen, weniger willkommen waren die Neuankömmlinge in der Eppendorfer Landstr. 35. Dort zog Ende 1990 in die tip-top renovierte Villa die Sekte Scientology Kirche ein und versuchte vom Grundstück aus in penetranter Weise neue Mitglieder zu gewinnen. Umgehend bildete sich im Stadtteil eine breite Initiative gegen die Sekte. Deren Aktivisten bauten sich daraufhin im Vorgarten auf und sangen ausgerechnet die US-Bürgerrechts-Hymne „We shall overcome". Doch daraus wurde nichts: Die Scientologen zogen wieder aus.

Notiz am Rande: Der Neubau Eppendorfer Landstr. 31 entstand am Ort der ehemaligen „Autohalle Eppendorf", bekannt auch als „Möllers Garage" mit Tankstelle.

Der Charme des Stadtteils: Gründerzeit-Fassaden in der Landstraße.

Die „Roxy"-Kette der „Kino-Königin"

Ein Kommunikationszentrum im Viertel ist „Edeka", ehemals „Safeway Bolle", der Supermarkt in Nr. 41: Hier trifft man sich, hier spricht man sich. Früher war das Geschäft ein Kino, das „Roxy". Es wurde am 2. März 1951 mit stattlichen 630 Plätzen eröffnet und war das erste Haus der „Roxy-Filmtheaterbetriebe" der aus Ostfriesland stammenden Jeltheda Iderhoff (1912-1999). Es folgten weitere „Roxy"-Kinos an der Fuhlsbütteler Str. in Barmbek und der Osterstr. in Eimsbüttel (beide 1954) und in Hamm (1957). Die „Gondeln für Liebespaare oder verliebte Ehepaare" in Eppendorf waren eine Attraktion und 1956 kam noch Cinemascope hinzu – ganz großes Kino also in Eppendorf! Ende Mai 1967 allerdings schloss das „Roxy".

Die Eppendorfer Lichtspielhaus-Premiere übrigens fand Eppendorfer Landstr. 26 statt (das Haus existiert nicht mehr), als der Zahnheildiener Wilhelm Abel bei der Gewerbepolizei 1910 ein „Lokal zur Vorführung kinematographischer Bilder" mit 146 Plätzen anmeldete, das bis in die 1920er Jahre bestand.

Sogar ein Theater existierte kurzfristig an der Landstraße, am Ort des Etagenhauses Nr. 88/90. „Wülffken´s Theater" von Direktor J. H. Wülffken aus St. Pauli hatte dort im „Lokal Roggenbau" im August 1867 mit „Aladin oder die Wunderlampe" eröffnet. „Der Besuch war kein übergroßer, aber alle Klassen der Bevölkerung waren vertreten. Den auftretenden Künstlern wurde ermunternste Anerkennung zu Teil" - so ein Zeitungsbericht. Aber das Dorf bot damals nicht genügend Publikum und so schloss das Haus bereits an Weihnachten im Eröffnungsjahr wieder. Das Eckgebäude ist 1898 abgebrannt und wurde durch das heutige Etagenhaus ersetzt, in dessen Lokal erst der Gastwirt Bülck, danach die „Konditorei Johannsen" und 1944 das „Café Lindtner" einzog.

Lesung auf offener Straße

Eine Eppendorfer Institution war Klaus Seifert (1931-2007), der seit 1970 in einem schlauchartigen früheren Blumenladen die gleichnamige Buchhandlung Eppendorfer Landstr. 56 führte und infolge einer Lungenentzündung verstarb. Als er Anfang der 80er Jahre von einer 300prozentigen Mieterhöhung betroffen war, bewiesen Schriftsteller Solidarität: Uwe Friesel, Gerd Fuchs, Paul Kersten, Harry Rowohlt und Peter Schütt setzten sich mit einer öffentlichen Lesung auf der Straße erfolgreich für das Weiterbestehen des Buchladens ein. Auch die Plakatgruppe, die über viele Jahre die Wand vor dem ehemaligen „Karstadt"-Gebäude gestaltete, ging damals für Seifert zu Werke. Nach dem Tod des Buchhändlers besteht „Das Buch in Eppendorf" weiter.

Weshalb „Schröders Park" seinen Namen verlor

Auch der mittlere Teil der Landstraße hat seinen Park: Das war „Schröders Park" und ist heute der Kellinghusenpark, abgeschirmt durch den großen Klinker-Wohnblock Nr. 58-62, in dem sich der Durchgang ins Grüne befindet.

1842 hatte sich hier der Senator und spätere Hamburger Erste Bürgermeister Dr. Heinrich Kellinghusen (1769-1879) eingekauft. Während der 1848er-Unruhen flüchtete er von der Stadt auf seinen Eppendorfer Landsitz. Als das Anwesen 1879 an seinen Schwiegersohn, den Landrichter Dr. Carl August Schröder (1819-1902), überging, resultierte daraus der Name „Schröders Garten" bzw. „Schröders Park". Carl August Schröder jun. (1855-1945) wiederum veräußerte das Gelände 1925 an die Stadt, womit „ein Denkmal der hochentwickelten Gartenkultur des späten 18. Jahrhundert" verschwand.

Der Name allerdings blieb nicht, denn 1953 schenkte Helmut Freiherr von Schröder, ansässig in London, der Stadt ein Parkgelände an der Elbchaussee in Othmarschen. Als die Altonaer dieses in „Schröders Park" bzw. „Schröders Elbpark" benannten, erhielt Eppendorf zur Unterscheidung den Namen Kellinghusenpark.

Kein Wohnraum „für die Ärmsten der Armen"

Was nach dem Verkauf des Eppendorfer Areals an die Stadt geschehen sollte, löste 1927 in der Bürgerschaft eine lebhafte Debatte aus. Die Kommunisten forderten den Bau preiswerter Wohnungen, SPD und Linksliberale dagegen plädierten für Qualitäts-Wohnungen hinter Backstein-Fassaden, wie sie letztlich auch entstanden.

Auszüge aus der Debatte im Mai 1927:

Heinrich Stahmer, Staatsarbeiter im Hafen, KPD (1930 Parteiausschluss, später SPD): „Wir können nicht einsehen, dass dort größere und teure Wohnungen errichtet werden sollen, die nur von Leuten bezogen werden können, die die dazu nötigen Mittel haben, während ältere Leute, Kleinrentner u.s.w. nicht die Möglichkeit haben, ihre alten Tage in der Nähe dieses sehr schönen Parks zuzubringen."

Kaufmann Gustav Becker sprach für die SPD: „Es handelt sich dort durchweg um Plätze, die baulich wertvoll, d.h. teuer sind. Man muss sich auch damit abfinden, dass die Bauplätze bestmöglichst von der Stadt verkauft werden und der Erlös an anderen Stellen für Kleinwohnungen vielleicht in Hammerbrook Verwendung findet."

Für die DDP argumentierte Carl Rosenbaum, ein staatlich diplomierter Gartenoberinspektor: „Es müssen auch Wohnungen gebaut werden, die nicht für die Ärmsten der Armen bestimmt sind (...) Die anderen wollen auch Wohnungen haben (...) Glauben Sie mir, die Leute aus der Altstadt würden sich da gar nicht wohl fühlen, weil die Stadtgegend sehr teuer ist. Überall in Eppendorf und Harvestehude sind die Waren teurer als in Barmbeck und anderen Stadtteilen, wo hauptsächlich Arbeiter angesiedelt sind."

Die Randbebauung am Park realisierten die Architekten Hans, Oskar und Ernst Gerson (s.a. S. 88f; bereits vorher waren sie beim fünfstöckigen Wohnblock Breitenfelder Str. 80/Haynstr. 29-33/Husumer Str. 37/Sudeckstr. 2-6, den die blauen Keramik-„Wächter-Figuren von Ludwig Kunstmann schmücken, tätig).

Der Erlös aus den Grundstücksverkäufen

Die Strohdachkate im Kellinghusenpark, heute „Haus der BUNDten Natur", steht am Ort des früheren Kuhstalls im damaligen Schröders Park.

machte es der Stadt möglich, den heutigen Kellinghusenpark neu zu gestalten. Dafür verantwortlich war der seit 1914 amtierende Gartenbaudirektor Otto Linne (1869-1937), der in Eppendorf auch den Hayns Park plante. Ende 1933 wurde Linne von den Nationalsozialisten in den Ruhestand versetzt. Da er seit 1919 auch für den Hauptfriedhof Ohlsdorf zuständig war, wurde dort 2007 das Otto-Linne-Denkmal errichtet.

Am Rande des Parks steht bis heute ein kleines Häuschen, die Strohdachkate am Ort des ehemaligen Kuhstalls des Anwesens. Sie war schon früher ein beliebter Treffpunkt, wie das „Hamburger Fremdenblatt" im Dezember 1931 berichtet: „Wer eintritt, glaubt in die Dönze eines alten Bauernhauses zu kommen: Einfache Möbel, holzverkleidete Wände. Rund um das flackernde Kaminfeuer bärtige Männer: Altrentner und Pensionäre Eppendorfs, die hier täglich zusammenkommen, um einen Männerskat zu dreschen oder einen Klönschnack zu halten." 1987 ist die Kate abgebrannt, nachdem sie früher schon einmal durch Feuer zerstört worden war. Das kleine Fachwerkhaus diente als Geräteschuppen der Gartenbauabteilung des Bezirksamtes, seit 1996 ist es das „Haus der BUNDten Natur" der BUNDjugend (http://bund-hamburg.bund.net).
Vom Ensemble am Kellinghusenpark lohnt auch ein Blick nach gegenüber: Robert Friedmann (1888-1940), der im Exil in Palästina starb, entwarf den Wohnblock Nr. 47-49.

Blicke in die Hinterhöfe

Der Blick hinter die hohen Fassaden der Landstraße lohnt nicht nur des Kellinghusenparks wegen, sondern auch andernorts. Gleich am Beginn, der Straße mit der Nummerierung 2 a + b und 6 a + b, sind die Hinterhof–Terrassenbauten von 1889/90. Hinter dem „Bunten Haus" Nr. 98 mit der auffälligen Fassade stehen im grünen Wohnhof die Terrassenhäuser 98 a bis e von 1904 (Architekt Christian bzw. H. C. Muxfeldt, der Schrammsweg 20 lebte). Auch Durchgang bzw. Durchfahrt neben dem Geschäft von Otto F. K. Koch führen Nr. 106 zu einem eher unbekannten Stück Eppendorf, der früheren Chemigraphischen Anstalt von Ludwig Knackstedt (& Näther) aus dem 1890er Jahren (Anbau von Architekt Muxfeldt 1905).

Muxfeldt plante um die Jahrhundertwende vielerorts im Stadtteil, genannt seien noch die Etagenhäuser Schrammsweg 13 (samt zwei Hinterhäusern), Schottmüllerstr. 34 und 36, Kellinghusenstr. 27 und das Werkstattgebäude Ludolfstr. 60.

Passage ohne Klosterhof

Der Hofeingang von Nr. 61, die „Klosterhof-Passage", führte früher zum „Traiteur Manzoni" und zum „Mezzanotte", das ab und an wegen der „Players Night" der Tennis-Spieler vom Rothenbaum einen Türwächter (heute neudeutsch: Doorman) beschäftigte. Der nahm die Eppendorfer Tradition des „Andreasbrunnen" allerdings nicht mehr auf und trug keinen grünen Jägeranzug... Im „Mezzanotte" verfolgte um 1990 ein „HA"-Jungreporter Boris Becker samt der Hamburger Studentin Karen S. lästigerweise bis an die Bar und lichtete beide auch noch ab. Dabei hatte der Tennis-Star in Eppendorf sonst wirklich seine Ruhe!

Dies gilt in der Regel für all die sog. Promis, die im Viertel ansässig sind. Eppendorfs Bewohner sind diskret, stellen keine Fragen, bitten auch nicht um ein Autogramm und drehen sich nicht um, wenn sie einem bekannten Gesicht begegnen. Das Gegenteil stellen „Bild"-Leserreporter" und Paparazzi dar, die in jüngerer Zeit in der Landstraße vor allem einer jungen holländischen Frau nachstellen, die ehemals mit einem bekannten HSV-Fußballer liiert war. Gelegentlich scheint ihnen da eine Vollbremsung angebracht, damit der Fotograf aus dem Auto springen kann... Allzu lautes Auftreten des Chefredakteurs des Vier-Buchstaben-Blatts, der eine Zeitlang am Rande des Viertels wohnte, gefiel ebenso wenig wie heute ein Blog, der berichtet, wo Promis Brötchen kaufen oder frühstücken, gefällt.

Anmerken wollen wir noch, dass die geschilderte Baulichkeit „Klosterhof" heißt, wobei hier auch einmal ein Schweizer Restaurant namens „Klösterli" bestand und nun die "Klosterhof–Apotheke" ist. Das ist historischer Etikettenschwindel, denn zwar war auch hier „Klosterland", doch das eigentliche Kloster lag ganz woanders.

Unter Nr. 57–59, im Neubau befindet sich inzwischen das Gesundheitsamt des Bezirks, bestand in der Einzelvilla die bekannte Höhere Mädchenschule von Elise de Fauquemont (1853–1926) und Johanna (Anna) Lühring (1874–1939). „Ora et Labora". „Bete und arbeite", stand überm Schultor, und wenn die Mädchen über den Hof liefen, mussten sie der alten Dame de Fauquemont, die am Fenster saß, mittels eines Knickses ihre Ehrerbietung erweisen. 1939 ist die Schule aufgelöst worden. Nach Kriegsende kamen hier eine Behinderten–Schule und die „Schülerhilfe" unter.

Der Friedhof unterm Platz

Eppendorfs autogerechtes Zentrum bildete lange Zeit das Areal zwischen Bezirksamt Nord (Kümmellstr., 1953–59 erbaut), „C & A" (1964) und „Karstadt" (1951). Unter dessen Adresse Eppendorfer Landstr. 77 wohnte früher der Totengräber und war der Friedhof („Eppendorfer Kirchhof"). 1837 fand auf diesem Gelände die erste, 1904 die letzte Beerdigung statt, und 1929 lief die Ruhezeit ab. Über den Gräbern wurde nach dem Krieg ein großer Parkplatz errichtet. Zuvor hatten sich die Eppendorfer in der Notzeit der Nachkriegsjahre 1946/47 über den Friedhof und seinen Baum- und Strauchbestand hergemacht; auch historische Grabplatten wurden seinerzeit zerstört.

Der Friedhof muss zuletzt nicht mehr sonderlich repräsentativ gewesen sein, „seitab der Landstraße und fast vergessen", wie ein Zeitungsartikel von 1910 berichtet: „Nur wenige Menschen, die in der Hast des täglichen Weges an dem hohen Umfriedungsgitter vorübergehen, ahnen, dass hier umbrandet vom Großstadtlärm Menschen ausruhen vom Lebenskampf. Nur wer näher hinsieht, erblickt schief stehende Kreuze, überwucherte Gräber, hohe steinerne Familienbegräbnisse, wie sie einst das Vorrecht der Besitzenden waren. Rundherum hohe vierstöckige Häuser. Ratternde elektrische Bahnen, Kinderlärmen, und Lachen, das alles schiebt sich aufdringlich und neugierig um dieses grüne Fleckchen Erde. Aber vor der stummen Sprache dieses kleinen Friedhofs in mitten der hastenden Alltagswelt sinkt alles zurück ins Bedeutungslose."

Das Zentrum Eppendorfs hat sich inzwischen wesentlich verändert. Der Platz ist autofrei (es gibt eine Tiefgarage mit 280 Plätzen), leider aber immer noch recht kahl und wenig einladend. Am Donnerstag und Samstag findet dort ein ökologischer Wochenmarkt statt. Favorit der Einheimischen sind u.a. die biologische Currywurst und die großartigen Pommes frites am Stand von Gut Wulfsdorf. Die Skater, die das neu gestaltete Terrain recht raumgreifend in Besitz nahmen, sind inzwischen an die Loogestraße weiter gezogen, wo ein unbekannter Spender mit 250.000 Euro (!) für sie den Bau eines Skateboard-Parks ermöglichen wollte.

Wo sich heute der Marie-Jonas-Platz im Eppendorfer Zentrum befindet, war lange Zeit der Eppendorfer Friedhof, den die Einheimischen in der Not der Nachkriegsjahre zerstörten.

Der Marie-Jonas-Platz

2009 hat der ehemalige Eppendorfer Platz (dies war keine offizielle Bezeichnung) den Namen Marie-Jonas-Platz erhalten. CDU und GAL (2012 umbenannt in: Bündnis 90/Die Grünen Hamburg) setzten sich im Regionalausschuss mit diesem Vorschlag gegen SPD, Linke und FDP durch, die für den Namen Wolfgang Borchert plädierten. Bereits 1995 hatte der Eppendorfer Bürgerverein die Bezeichnung Ebbo-Platz ins Gespräch gebracht (nach dem Bischof von Reims, der in Norddeutschland für die Christianisierung unterwegs war, von dem sich aber der Ortsname Eppendorf nicht ableiten lässt).

Dr. Marie Jonas (geb. 1893) war verheiratet mit Dr. Alberto Jonas, seit 1924 Direktor der Israelitischen Töchterschule an der Karolinenstr. (heute Alberto-Jonas-Haus). Marie erwarb 1923 den Doktor-Titel. 1924 kam Tochter Esther zur Welt, im Jahr darauf zog die Familie Woldsenweg 5 ein. Da Dr. Marie Jonas als Frau bzw. Schulärztin seit 1932 nicht mehr berufstätig sein durfte, arbeitete sie ehrenamtlich im UKE und in der Israelitischen Töchterschule. 1938 wurde der jüdischen Ärztin die Approbation entzogen. 1942 musste die dreiköpfige Familie die Eppendorfer Wohnung verlassen und in ein sog. Judenhaus Laufgraben 39 im Grindel-Viertel umziehen. Am 19. Juli 1942 deportierte man sie in das KZ Theresienstadt, wo Alberto Jonas infolge einer Hirnhautentzündung verstarb. Seine Ehefrau Marie wurde 1944 in Auschwitz ermordet. Tochter Esther überlebte die KZ und wanderte 1946 in die USA aus. Über ihr Leben hat Richard Haufe-Ahmels (geb. 1993) den 90-minütigen Dokumentarfilm „Einfach Esther – eine Eppendorfer Lebensgeschichte" gedreht. Die Biografie von Esther Bauer, die in New York lebt, war im Zeitraum April bis Juni 2006 Anlass für die Open air-Aufführung des Thalia Theater im Kellinghusenpark mit dem Titel „Esther Leben" (Buch: Christiane Richers, Regie: Herbert Enge).

„Geschockt von seiner Hässlichkeit"

Das erwähnte Gebäude von „C & A" ist 1996 niedergelegt worden. Die Volksfürsorge kaufte das Areal für 20 Mio. DM für einen Neubau (Architekt: Jan Störmer), der wegen seines Erscheinungsbilds auf weitgehende Ablehnung stieß. Unter dem Titel „Ärger über den Glaspalast" berichtete das „HA" im Oktober 1997: „Die meisten Eppendorfer waren geschockt von seiner Hässlichkeit. Das Gebäude wirkt völlig unpassend – weder architektonisch noch farblich ist es in die bestehende Bebauung eingepasst worden." Aus heutiger Sicht würden wir sagen: Es kommt auf den Blickwinkel an. Denn von der Kümmellstraße sieht der Neubau nicht gar so „schlimm" aus.

Eppendorfs letztes Kino

Ebenso verschwunden wie „C & A" ist mittlerweile auch der „Karstadt"-Anbau, in dem sich zuletzt „Karstadt Sport" und ein Fitness-Studio befanden. Für den Stadtteil hatte dieser Bau einige Bedeutung, befand sich darin doch seit 1956 der „Regina-Palast", ein 850 Plätze-Kino der Braunschweiger Gloria-Theater GmbH, das von 1964 bis zur Schließung am 30. Juni 1978 „Monokel" hieß. Seit 1958 gab es dort auch Cinemascope.

Der Bau galt eigentlich als erhaltenswert, denn an den Vorarbeiten hatte der Hamburger Baudirektor Prof. Werner Hebebrand mitgewirkt (der unter Stalin und Hitler als Planer tätig war), ausführender Architekt war Robert Deimling-Ostrinsky sowie für die Innenarchitektur Gerd Laage. Den Neubau an diesem Ort entwarfen Bothe Richter Teherani (BRT). Gekonnt nahmen sie die Formensprache des „Karstadt"-Hauptbaus auf, was 2010 mit einem dritten Preis des Bund der Architekten Hamburg honoriert wurde.

Verschwunden ist noch mehr, da müssen wir nur um die Ecke gucken: 1997 fiel die Bücherhalle, heute Servicezentrum des Bezirksamtes, Sparmaßnahmen zum Opfer (s.a. S. 124f).

Das Ende von „Karstadt"

Die einschneidenste Veränderung im Zentrum Eppendorfs bedeutete die Schließung von „Karstadt" Ende Mai 2007. „Oh, liebe Karstadt-Familie, wann sehen wir uns wieder?"; diese wehmütige Frage war lange Zeit auf der Plakatwand vor dem

Etwas kahl ist er geraten, der Marie-Jonas-Platz. Rechts das frühere „Karstadt"-Gebäude, im Hintergrund der gelungene Neubau von BRT, der mit der Kaufhaus-Architektur korrespondiert.

Kaufhaus zu lesen. Mehr als 8.000 Unterschriften wurden für den Erhalt gesammelt. Denn „Karstadt Eppendorf" bedeutete nicht nur eine Einkaufsmöglichkeit, sondern für Ältere im Restaurant „Le Buffet" auch einen Kommunikationsort und mit der Feinkost-Lebensmittelabteilung ein ansprechendes Sortiment (1994 bis 1996 hatte „Karstadt" diese fälschlicherweise ausrangiert). Geblieben ist lediglich das „Karstadt"-Reisebüro, Eppendorfer Landstr. 88.

Die Immobilie hatte der Investor Patron Capital Limited mit Hauptsitz in London übernommen. „Karstadt kompakt" bot an, 20 Prozent mehr Miete zu zahlen, doch dies lehnten die Briten ebenso ab wie den Verkauf des Gebäudes . Das bedeutete das Ende von „Karstadt" in Eppendorf und die Entlassung von 135 Beschäftigten (auch im Restaurant, dem Imbiss, beim Friseur, „Mister Minit" etc.), davon 70 in Vollzeit. Die Gewerkschaft Ver.di meinte: „Ein anderes Ergebnis wäre möglich gewesen".

„Karstadt" Eppendorf war am 20. April 1951 eröffnet worden, gedacht als Ersatz für das kriegszerstörte Kaufhaus in Barmbek an der Hamburger Straße. 1957 kam der Anbau hinzu und eine Lebensmittel-Abteilung. Als 1976 umgebaut wurde, präsentierten sich in den Schaufenstern zur Wiedereröffnung „16 bekannte Eppendorfer Lokale": Es waren „Onkel Pö", „Mac Donald" (nicht identisch mit der US-Fast-Food-Kette), „Bia Bia", „Kutscherkneipe", „Cafe Kaputt", „Vümpf", „Café Lindtner", „Borchers", „Zebra" und „Wolke". Ein weiterer Umbau fand 1994 statt.

Nach dem Auszug von „Karstadt" waren als neue Mieter in dem Gebäude u.a. Gastronomie, eine Bank und ein Fitness-Studio im 2. Stock vorgesehen. Daraus ist nichts geworden. Die Ladenzeile bilden heute sämtlich Filialisten, in den oberen Stockwerken bestehen Arztpraxen.

Die Ruppert-Häuser

Die schönen Etagenhäuser neben dem ehemaligen „Karstadt"-Haus in Richtung Eppendorfer Marktplatz entstanden durchweg um 1899/1900. Photographien auf alten Ansichtskarten tragen meist den Zusatz „Am Rosenbeet", das es heute in der kleinen Anlage wieder gibt. Auf Höhe von Nr. 81 steht seit 1994 die Bronzeplastik „Mutter mit Kind", die Wolfgang Borcherts Anti-Kriegs-Appell „Sagt nein! Mütter, sagt nein!" aufgreift. Geschaffen hat sie der Schiffbauingenieur, Opernsänger und Bildhauer Ernst A. Nönnecke aus der Erikastraße. Borcherts „Sagt nein!" kann man auch an der Friedenseiche auf dem Eppendorfer Marktplatz nachlesen (Bronzetafel von Hans-Joachim Frielinghaus). Am Ende der Anlage liegt, wenig beachtet, ein 2000 hier aufgefundener Granitfindling, der in der Eiszeit von Südostschweden nach Eppendorf kam.

„Baumeister" von Eppendorf war die Firma Ruppert, hier das Firmenschild aus den 1920er Jahren.

Das Haus Eppendorfer Landstr. 89, nach längerem Leerstand gründlichst erneuert (s.a. S. 63), ist seit 1900 Besitz der Familie Ruppert und heute Sitz der Ruppert Immobilien GbR.

Der Name Ruppert ist mit der Entwicklung Eppendorfs zum Stadtteil eng verbunden, hat sich das Baugeschäft doch an vielerlei Stellen „verewigt". Der Thüringer J. W. Ruppert übernahm 1882 eine hiesige Zimmerei und erfüllte den ersten großen Auftrag noch im selben Jahr offensichtlich zu aller Zufriedenheit, als er während der Cholera Epidemie auf Veranlassung von Physikus Julius Reincke (seit 2009 Julius-Reincke-Stieg in Eppendorf) sieben Baracken beim heutigen Eppendorfer Park errichtete.

Mit der Expansion der Stadt hatte Rupperts Personal alle Hände voll zu tun, wobei Architekt Christian Muxfeldt (der vorherige Zimmereibesitzer, s. oben) die Bauten entwarf, die Ruppert dann ausführen ließ: z.B. das Haus von Schlachter Faupel 1904 (Eppendorfer Marktplatz 21), das Doppel-Etagenhaus von 1899, in dem heute Café Lindtner ist (Landstr. 88/90) und auch die Bäckerei Seiler von 1904/1905 vis-à-vis St. Johannis (Ludolfstr. 60).

Da die Firma noch vor dem 1. Weltkrieg beizeiten Baugrund aufgekauft

Aufregung um „Die Liegende"

Ob die Plastik „Die Liegende" (ursprünglich „Sich Erhebende" genannt) von Bildhauer Hans Martin Ruwoldt (1891-1969) vor dem Bezirksamt heute noch wahrgenommen wird? Als sie FDP-Kultursenator Hans-Harder Biermann-Ratjen (1901-1969) am 18. August 1961 enthüllte, war das dem „HA" jedenfalls eine Schlagzeile wert: „Neue Plastik in der Kümmellstraße erregt die Gemüter".

Für die Zeitung kommentierte damals der bekannte Kunsthistoriker und –kritiker Gottfried Sello (1913-1994), später für „Die Zeit" tätig, die Einweihung im Herzen Eppendorfs: „Die öffentliche Plastik in Hamburg droht zu einem öffentlichen Ärgernis zu werden. Die einen sind empört über das, was ihnen als moderne Kunst auf der Straße begegnet. Die anderen sind empört über die Reaktion, die diese Werke hervorrufen und es sieht ganz so aus, als ob auch das neue Werk von Ruwoldt zu einem Stein des Anstoßes werden sollte. Die erregten Debatten, die gestern vor der Plastik geführt wurden, lassen Schlimmes befürchten.

Unbedingt ist dem Senator zuzustimmen, wenn er den rüden Ton moniert, in dem sich die ablehnenden Stimmen äußern. „Wie soll man solchen Eiferern glauben, dass sie je dem Begriff der Geistesfreiheit, der Autonomie der Kunst begegnet sind? Kritik, auch berechtigte Kritik, darf nicht in Beschimpfung und Beleidigung ausarten."

Aufregung ruft die Plastik heute nicht mehr hervor. Zum Künstler Ruwoldt wäre noch anzumerken, dass er bis 1936 einer der Leiter für Bildhauerei an der Reichskammer der bildenden Künste war und 1955 Leiter der Bildhauerklasse der Hochschule für Bildende Künste Hamburg wurde. Ruwoldt war es, der 1938 in der NS-Zeit am Gefallenendenkmal am Hamburger Rathausmarkt die trauernde Mutter mit Kind von Ernst Barlach durch einen aufsteigenden Phönix ersetzte.

hatte, konnte unter Leitung von Alfred Ruppert bis 1930 der große Wohnblock Kunhardtstr./Kellinghusenstr./ Faaßweg errichtet werden, der auch seitens der Stadt als gutes Beispiel für modernen Wohnungsbau geschätzt wurde. Von 1933 bis 1938 entstanden, meist mit 2 ½ und 3 Zimmer–Wohnungen ausgestattet, weitere Wohnblocks an der Breitenfelder-/Lenhartz-/Haynstr./Robert–Koch–Stieg. Bereits in den 20–er Jahren hatte sich die Firma zum Wohnungsunternehmen gewandelt.

Die geraden Hausnummern der Landstraße hören unversehens mit Nr. 112 a (Frisör-Geschäft) auf, noch in der selben Häuserfront geht es mit Nr. 2, dem Eiscafé, weiter. Denn hier ist schon der Eppendorfer Marktplatz. Die Landstraße wird versetzt fortgeführt, als sog. Kleine Eppendorfer Landstraße. Gleich an deren Beginn besteht unter Nr. 97 das Restaurant „Tre Castagne"; die Balkeninschrift berichtet vom „Alt–Eppendorfer Brauhaus anno 1881".

Das „ Alte Landhaus" stand ehemals noch am freien Dorfplatz bei den Bauernhöfen, die Erikastraße war seinerzeit noch ein Feldweg. 1779 ließ nach den Forschungen von Armin Clasen ein Schneidermeister das Wohnhaus errichten, in das 1831 der Dr. med. et Chir. Johann Christian Eggers einzog. Der wollte eine Apotheke einrichten, doch fand er keine Fürsprecher, im Gegenteil: Pastor Johann Heinrich Ludolf klagte, der Arzt weigere sich, Medikamente an Arme auszugeben. „Darüber aber ließ sich mit dem Herren Dr. Eggers durchaus nicht sprechen, weil er gleich auffährt und in seiner Heftigkeit leicht beleidigend wird, weshalb er bei der mittleren Klasse und besonders bei den Armen gar nicht beliebt ist." Letztlich durfte Eggers „nur" eine Hausapotheke führen.

1887 begann dann die Lokal–Geschichte mit Fuhrmann Carl Friedrich Joh. Kunkel, der die "Gastwirtschaft zum alten Landhaus" begründete, mit Ausspann für Fuhrwerke, gleich bei der Pferdebahn–Haltestelle am Markt günstig gelegen, und mit einem großen Biergarten vorm Haus.

Traditions-Geschäfte der Landstraße

Älter als Eggers Unternehmen wurde „Wohlgemuth's Apotheke" im Haus Nr. 96 von 1889, die denn auch als „Eppendorfs älteste Apotheke" firmierte. Sie war 1834 von Christian Neumann in der erwähnten, noch erhaltenen Villa Nr. 33 gegründet worden, ging 1875 auf den Schwiegersohn Wohlgemuth über und zog 1910 an den genannten Standort um. Jedoch, sie gibt es nicht mehr, dafür „Eis Schmidt" und „Tabakwaren Presse" und „Shop 96". „Auch Uhren Juwelier Wüsthoff" , 1886 gegründet und seit 1898 im „Hotel zur Rotbuche" zu Hause, das 1906 durch das Etagenhaus Eppendorfer Landstr. 112 ersetzt wurde, hat geschlossen (jetzt „Rossmann"-Markt). Zuletzt führte es Ernst Wüsthoff; Vater Carl hatte 1925 seine Dissertation über die deutsche Schmuckindustrie verfasst.

Somit ist die heutige Papeterie Otto F. K. Koch (seit 1980 Nr. 104) mit dem Gründungsjahr 1890, damals unter dem Namen H. E. P. Koch mit Druckerei in Nr. 147, ältestes Geschäft der Landstraße. Auf Tradition verweisen können aber noch mehr Unternehmen der Eppendorfer Hauptstraße. Carl Dames, heute Nr. 9, begann 1917 Eppendorfer Baum 27 als Tapezier- und Dekorations-Geschäft. Die Weinhandlung Cord Stehr (Nr. 9) gibt es seit 1927. C. H. Stehr betrieb zuerst ein Feinkost-Geschäft Hoheluftchaussee 38. Dort blieb er auch wohnen, als er in den 1930er Jahren im Backstein-Eckhaus Eppendorfer Landstr. 11/Haynstr. Feinkost (Parterre) und Wein (1. Stock) verkaufte (heute „Optiker-Carl"). Die Anfänge des ältesten Hamburger Sportgeschäfts „Sport-Schuster" (Nr. 7) lassen sich 1934 in der Goßlerstr. 84 (heute Eppendorfer Weg) verorten, ehe 1936 der Umzug in die Landstraße erfolgte (Erweiterungen 1961 und 1987). Es war bei „Sport-Schuster", wo Vater Erwin für „Uns Uwe" die ersten „Buffer" erwarb, als Seeler zum 1. April 1946 HSV-Mitglied wurde.

„Uhren thor Straten" existiert seit 1965 Eppendorfer Landstr. 92-94, die Familie ist in der fünften Generation in der Uhrmacherei tätig und lässt Schmuckreparaturen in einer externen Goldschmiede bearbeiten. Tradition hat auch „Lampen-Wetter", Nr. 84, Inhaber Peter Spieler, mit dem Gründungsjahr 1906.

Doch zurück in die sog. Kleine Landstraße, für die vor einigen Jahren sogar einmal die Sperrung für den Autoverkehr erwogen wurde. Denkmalschutz genießt hier das Putzwohnhaus Nr. 126 von 1881. Die Bauten auf der anderen Straßenseite entstanden meist um 1875. Der gesamte Häuser-Block bei „Tre Castagne" (s.o.) ist aktuell vom Abriss bedroht (s. S. 29f).

Denkmalgeschützt ist die Randbebauung von Hayns Park (1934). Auskunft auf der „ Blauen Tafel" des Denkmalamtes am Haus Nr. 164 an der Ecke zum Park über die von Carl Petzold geplanten Häuser: "Die Bebauung markiert mit den traditionalistischen Details, dem Satteldach und den verputzten Fassaden die Abkehr der NS-Ära von den architektonischen Prinzipien der 2oer Jahre. In der Verbindung von Wasserfläche, öffentlicher Grünanlage und Wohnarchitektur wirkt sich (Anm. Oberbaudirektors) Fritz Schumachers städtebauliches Konzept aus."

In den 1970-er Jahren wurde versucht, vor diesen Häusern einen Wochenmarkt zu etablieren, was am Veto der Anwohner scheiterte.

„Musentempel" im zweitgrößten Park

Hinter den Wohnblocks Eppendorfer Landstr. 148–170 liegt Hayns Park, schönste und zweitgrößte Grünanlage des Viertels (die Reihenfolge: Eppendorfer Park 6,4 ha, Hayns Park 4,8 ha, Kellinghusenpark 2,3 ha, Seelemannpark 0,7 ha).

Vom einstigen Landhaus ist das klassizistische Rundtempelchen geblieben: „Monopteros", „Musentempel", soll es Senator Hayn genannt haben, der dort seinen Kaffee zu trinken pflegte. Wäre es nicht schön, wenn in Senators' „Kaffeestube" am Sonntag mal musiziert würde? Wie überhaupt Eppendorfs „Central Park" geeignet erscheint für Festivitäten oder diese und jene Kulturveranstaltung in begrenztem Rahmen (es muss ja nicht

Die Geschäftsstraße des Stadtteils stellt nach wie vor die Eppendorfer Landstraße dar; hier auf Höhe von Nr. 92-94.

Zum Sommersitz in Hayns Park gehörte „Monopteros", der „Musentempel".

gleich noch ein Event sein). Ehemals hatten Nationalsozialisten das Areal für Feiern genutzt, später lud dorthin wie auf die Meenkwiese auch mal die Feuerwehr ein. Leider dient der historische Pavillon immer wieder als Versuchsfeld für Graffitti-„Künstler".

Der Mann, der dem Park den Namen gab, Max Theodor Hayn (1809–1888), war gebürtiger Breslauer und 26-jährig in Hamburg eingetroffen, von wo er als Kaufmann nach Mexiko ging. Er ist Senator geworden und 1887 Zweiter Bürgermeister. Ein Senator Hayn-Haus (1908) gibt es Ballindamm 26 an der Binnenalster. Hayns Stadthaus galt als „Mittelpunkt geistigen Lebens und vornehmer Gastfreundschaft", wobei der Breslauer samt schlesischer Ehefrau von der Hamburger Gesellschaft erst einmal nicht recht angenommen wurde.

Den Eppendorfer Sommersitz am Alsterufer hatte sich Hayn 1873 zugelegt. Das Herrenhaus stand gegenüber der Einmündung der Schubackstraße, war aber schon in den 1920-er Jahren „leider ganz verfallen", nachdem es zuvor noch als Männerwohnheim der Heilsarmee gedient hatte. Schließlich wurde die verwahrloste, leerstehende Villa abgerissen und der Park 1931 für die Öffentlichkeit freigegeben.

„Silwars Idyll"

In Hayns Park gelegen (postalische Anschrift Eppendorfer Landstr. 148) ist das Bootshaus Silwar mit Bootsverleih; die Gaststätte „Silwar-Bucht" hat 1982 geschlossen, weil der damals angrenzende Gewerbehof zu viel Lärm verursachte.

Auch Silwars Bootshaus ist ein Stück Eppendorfer Geschichte, denn bereits 1874 hatte der Schiffbauer Riege auf der anderen Flussseite, am Winterhuder Quai 8, den Verleih von „Ruderböten" begründet. Die Alster floss damals noch wildromantisch in Windungen an Eppendorf vorbei. 1911 übernahm Schwiegersohn Richard Silwar den Betrieb, der infolge der Alsterkanalisierung 1913 in die kleine „Silwar-Bucht" umzog. Sohn Max war seit 1940 Inhaber und 1950 auch Veranstalter des ersten großen Lampionkorso auf der Alster, bei dem 86 Boote von Eppendorf zur Binnenalster fuhren. „Silwars Idyll", wie das hier das "HA" einmal zurecht genannt hat, ist gelegentlich auch Schauplatz von Jam Sessions, denn Besitzer Arnim Silwar ist begeisterter Jazzer („Arnim Silwars Dream Band").

Schließlich „verliert" sich die Landstraße im Grünen, findet nach der Überquerung des Mühlenteichs ihre Fortsetzungen in den Straßen Meenkwiese und Salomon-Heine-Weg (s. S. 50f). Vorher sehen wir als letzte Baulichkeit an der Ecke Schubackstraße linkerhand noch das neu eröffnete Restaurant, ehemals „Klopstock", „Dorfschänke" und „Weiße Ecke", und später auf der anderen Seite, Nr. 178, das Lokal „Zur alten Mühle" (im Kapitel Erikastraße erwähnt).

Die letzte Hausnummer

Die endgültig letzte Hausnummer der Eppendorfer Landstraße, die Nr. 180, beansprucht das Bootshaus Barmeier, von 1926 bis 1974 im Besitz der gleichnamigen Familie, gelegen an der Mündung der Tarpenbek via Mühlenteich in die Alster. Später übernahm es H. Ditze. Er berichtete uns, dass das Gebäude immer noch im Originalzustand sei – ausgenommen der Farbanstrich. Denn eigentlich müsste das Bootshaus blau gestrichen sein, nun ist es Grün, weil sich an die alte Auflage niemand mehr erinnerte. Jetzt lebt im Bootshaus der Schauspieler Björg Torke mit Familie, der auch jener Initiative angehörte, die sich für den Weiterbetrieb des Planschbeckens im Hayns Park einsetzte.

Björg Torke und viele Andere sind auch engagiert hinsichtlich des 240 Meter langen Pflanzbereichs auf der Meenkwiese entlang der Ufermauer zur Alster hin unter bis zu 60 Jahren alten Säuleneichen. Dahinter steht www.dago-kinderlobby.de, die 2004 die Patenschaft unter dem Titel „Blumen statt Brennnesseln" übernahm. Das Projekt „Grünes Klassenzimmer" ist heute offen für Kinder, Jugendliche und Erwachsene. Es gilt, im eigenen Stadtteil positiv mit zu gestalten.

Letzte Hausnummer der Eppendorfer Landstraße, nämlich Nr. 180: Eigentlich müsste das Bootshaus Barmeier blau angestrichen sein...

Ein Hamburger Adressbuch, 1942

Nach einem Gesetz von 1938 mussten Juden, sofern sie keinen „typisch jüdischen Vornamen trugen", die Zwangsvornamen Sara für Frauen und Israel für Männer bis spätestens 31. Januar 1939 beim Standesamt eintragen lassen.

Vereinzelt sind diese Zwangsvornamen bereits im Hamburger Adressbuch von 1940 zu finden und ab dem Jahrgang 1942 in größerer Zahl auch für die Eppendorfer Landstraße.

Teils sind die Schicksale jener damals aufgeführten Menschen durch die Recherche für die Stolpersteine dokumentiert, teils findet man nähere Angaben im Bundesarchiv.

Die erste Deportation deutscher Juden aus Hamburg fand am 25. Oktober 1941 nach Lodz statt: Um 10.10 Uhr ab Hannoverscher Bahnhof. In den Tod transportiert wurden damals Else Cohn (geb. 1878), wohnhaft Eppendorfer Landstr. 28, und Helene Theilheimer (Nr. 36), gebürtig aus Fürth, Witwe des Getreidehändlers Adolph Theilheimer. Sie starb am 7. Juli 1942 im Getto von Lodz. Aus dem Haus Nr. 36 wurden auch Frau Theilheimers Nachbarinnen, die seit August 1937 in einer Wohnung im 2. Stock lebten, nach Lodz gebracht: Elise Hirschfeld (geb. 1870) und ihre Stieftochter Wally (geb. 1897); ihr Onkel war der berühmte Sexualforscher Magnus Hirschfeld. Gustav Heymann (geb. 1871), ein weiterer Nachbar aus Nr. 36, wurde am 15. Juli 1942 in das KZ Theresienstadt deportiert und am 21. September 1942 weiter nach Treblinka.

Für das Haus Nr. 30 nennt das Adressbuch 1942 „W. Israel Cohn". Die heutigen Stolpersteine führen Julius Cohn, Inhaber einer Bank- und Kommanditgesellschaft, und Ehefrau Gertrud auf, ebenfalls am 25. Oktober 1941 deportiert.

Dieses Datum bedeutete auch für Alfred Aron (geb. 1886) und Ehefrau Ida (geb. 1893) den zwangsweisen endgültigen Abschied von Hamburg. Die geplante Flucht nach Chile oder Rhodesien war ihnen nicht gelungen, wohl aber den Söhnen Martin (USA) und Werner (Palästina). Bis 1938 konnte Alfred Aron noch einen Brennstoffhandel betreiben. In der geräumigen Fünf-Zimmer-Wohnung Eppendorfer Landstr. 46 nahm das Ehepaar nach dem Pogrom immer mehr Untermieter, vor allem Verwandte, auf. Alfred und Ida Aron wurden aus dem Getto Lodz am 19. September 1942 in das Vernichtungslager Chelmno deportiert. 1945 sind beide für tot erklärt worden. Die hochwertige Wohnungseinrichtung, alle Wertgegenstände und Schmuck aus der Eppendorfer Landstr. 46 wurden beschlagnahmt und versteigert, die Bankguthaben eingezogen. Ein weiterer Beleg für den Raubzug, den Staat und Einheimische im Holocaust betrieben.

Für Siegfried Marcus (geb. 1880), einen Vertreter von Reklame-Artikeln, nennt das Hamburger Adressbuch 1942 noch dieselbe Anschrift wie für das Ehepaar Aron. Tatsächlich lebte Marcus in der Isestr. 86, als er an eben jenem 25. Oktober 1941 mit den Schwestern seiner verstorbenen Frau Friederike, Martha Markus und Emma Hinrichs, nach Lodz deportiert wurde. Für Tochter Lieselotte hatte ein Kindertransport nach Großbritannien die Rettung bedeutet. Sohn Kurt schiffte sich in Marseille nach Shanghai ein und gelangte über Japan in die USA.

Die Nachbarn von Marcus und den Arons müssen den Auszug aus der Eppendorfer Landstr. 46 (heute das sog. Ärztehaus mit zwei 2012 darauf gesetzten Penthouses) wohl bemerkt haben. Die Nachbarn, das waren ein Geschäftsführer, Ingenieure a. D., ein Schiffsmakler, mehrere Witwen, eine Studienrätin und ein Chemiker. Und wer zog ein in die Fünf-Zimmer-Wohnung der Arons? Das Adressbuch 1943 führt Bewohner im 4. Stock nicht mehr auf.

Auch Dr. med. Carl Stamm (geb. 1867), langjähriger ärztlicher Leiter des Kinderkrankenhauses Rothenburgsort und 1928 vom Senat „Für treue Arbeit im Dienste des Volkes" geehrt, überlebte das Jahr 1941 nicht. Seit 1934 lebte er Eppendorfer Landstr. 14; dort befand sich bis zum Entzug der Approbation 1938 auch seine Praxis. Er und Ehefrau Minna (geb. 1878) starben 1941. „Gedemütigt entrechtet Flucht in den Tod" berichtet der Stolperstein vor dem Wohnhaus. 2010 wurde ein Park am Billhorner Deich in Rothenburgsort nach Dr. Carl Stamm benannt.

Rb.-O. Rat i. R., Reichsbahn-Oberrat im Ruhestand, lautete der Zusatz im Adressbuch für Dr. Ernst Bein (geb. 1887), Eppendorfer Landstr. 64. Seine Ehefrau Margarete verstarb 1940, Tochter Ursula war in die Niederlande geflüchtet (nach deren Besetzung sie in Auschwitz umgebracht wurde). Dr. Bein wurde am 8. November 1941 von Hamburg nach Minsk deportiert, gemeinsam mit Tochter Erika (geb. 1922). Auf der Deportations-Liste wurde ihrem Namen handschriftlich hinzugefügt: „freiwillig zur Evakuierung gemeldet".

Jenes Hamburger Adressbuch von 1942 nannte demnach Namen von Menschen, die längst nicht mehr in Hamburg lebten oder nicht mehr am Leben waren. Es gab so gut wie keinen jüdischen Mitbürger mehr (die seit 1. September 1941 den Gelben Stern tragen mussten), dem man auf der Landstraße begegnete.

Die einzige Ausnahme hieß „K. Israel Wertheimer", wohnhaft Landstr. 166 (der damalige Neubau an Hayns Park). Er ist dort auch im Adressbuch 1943, dem letzten, das vor Kriegsende erschien, noch genannt. War es Karl Wertheimer, der Kaufmann, ehemals Mönkedamm 8? Näheres ist unbekannt, was beweist, dass auch dieses Kapitel Hamburger Geschichte weiterer Aufarbeitung bedarf.

Bilderbogen der

Eppendorfer Landstraße

„Musterbeispiel für Gentrifzierung“ – und der Widerstand

„Ein bisschen schicker, ein bisschen teurer als anderswo ist das Wohnen in Eppendorf (...) Eppendorf ist eines der begehrtesten Wohngebiete Hamburgs. Die Altbauwohnungen sind zu einem großen Teil in Eigentumswohnungen umgewandelt worden, und dieser Trend hält weiter an.“

Zitiert nach: www.neubaukompass.de, der für den Stadtteil 4,5 von möglichen 5 Sternen vergibt.

Eine Eppendorfer Landmarke bedeutet das „Alte Landhaus“ Ecke Landstraße/Martinistr., das bis ins Jahr 1779 zurück geht. Jetzt soll es samt Nachbarhäusern einem Neubau weichen.

Lange Zeit waren im Stadtteil baulich wesentliche Veränderungen nicht auszumachen, auch wenn manches Vertraute verschwand. So befand sich Hegestieg 10 eine der vermutlich letzten Hochgaragen der Stadt, nämlich die der Familie Grassmann, in einer umgebauten Maschinenfabrik von 1917. 2005 wurde der Komplex zu acht sog. Wohnlofts und zwei Penthäusern umgestaltet, hinzu kam der Neubau von sechs Eigentums-Wohnungen (ETW). U.a. können Touristen dort jetzt „im City Loft in einem alten Parkhaus" wohnen.

Neu erstand das Apartmenthaus Eppendorfer Landstr. 26, der schmale Neubau Nr. 31 linker Hand der Post ersetzte die einstöckige Schlachterei Lehmann. Wo man heute „Volksbank" und Wohnungen findet, stand früher die Autohalle Möller & Co. Das Gesundheitsamt (zuvor Bauamt) des Bezirks nahm die Stelle der Privatschule für Mädchen Faquemont und Lühring ein (Nr. 59). Anstelle eines Parkplatzes, Robert-Koch-Str. 28-30, verspricht die Immobilien-Branche jetzt „ein Cityhouse, 4 Etagen, 2 Skydecks mit Penthouses", denn Eppendorf sei eben „trendy, chic, elegant, exclusiv." Das neue Geschäfts- und Wohnhaus Eppendorfer Landstr. 139 a wird mit den Worten angekündigt: „Über den Dächern von Eppendorf! Penthouse-Maisonette mit familiengerechtem Grundriss." Die zuständige Berliner Groth-Bau hatte bereits bis 2004 das „Eppendorf Village" fertiggestellt („exzellente ETW", „exklusive Wohnanlage"); es erstreckt sich anstelle von Klein-Gewerbe vom unteren Teil der Erikastraße bis zur Tarpenbekstraße. Groth-Bau ist auch Heinickestr. 5-7 aktiv; was dort entstehen soll, ist unbekannt. Erikastr. 52-54/Eppendorfer Landstr. 113 (Werbeslogan: „Ein Grundstück – zwei Adressen") wurden 28 Eigentumswohnungen (ETW) errichtet und Erikastr. 86 sind 2012 als ETW drei Penthouses und 29 Apartments („alle Wohnungen verkauft!") entstanden. Das Ganze firmiert unter „Hayns Park" - der liegt allerdings an der Eppendorfer Landstraße (s.a. www.erikastrasse86.de).

Zweiter Aufzug im „Eppendorfer Palais"

Penthouses sind überhaupt Mode im Viertel: Das Haus bekommt dann neben einem zweiten Aufzug auch noch einen

Penthouse drauf, so wird aus einem Etagenhaus plötzlich ein „Palais" wie Eppendorfer Landstr. 42.

neuen Namen, wie z.B. das „Eppendorfer Palais", Landstraße 46. „Menschen, die gern großzügig auf zwei Ebenen wohnen und urban leben möchten" stehen in naher Zukunft „zehn großzügige Maisonette-Wohnungen" in der „Remise im Hof" Ludolfstr. 50 hinter dem nach wie vor leerstehenden früheren „Restaurant Sellmer" zur Verfügung (2013 im Bau). Auch ums Zeughaus entstanden am Christoph-Probst-Weg zwischen Kegelhofstr. und Osterfeldstr. neue ETW.

„Die Welt" hielt am 13.10.2012 fest: „Das alte Eppendorf verändert sein Gesicht (...) ein Musterbeispiel für Gentrifizierung – also für die langfristige Aufwertung eines Stadtteils (...) Nur noch die Reichen könnten sich das Leben dort leisten, heißt es."

Tatsächlich hatte sich an all den Neubauten niemand gestört, denn sie bedeuteten letztlich keinen gravierenden Eingriff und nutzten z.T. brachliegendes Areal. Zwar gab es Kritik an dem Bauwerk anstelle von „C & A" in der Landstraße (s. S. 19), auch wurde der kahl geratene neue Marie-Jonas-Platz bemängelt oder die Gestaltung von Hayns Park – meist seitens des Bürgervereins. Zudem gefiel nicht, dass das Hochhaus-Projekt Ecke Martini-/Schottmüllerstr. die lieb gewonnene „Martini-Pizzeria" vernichtete. Nun trägt der Neubau, aufgrund des Leerstandes, den Beinamen „Geisterhaus".

Inzwischen aber sind viel mehr Veränderungen des gewachsenen Stadtteilbilds vorgesehen. Sie könnten, würden sie realisiert, ein ganz anderes Eppendorf bedeuten.

Ein Immobilienbüro kündigt dabei sehr voreilig neue Projekte an. „Es kommt Bewegung in den Markt!", heißt es. Erwähnt werden „die Bebauung Schaub" (frühere Konditorei und Hotel garni Ecke Erika-/Martinistr.) und die historische Bausubstanz Eppendorfer Landstr./Martinistr.: „Kurz hinter „Tre Castagne" wird bereits fleißig gebuddelt." Dazu das „HA": „Eppendorf bekommt eine neue Mitte."

Gründung der Bürgerinitiative

Genau letzteres Projekt rief eine Bürger-Initiative (BI) auf den Plan. Denn in dem Bereich sind ETW und bis zu fünfstöckige Neubauten vorgesehen. Fünf historische Gebäude würden abgerissen, drei alte Kastanien gefällt. Architekt Joachim Schild erklärte für die Immobiliengesellschaft Alstertreu, die Häuser seien „zum Teil baufällig". Bezirksamts-Leiter Harald Rösler sagte: „Weiterentwicklung ist per se nichts Schlechtes, sondern notwendig, um kein schlechtes Museum entstehen zu lassen." Rösler war es auch, der fälschlicherweise davon sprach, in den Gebäu-

Als fünf historische Gebäude vom Abriss bedroht waren, gründete sich am 18. September 2012 eine Bürgerinitiative.

den gäbe es „Schwammbefall". Engagierte Stadtteil-Bewohner sahen das ganz anders: „Für die Eppendorfer der Tropfen, der das Fass zum Überlaufen bringt." Woraufhin sich am 18. September 2012 durch 70 Bürgerinnen und Bürger die BI „Wir sind Eppendorf" (www.wir-sind-eppendorf.de) gründete. Der der SPD-Fraktionsvorsitzende in der Bezirksversammlung, Thomas Domres, daraufhin über facebook gleich die Nachricht schickte: „Ich bin Eppendorf!"

Die BI – Losungen: „Lasst das Dorf in Eppendorf!" und: „Eppendorf oder Eppencity?" -, stießen auf viel Resonanz. Inzwischen haben sich über 2.000 Bürgerinnen und Bürger dem Protest gegen den Abriss der Häusergruppe inklusive des Restaurants „Tre Castagne" ausgesprochen.

Das Denkmalamt-Gutachten

Zwar konstatierte Dr. Christine Onnen für das Denkmalamt zum 12.4.2013 „zu viele Veränderungen, um Kriterien eines Baudenkmals zu genügen". Doch geht es der BI um den Erhalt des Stadtbildes, der in anderen Hamburger Stadtteilen dank des Milieuschutzes gewährleistet ist.

Das Denkmalamt selbst listete in seinem Gutachten die historischen Fakten auf: Eppendorfer Landstr. 97 das „Tre Castagne", im Kernbereich noch ein Zeugnis des Dorfes, erbaut 1779 für den Schneider V. H. Stübesandt, Restaurant-Vorbau „Zum alten Landhaus" um 1900. – Nr. 99-101, Doppelhaus vom Ende des 19. Jh. – Nr. 103-105 um 1880 errichtet. – Nr. 107 vom Ende des 19. Jh. – Nr. 109 ein dreigeschossiger Putzbau, sämtlich „Überreste

Was vom früheren Kaufhaus Dittmer, Eppendorfer Landstr. 108-110, hier im Vorkriegszustand, geblieben war, wurde 2013 abgerissen. Neu entstehen 37 Wohnungen sowie Geschäfte.

der frühen vorstädtischen Ansiedlung Eppendorfs in der 2. Hälfte des 19. Jahrhunderts".

Verschwunden: Ein beträchtliches Stück Landstraße

Wer im Übrigen von der erwähnten Ecke Landstraße/Martinistr. hinüber blickt zur Häuserfront, konnte dort seit 2012 zwischen Eppendorfer Landstr. 108-110 (zuletzt „Edeka" bzw. „dm") und der Hahnemannstr. eine gewaltige Baugrube entdecken. Nun war der Bau vom Ende des 19. Jh. zwar bereits im Krieg seiner Aufbauten verlustig gegangen, aber eben doch ein gewohnter Anblick. Abgerissen wurde hier das frühere Kaufhaus Dittmer, 1900 bis 1926 noch das „Engros-Lager Laurenzius Deppe" von 1882, ehe das erwähnte Kaufhaus u.a. mit dem Slogan warb: „Die Dame geht nicht mehr zur Stadt / weil es doch Kaufhaus Dittmer hat." In der Nähe soll demnächst auch der Fabrikkomplex Eppendorfer Landstr. 106 a im Hinterhof fallen.

Nun gibt es heute in Eppendorf keine nach 1968 engagierten Jugendlichen und Hausbesetzer mehr wie ehemals (s. S. 63); damals konnten auch der „Haynpalast" (S. 86f) und die Falkenried-Terrassen erhalten werden. Die jetzigen Bedenken kommen aus sog. gutbürgerlichen Kreisen, die dem Stadtteil schon lange verbunden sind. Umso erstaunlicher, dass die lokale Politik die Einsprüche weitgehend negierte oder ihnen anfangs sogar heftig widersprach.

Zu den Mehrheitsverhältnissen in der Bezirksversammlung Hamburg-Nord muss man wissen, dass die SPD (24 Abgeordnete) seit dem 9. Juni 2011 eine Koalition mit der FDP (3) gebildet hat. Das sind 27 Mandate gegenüber 24 der Opposition, die sich aus CDU (12), Grünen (9) und Linker (3) zusammensetzt.

Die politisch Verantwortlichen, vor allem der Bezirksamtsleiter und der Vorsitzende der SPD-Fraktion, gerieten zunehmend in die Kritik, als ein weiterer Eppendorfer Brennpunkt der Abrisspolitik bekannt wurde: Die Terrassen-Häuser - eine Hamburger bauliche Spezialität -, Hegestr. 46 a-f. Dort sind um einen Innenhof hinter dem Vordergebäude sechs zweigeschossige Häuser vom Baujahr 1891 gruppiert. 2009 wurde der Komplex für 4.7 Mio. € von der GbR Hegestr. 44-48 bzw. ARTUS GmbH des Immobilienhändlers Karl- Michael Denkner erworben. Geplant ist der Abriss der Hinterhof-Häuser, die Vorderfassaden sollen stehen bleiben; SPD-Fraktionschef Domres im Bezirk nannte dies „Sanierung im Bestand". Die Abrisskosten werden mit fünf Mio. € beziffert, der Verkauf der ETW soll elf Mio. einbringen.

Seitdem gibt es zahlreiche Vorwürfe gegen die Eigentümer. Die Wohnungen im Hinterhof und am Isebekkanal seien systematisch entmietet und zerstört worden. Von 36 Mietparteien leben nur noch acht vor Ort. Laut Mieter-Protokollen wurden Heizungen abgebaut, Fußböden sowie Wände zerschlagen. „Wieder wird bezahlbarer Wohnraum zerstört, um Luxus-Eigentumswohnungen zu bauen", folgerte die „MoPo" in einem Kommentar.

Das bemerkenswerte „Abendblatt"-Dossier

Das „HA" widmete dem Fall Hege-Terrassen am 14.6.2013 ein Dossier über vier Seiten von Jan Haarmeyer und Volker ter Haseborg, ein Beispiel für ausgezeichneten Journalismus, insofern auch für den Deutschen Reporter-Preis 2013 nominiert (Verleihung nach Redakionsschluss, s.a. www.abendblatt.de/hege). Und zeigte auf, dass es auch ganz anders geht: Ein Stück weiter an der Straße befinden sich in tadellosem Zustand die Terrassen Hegestr. 10 a-f mit 34 Wohnungen, eine bautypische Wiederholung von Hegestr. 46 a-f. Man sehe nach und staune!

In einem Bericht vom 25.7.2013 führte die Tageszeitung weitere Versäumnisse der Politik an. Angesichts der illegalen Entmietung der Häuser hätte das Bezirksamt einschreiten müssen. Ortsbesichtigungen durch dieses Amt seien nie dokumentiert worden. Der Besitzer stellte erst eine Zweckentfremdungs-Genehmigung, nachdem ihn das Bezirksamt darauf hingewiesen hatte. Sein Antrag wurde laut „HA" „dann eiligst genehmigt".

Lokale SPD unter Druck

Dieselbe Zeitung urteilte am 26.7.2013: „Amtschef Harald Rösler (SPD) und SPD-Fraktionschef Thomas Domres stehen unter Druck. Die Mieter der Hegestraße und die BI „Wir sind Eppendorf" werfen ihnen vor, mit dem Investor gemeinsame Sache zu machen. Der Fall Hegestraße ist zum Politikum geworden – auch weil sich die SPD im Bundestagswahlkampf als die Partei der Mieter präsentieren will." Den Zielen von „Wir sind Eppendorf" hatte sich im Bezirk ausschließlich die Partei Die Linke, später dann auch Bündnis 90/Die Grünen angeschlossen.

Harald Rösler amtiert seit 16.8.2012 als Bezirksamtsleiter. Gewählt wurde er ohne Gegenkandidat bei zwei Gegenstimmen mit 49 Stimmen. In einer parteiinternen Abstimmung hatte er sich zuvor u.a. gegen die SPD-Bürgerschaftsabgeordnete Anja Domres durchgesetzt.

Thomas Domres wiederum wurde 2011 als Fraktionsvorsitzender seiner Partei in der Bezirksversammlung wiedergewählt. Inzwischen ist er auch Vorsitzender des Eppendorfer Bürgerverein (EBV). Das ist jene Organisation, die ehemals bei Einschnitten ins Stadtteil-Bild heftig intervenierte (S. 63).

Der Bürgerverein im Widerspruch

Inzwischen aber ist sie zu diesem Thema gänzlich verstummt. In Leserbriefen in der EBV-Zeitschrift „Der Eppendorfer" wurde Domres vorgeworfen, er instrumentiere den Verein für seine politischen Ziele und unterdrücke kritische Wortmeldungen.

Ein Treppenwitz lokaler Geschichte: Thomas Domres plädiert für den Abriss des bekannten Fachwerkhauses Ludolfstr. 43, ehemals „Brahms-Stuben" (S.35). Am 15.11.2012 erklärte er in der Bezirksversammlung, „da kann man nichts machen", das Gebäude stünde „leider auf einer Verkehrsfläche". Jedoch: Es war just der EBV, der sich ehemals nachdrücklich für den Erhalt der historischen Bauten an der Ludolfstraße einsetzte.

Außerdem gilt für die Ludolfstr. 43 Denkmalschutz. Noch 1986 hatte der EBV in seinen "Kommunalpolitischen Forderungen" generell formuliert: "Die Umwandlung von Mietwohnraum in Eigentumswohnungen und die dadurch verursachte Verdrängung bestimmter wenig Verdienender Bevölkerungsgruppen aus unserem Stadtteil sollte eher erschwert als erleichtert werden."

Platzverweis für die Hege-Terrassen

Domres hatte in der Bezirksversammlung am 12.9.2013 zum Thema Hegestraße-Terrassen die Bürgerinitiative beschuldigt, „Öl ins Feuer zu gießen". Genau dies aber war bei einem Ortstermin dort durch zwei Bezirksamt-Mitarbeiter geschehen, die sich, milde ausgedrückt, sehr aggressiv verhielten. Die Folge waren eine Dienstaufsichtsbeschwerde und das Versprechen von Bezirksamts-Chef Rösler: „Diese Mitarbeiter werden nicht mehr in der Hegestraße antreten."

SPD-Bundestags-Kandidat: „Eine Sauerei"

Es gab in der SPD aber auch Stimmen, die die Eppendorfer Entwicklungen kritisierten. Werner Dobritz, viele Jahre in der Bürgerschaft und von 1997 bis 2001 Vorsitzender des Ausschusses für Stadtentwicklung, ärgerte sich darüber, „dass die SPD und viele Funktionsträger jetzt auf Tauchstation gegangen sind." Er selbst war ehemals daran beteiligt, dass die Falkenried-Terrassen als preiswerter Wohnraum für Geringverdiener erhalten blieben und nicht abgerissen wurden. Dobritz: „Die SPD war damals Teil der Mieterinitiativen." Rösler und Domres warf er „Versagen" vor.

Beim Bundestags-Kandidaten-Hearing von „Wir sind Eppendorf" am 28.9.2013 wurde Christian Carstensen, ehemals SPD-MdB, noch deutlicher: „Es ist eine Sauerei. So geht man nicht mit Mietern um. Wenn Sie das bisher nicht von der SPD gehört haben, tut es mir leid."

Bezirksversammlung und Amtsgericht entscheiden

Inzwischen sind die Hegestraße-Terrassen nicht mehr nur ein Eppendorfer Politikum, weshalb Konsequenzen zu vermelden sind. Der Bezirk Nord hat ein Verfahren zur Aufhebung der Baugenehmigung eröffnet. Einstimmig beschloss die Bezirksversammlung Nord außerdem die Sanierung der Terrassen, um bezahlbaren Wohnraum zu erhalten. Zudem erging am 29.8.2013 ein Urteil des Amtsgerichts, in dem die erste Räumungsklage für eine Mieterin abgewiesen wurde. Die Begründung: Jahrelange Zweckentfremdung der Gebäude durch Leerstand und Zerstörung, kein Vorliegen einer Abriss-Genehmigung.

Über all dem ist der Erhalt der historischen Gebäude Ecke Eppendorfer Landstr./Martinistr., siehe oben, in Vergessenheit geraten. Das kann sich wieder ändern, auch, wenn sich zwischenzeitlich neue Konfliktfelder ergeben haben. Denn die historischen Bauten von Martin-und-Clara-Heimann-Stift und Senator Erich-Soltow-Stiftung nahe zum Stadtteil sind im Bestand bedroht (S. 114f).

Zerstörung von „Eppendorfs Mitte"?

Und wenn es eine „Eppendorfer Mitte" gibt, dann ist diese natürlich das Areal um den Neubau anstelle von „C & A", den Marie-Jonas-Platz, dem früheren „Karstadt"-Kaufhaus und dem Bezirksamt. Aber auch letzteres soll abgerissen werden. Bezirksamtsleiter Rösler in „Die Welt" am 28.1.2013: „Wir im Bezirksamt stehen den Plänen für einen Neubau bestimmt nicht im Weg."

Der Hintergrund: Zu Zeiten der CDU-Alleinregierung in Hamburg wurde massiv städtisches Eigentum privatisiert - auch das Bezirksamt Nord. Dieses bzw. die Stadt bzw. die Bürger müssen dafür monatlich ca. 130.000 € Miete berappen. Der Mietvertrag läuft bis 2026; er kann bis 2031 bzw. 2036 verlängert werden (Option).

Auf der website www.grealestate.eu der ABR German Real Estate AG werden Abriss und Neubau auf dem Eppendorfer „Filetstück" konkreter: Berichtet wird vom „Projektzeitraum 2010-2014, neuer Bebauungsplan, Neubau Bezirksamt, Wohnungen." Das Investitionsvolumen ist mit 31 Mio. € beziffert. Die German Real Estate scheint aber nur noch für „Beratung und Projektentwicklung eines Stadtteilzentrums" zuständig zu sein. Ihre „Objektgesellschaft" ABR Eppendorfer Landstraße GmbH & Co soll ihren Besitz zu einem geheimen Kaufpreis „an einen Projektentwickler aus dem Hamburger Umland" veräußert haben. „Immopro 24" jedenfalls meldet bereits einen Bauantrag „auf angrenzendem Grundstück für Etagenwohnungen und Tiefgarage." Mit Ausnahme der Partei Die Linke stimmten SPD, CDU, die damalige GAL und die FDP dem Bebauungsplan 17 zu.

Allerdings, auch das Bezirksamt Nord, von 1954 bis 1958 errichtet und von Paul Seitz (1911-1989) konzipiert (der u.a. für den „Philosophenturm" der Uni und die Bauten der IGA 1963 verantwortlich war) gilt ebenso wie „Karstadt" als „erkanntes Denkmal". Ein Veto des Denkmalschutzes, der in Hamburg eher defensiv als offensiv eingeschätzt werden muss, könnte alles stoppen.

Ein städtebaulicher Wettbewerb wird jetzt stattfinden. Und die German Real Estate hat verlauten lassen, „30 Prozent geförderten Wohnungsbau" anzubieten.

Beschließen wir dieses Kapitel positiv. Es gibt das Projekt Bethanien (S. XXX) und tatsächlich sind in Eppendorf auch einmal genossenschaftliche Wohnungen entstanden. Das geschah 2010 am Julius-Reincke-Stieg nahe der Martinistraße, wo der Bauverein der Elbgemeinden vier Stadthäuser und ein Mehrfamilienhaus errichtete.

Sogar überregional beschäftigte der Konflikt um die Terrassen-Häuser Hegestraße 10 a-f die Medien. „Der Fall Hegestraße ist zum Politikum geworden", folgerte das „HA".

Abriss-Strecke - und „historische Meile“

Beschaulich war das anno dazumal in der Ludolfstraße: die alte Dame mit Kind, die auf einer der vergilbten Photographien geruhsam die Straße überquert, würde heute, hätte sie eine Zeitmaschine ins Jahr 2013 versetzt, umgehend überfahren.

Damals hieß das hier noch Kirchenweg, ehe 1899 der Pastor Johann Heinrich Ludolf (1764-1842) den Straßen–Namen gab.

Schönes Ensemble Ecke Ludolfstr./Tewesstieg: Das kleine Fachwerkhaus rechts sind die früheren „Brahms-Stuben“.

Trotz Protesten des Bürgervereins 1970 abgerissen: Die Häuser Ludolfstr. 1 und 7 galten als „Rest dörflicher Vergangenheit" Eppendorfs und „malerischer Abschluss des Marktplatzes".

Unmut übers Denkmalamt

Lange befand sich linker Hand am Anfang der Straße, Adresse Ludolfstr. 7, ein sog. „Gewerbehof". Es war ein unschönes Sammelsurium und Provisorium von Buden der Autovermieter, Fahrradverkäufer, für An und Verkauf etc.. 1998 musste er der jetzigen Parkanlage auf 5.000 qm Fläche weichen. Was die Kasselaner Landschaftsplaner Stefan Kettlitz und Martin Blank vom Büro „Schöne Aussichten" als „Erweiterung Hayns Park" entwarfen, fand keine einhellige Zustimmung: zuviel Beton hieß es, und die rostigen Stahlwände, rasch mit Graffitti „geschmückt", fielen unangenehm auf. Gefälliger war da schon die kleine Sandbucht am Alsterarm, vom Bezirksamt zum „Eppendorfer Strand" ausgerufen.

Aber dieser Ort hat noch eine andere Geschichte. Bis in die 1970er Jahre standen hier zwei sog. Altenteilerhäuser, darunter Eppendorfs letztes Strohdach- und ein Fachwerk-Haus, allseits gelobt als „malerischer Abschluss des Marktplatzes" und „Rest dörflicher Vergangenheit". In einem Haus, Ludolfstr. 1, war zuletzt der Klempner Meyer ansässig, im anderen, Nr. 7, das Fuhrgeschäft von Roggmann (daher die spätere Bezeichnung „Roggmannfläche" bei gelegentlichen Veranstaltungen).

Als die Ludolfstraße gemäß dem „Bebauungsplan 12" verbreitert werden sollte, vernichtete ein Bagger im April 1970 in wenigen Stunden beide Gebäude. Der Eppendorfer Bürgerverein (EBV) hatte sich noch vehement für den Erhalt beider Häuser eingesetzt und war besonders empört darüber, dass der damalige Leiter des Denkmalschutzamtes der Stadt, Dr. Gerhardt, 1968 jegliche Unterstützung versagte. Gerhardt hatte argumentiert, die Bausubstanz des Strohdachhauses sei bei einer Versetzung nicht zu erhalten und überhaupt würde derlei zu viel kosten. „Beim Verlesen des Schreibens kam es an mehreren Stellen des Briefes zu Unmutsbekundungen", berichtet die EBV–Chronik.

Tatsächlich ist die Ludolfstraße an dieser Stelle nie verbreitert worden – die beiden alten Häuser könnten also heute noch stehen!

Projekt „Alt-Eppendorf"

Der Bürgerverein jedenfalls wollte sich mit dem Verlust dieses Stücks Alt–Eppendorf nicht abfinden und betrieb einige Zeit lang, unterstützt auch vom Winterhuder Bürgerverein, das Projekt „Eppendorfer Kulturzentrum" bzw. „Freilichtmuseum Alt-Eppendorf": An anderer Stelle, eventuell in Hayns Park, sollten das Strohdachhaus Ludolfstraße 1 und weitere historische Bauten wiedererstehen. Spendenkonten wurden eröffnet, fünf DM–Bausteine für den Wiederaufbau des Strohdachhauses verkauft, namhafte Beträge gestiftet, insgesamt 24.135 DM eingenommen und sogar ein Architektenwettbewerb avisiert. Realisiert wurde dieses Projekt „Alt–Eppendorf" aber nie.

Deutschlands ältester Kanu-Klub

Erhalten blieb dagegen Ludolfstr. 15 das historische Gebäude des Alster–Canoe–Club (ACC), ältester und unverändert bestehender deutscher Kanu-Klub (am 23. Mai 1905 gegründet, man beachte die englische Schreibweise). Der ACC verlor lediglich einen 150 qm–Streifen zur Straßenfront hin.
Bauherr eines strohgedeckten Bauernhauses an diesem Ort war mit Bauernvogt Claus Johannes Timmermann ein Alt–Eppendorfer gewesen. 1868 brannte das Gebäude ab, die Witwe Timmermann, ihr Sohn, eine Haushälterin, ein Dienstmädchen und ein Milchknecht kamen ums Leben.

Den früheren Ausspann mit „gut erhaltenem Wohnhaus und großem Stallgebäude" (links vom Hauptbau) erwarb 1920 der Verein „Bootshaus Eppendorf" des ACC: 5.200 qm mit 60 m Wasserfront, die Kegelbahn des „Garten-Etablissement" wurde abgerissen. Im April 1921 hielt der Verein dort seine erste Versammlung ab. Nachdem Kriegsbomben 1942 schwere Schäden angerichtet hatten, war das Areal nach 1945 als Standort eines Kinos, einer Tischlerei, einer Lohnsägerei und Kohleanzünder–Fabrik in der Diskussion.

Der Alster–Canoe–Club kam derweil bei Silwar in Hayns Park unter, konnte aber im Mai 1949 sein Bootshaus „im alten Stil und Umfang" („HA") an der Ludolfstraße wieder einweihen. Der Kanusport ist nach wie vor beliebt, allerdings keine sog. Publikumssportart mehr: die Kanurennen auf der Außenalster und Kanupolo-Turniere im Stadtparksee verfolgten ehemals viele tausend Zuschauer.

„De gode Heinken, de de stummen Minschen spreken lehrt": Dank Samuel Heinicke, rechts im Porträt (Landesmedienanstalt), galt Eppendorf als „Wiege des deutschen Taubstummenbildungswesens". Links der frühere Standort seines Denkmals von 1895, Ecke Ludolfstr./Heinickestr., im Hintergrund das Will'sche Palais (Eppendorfer Bürgerverein).

Nach dem 1. Weltkrieg hatte hier an der Ludolfstraße die bürgerliche Einwohnerwehr des Stadtteils Quartier bezogen. Das Gitter zum Garten, rechts vom Gebäude, stammt von der Torwache am Millerntor auf St. Pauli.

Denkmal auf Wanderschaft

Davongekommen wie das ACC–Heim war damals auch noch einmal eine der Eppendorfer Lokalgrößen, Samuel Heinicke (1722–1790), dem das einstige Dorf den Ruf einer „Wiege des deutschen Taubstummenbildungswesens" verdankte. Heinickes Denkmal stand nämlich ursprünglich an der Stelle der Gabelung Ludolfstraße/Heinickestraße und musste des Verkehrs wegen 1969 in Seelemanns Park an der Heilwigstraße auswandern.

„De gode Heinken"

Der aus Nautschütz in Sachsen gebürtige Heinicke hatte sich der Einberufung ins preußische Militär entzogen und war schließlich von 1760-68 als Hofmeister und Privatsekretär bei Heinrich Carl Graf von Schimmelmann, dem dänischen Schatzmeister, Herrn von Schloss Ahrensburg und berüchtigten Sklavenhändler, beschäftigt. Als Dänemark 1768 letztmals die Küsterstelle an der Eppendorfer Kirche besetzte, wurde Samuel Heinicke dorthin berufen und fungierte auch als Organist, Kantor und Dorfschullehrer.

Im taubstummen 13-jährigen Sohn des Eppendorfer Kornmüllers fand er einen ersten Zögling für seinen speziellen Unterricht nach der „Deutschen Methode" der Gehörlosenpädagogik (Lautsprachunterricht). 1773 konnte der Müllersohn beim örtlichen Pastor die schriftliche Konfirmation ablegen. Der Eppendorfer Küster nahm sich inzwischen auch erfolgreich Taubstummen aus wohlhabenden Häusern an. Es gab prominente Hamburger Wissenschaftler, die die Arbeit des Schulmeisters anerkannten, doch genauso wurden Gegner laut. Die behaupteten, Heinicke würde die Zungen seiner Schützlinge durch Essensverweigerung und Prügel lösen. Die seinerzeit populäre Zeitschrift „Die Gartenlaube" legte noch 1870 dem Eppendorfer Pastor Johann Daniel Granau (1722-1793) folgende Worte in den Mund: „Der Pastor wies von der Kanzel herab den erstaunten Bauern nach, dass ihr Schulmeister Heinicke ein Frevler gegen Gottes Allmacht und Weisheit sei (...) da er die, welche Gott gezeichnet habe, die Taubstummen, sprechen lehre!"

„De gode Heinken, de de stummen Minschen spreken lehrt", war seit 1777 in Eppendorf ausschließlich als Taubstummenlehrer tätig. Im Jahr darauf wechselte er nach Leipzig an das „Chursächsische Institut für Stumme und andere mit Sprachgebrechen behaftete Menschen." Sein Eppendorfer Nachfolger als Küster schickte ihm allerlei Schimpf hinterher. So sollen die Küsterei in schlechtem Zustand, die Schule nur mäßig besucht, die Orgel ungepflegt und der Garten bei der Kirche verwildert gewesen sein.
Dem Ruhm des Samuel Heinicke und seiner zehn Eppendorfer Jahre hat das keinen Abbruch getan. So beschloss der Eppendorfer Verein, Vorgänger des heutigen Bürgervereins, ihm ein Denkmal zu setzen. Um das zu finanzieren, gab es ein Volksfest an der Eppendorfer Landstraße, ein Benefizkonzert im „Winterhuder Fährhaus" und den Verkauf von Ansichtskarten des 1890 abgerissenen Dorfschulhauses bei der Kirche und des Denkmal-Modells. Nach anderen Quellen machten sich die Taubstummen selbst nach einem Aufruf im „Taubstummen-Courier" (Wien, 1890) um das Monument verdient.

Wie auch immer: am 14. Juli 1895 ist dann am beschriebenen Abzweig der nach Heinicke benannten kleinen Straße von der Ludolfstraße des Denkmal enthüllt worden, das Carl Peter von Woedtke (1864-1927), ein taubstummer Berliner Bildhauer, entworfen hatte. Mehr als 400 Gehörlose nahmen teil, der Berliner Gehörlosen-Pfarrer Schönberner predigte.

Das Eppendorfer Denkmal ist zu entsprechenden Gedenktagen immer wieder von Taubstummen aufgesucht worden, wie der Chefarzt und ärztliche Direktor Prof. Dr. med. Günther Budelmann (1903-1976), der in der Ludolfstraße aufwuchs, berichtete: "Es war für mich als kleiner Junge sehr eindrucksvoll zu sehen, wie sich die Taubstummen unterhielten. Besonders einprägsam wirkten ihre Ansprachen von einem erhöhten hölzernen Rednerpult aus."

Am Geburtsort von Heinicke in Nautschütz in Sachsen, einem nach wie vor bestehenden Gehöft, ist 1927 ein Gedenkstein errichtet worden. Es gab und gibt dort Gedenkfeiern. Die DDR ehrte den Taubstummen-Lehrer 1978 mit einer Briefmarke. Heute gibt es an der Sächsischen Landesschule für Hörgeschädigte in Leipzig das Förderzentrum Samuel Heinicke und in München die Samuel-Heinicke-Realschule.

Letztes Fest im Palais

Das Patrizierhaus Ludolfstr. 19, das Will'sche Palais mit Fachwerk, weißem Anstrich und grünen Fensterläden, ist unzweifelhaft eines der eindrucksvollsten Gebäude im Stadtteil. Prof. Hermann Hipp im leider nie mehr neu aufgelegten „DuMont Kunstreiseführer Hamburg": „Ein Rudiment der Wandlung Eppendorfs in einen bürgerlichen Landhausvorort im 17. Jahrhundert. Der zweigeschossige Backsteinbauteil ist wohl noch vor 1700 gebaut worden. Seine korinthischen Kolossalpilaster mit Sandsteinkapitellen gehören zu den wenigen

Das Patrizierhaus Will'sches Palais gilt als eines der eindrucksvollsten Gebäude im Stadtteil.

authentischen Überresten des profanen bürgerlichen Barock in der Hamburger Architektur und sind beeinflusst von niederländischen Vorbildern."

Eduard Carl Heinrich Will hatte 1881 diesen Besitz erworben, der auf zwei Lustgärten zurückging. E. C. H. Will, aus Neustrelitz zugewandert und in Altona ansässig, etablierte in Eppendorf eine „Fabrik verbesserter amerikanischer Schnell–Liniir–Maschinen" für die papierverarbeitende Industrie, die Ende der 1980er Jahre 70 Prozent der Apparate herstellte, auf denen weltweit Schulhefte gedruckt werden.

In das Patrizierhaus war 1966 zur 100 Jahr–Feier der Liniirmaschinen–Fabrik noch einmal großer Glanz eingezogen. Fest–Teilnehmer Armin Clasen, der Heimatforscher: „Die Räume des Hauses waren mit ihrer Fülle alter, schöner Möbel ein getreues Abbild alten Hamburger Bürgertums. Der Garten beim Haus war durch ein großes Zelt überdacht. An der Alster war ein Landungssteg aufgebaut, an dem die Alsterboote hielten, um die Gratulanten in flotter Wasserfahrt wieder in die Stadt zu bringen. Alte und neue Zeit trafen sich in Eppendorf in vollendeter Harmonie."

Die Villa mit Biedermeier–Mobiliar, Kristall–Lüstern und Marmorkamin beherbergt heute ein Yoga-Studio und Wohnungen. Anneliese Will, die Enkelin des Gründers, verkaufte die Firma 1970 an Kurt A. Körber. Das Unternehmen zog zum Nedderfeld 100 um, sein repräsentativer Sitz blieb noch einige Zeit in der Ludolfstraße. Der Körber-Konzern wiederum veräußerte das Unternehmen 2012 an eine Investorengruppe (Orlando Management München). Im Sommer 2013 musste die Traditionsfirma, inzwischen in Wedel angesiedelt, Insolvenzantrag stellen. Sie hatte zu diesem Zeitpunkt 228 Beschäftigte und elf Auszubildende.

Denkmalschutzliste und Realität

Natürlich steht das schöne Haus unter Denkmalschutz. Dennoch stand auch das Will´sche Palais Ende der 1960er Jahre auf der Abrissliste der Stadt, auf der dann die rechts daneben stehenden Gebäude Nr. 23 und 25 abgehakt werden konnten – trotz Denkmalschutz vom 15.1.1958! Auch in dem Fall erwies sich die Beseitigung als unsinnig: die Straße musste gar nicht so weit verbreitert werden. Jetzt ist dort, wo nach der Zerstörungsaktion zeitweise auch ein Gebrauchtwagen–Handel unterkam, ein Spielplatz.

Insbesondere am Haus Ludolfstr. 25, dem kleinsten Gebäude der sog. „Dreier-Gruppe", hingen viele Eppendorfer. Nicht, weil dort weit über 100 Jahre, nämlich seit 1845, Meierei–Erzeugnisse verkauft wurden, sondern weil es das Geburtshaus von Karl Scheffler (1869–1951) war, dessen Buch „Der junge Tobias" (siehe S. 8ff) 1927 im Insel–Verlag erschien und 1962 im Verlag Heinrich Ellermann Hamburg/ München wieder veröffentlicht wurde. Max Brauer, der ehemalige Hamburger Bürgermeister, schrieb damals im Vorwort: "Für Hamburg ist es das schönste Heimatbuch, das in den letzten Jahrzehnten geschrieben worden ist".

Zwar waren die alten Häuser 1970 niedergelegt worden, wurden aber weiterhin in der Hamburger Denkmalschutzliste geführt. Erst 1984 entdeckte man den Fauxpas und löschte die Gebäude, die längst nicht mehr existierten, am 20. März aus den amtlichen Unterlagen. Die folgende Villa Nr. 27, jetzt eine Kita, ist vor 1880 erbaut worden, hat moderne Anbauten erhalten; das Nachbargebäude Nr. 29 ist ebenfalls beseitigt worden.

Abrissobjekt „Brahms Keller"

Immerhin konnten Zyniker nach dem Abriss lange Zeit noch auf den 1911 errichteten Block der Etagenhäuser auf der anderen Straßenseite und die darin beheimatete Lokalität „Zum alten Storchennest" verweisen und sagen: „Da habt ihr Euer Alt–Eppendorf!" Jedoch, auch diese „uralte" Lokalität Ludolfstr. 6-8 ist (vermutlich Ende der 1990er Jahre) verschwunden. Ihr Name bezog sich auf die Attraktion eines ehemaliges Bauernhofes, begründet vom Pferdehändler Timm.

Wenn die Ludolfstraße, obwohl Leidtragende der Abrisspolitik, als „Eppendorfs historische Meile" bezeichnet wird, so hat dies zweifelsohne seine Berechtigung, genießt doch auch das Haus Ludolfstr. 43, jetzt Restaurant „Campo da Franco", Denkmalschutz. Auch dieses Gebäude sollte eigentlich im Zuge von Verkehrsneubauten die Baggerschaufel zertrümmern. Laut „HA" vom 18.12.1968 stand es ebenso auf der Abrissliste wie die Häuser Nr. 41 und 41 b (beide noch erhalten), sollte aber an anderer Stelle wieder erbaut werden.

1861 errichtet, war es zeitweise Heimat der Schnapsbrennerei von Emil Reinhold, was den Pastor in der St. Johannis-Kirche gegenüber gehörig schelten ließ. Die Kirche verkaufte dann eine Wiese an der Chaussee nach Groß-Borstel, um das ungeliebte Unternehmen los zu werden. Doch wie der Volksmund sagte: „Wo der Mensch eine Kirche baut, setzt der Teufel eben auch eine Wirtschaft daneben", und so ist´s hier eine sog. „Küsterwirtschaft" geworden, wo man sich nach Taufen und Beerdigungen zusammensetzte. Bier ist früher auch dort gebraut worden, an anderer Stelle taucht einmal die Bezeichnung „Hefefabrik" auf.

In diesem bekannten Gasthaus „Zur alten Eppendorfer Grenze" fand 1958 der Gastronom Fritz Rackow eine neue Heimat für seinen „Brahms Keller", den er seit 1935 im Valentinskamp der Neustadt betrieben hatte und der dem Unilever-Hochhaus weichen musste. Dass der Komponist Johannes Brahms „manches Mal die Stufen zur Weinstube im Kellergeschoss zu einem Schoppen hinuntergestiegen sein soll" („HA" 1958) ist nicht nachgewiesen. Der Kunsthistoriker Prof. Dr. Günther Grundmann (1892-1976) aus Schlesien, von 1950 bis 1959 in Hamburg erstaunlicherweise sowohl für die Denkmalpflege als auch für die Direktion des Altonaer Museum verantwortlich, schlug den Wiederaufbau Bäckerbreitergang 49 vor, doch wie erwähnt zog der „Brahms Keller" nach Eppendorf um. Der Name war durchaus am Platze, denn der Komponist hat sich des öfteren im Sommerhaus der Familie Hallier an der heutigen Erikastraße aufgehalten. Aus dem „Brahms Keller" wurden die „Brahms-Stuben", danach wechselte der Name des öfteren, aber der historische Bau ist noch da.

Die steinerne Brezel

Im Eckhaus gegenüber, Ludolfstr. 60/Kellinghusenstr., befand sich längere Zeit die Bäckerei-Konditorei von Karen Meier. Wer überm heutigen Laden-Eingang genauer hinguckt, entdeckt ein steinernes „Zunftzeichen": eine Brezel, flankiert von zwei Löwen und über dem Ganzen eine Krone. Für die Erstauflagen dieses Buches befragten wir seinerzeit Bäckerei-Vorbesitzer Hans Meier jun., seit 1929 in Eppendorf ansässig, und seine Frau Lotte. Und konnten so von deren Wohnung auch sehen, was uns die hohe Straßenfront des Etagenhauses vorenthielt: eine stattliche dreistöckige Bäckerei im Hof, in rotem Backstein erbaut, und abgesehen von einigen Anbauten im fast noch ursprünglichen Zustand.

Die Brezel überm Eingang Ludolfstr. 60: Hier bestand ehemals eine Bäckerei

1904–05 sind das Eckhaus und das Backgebäude mit dem nach wie vor erhaltenen Schornstein entstanden; Bauherr war Bäckermeister Hermann Seiler. Im Pastorat gegenüber sah man den Bau ungern, versperrte er doch vielen Eppendorfern den Blick auf die Kirche. Seiler unterhielt neben der Bäckerei auch ein Café, das besonders bei den Gästen beliebt war, die nach durchtanzter Ballnacht im Winterhuder Fährhaus dorthin zum Frühstück kamen. Ein guter Kunde von Seiler war auch das Eppendorfer Krankenhaus, das von hier aus per Schott´schen Karren und Kutschwagen beliefert wurde. Auf 299 Weißbrote belief sich seinerzeit die tägliche Anforderung der Klinik.

Eine Besonderheit des Eckhauses resultiert aus den Bauauflagen. Da Parterre wegen des Cafés (das noch vor der Übernahme 1929 durch Bäckermeister Hans Meier sen. aus Bevensen schloss) die Raumhöhe vier Meter betragen musste, wurde das weiter oben wieder hereingeholt: die Räume in dem Gebäude werden mit zunehmender Stockwerkzahl immer niedriger – eine Praxis des führenden Eppendorfer Häuserbauers Ruppert, der auch hier tätig war.

Als der neunjährige Bäcker-Sohn Hans Meier 1929 nach Eppendorf kam, sah´s in dieser Gegend noch ganz anders aus. Die Häuser Kellinghusenstraße 19–25 wie auch die Bebauung der Hahnemannstraße gab es noch nicht. Stattdessen war hier der „Böhmerwald", wo die Jugend des Viertels „Laubhüttenfest" spielte und rodeln konnte. Nebenan von der Bäckerei, zuletzt Restaurant „Sellmer", stand noch die Kellner´sche Villa, in der nach dem 2. Weltkrieg Ausgebombte unterkamen. Die Attraktion der Gegend war das „Winterhuder Fährhaus" (siehe unten), wo es Donnerstag und Sonntag Kaffeekonzerte im „Alstergarten" gab, zu denen auch die betuchteren Bewohner von Leinpfad und Heilwigstraße mit dem Kanu angelegten und auf die Tanzfläche im Freien gingen. „Fährhaus"-Besitzer Willi Hüttmann besaß auch fünf Esel, auf denen Kinder für 10 oder 20 Pfennig reiten durften.

Der Komponist Willi Kollo eröffnete 1949 das „Theater in Eppendorf."

Willi Kollo, Arien und die FDJ

Kehren wir aber noch einmal in die Ludolfstraße zurück, wo sich unter Nr. 53 seit 1928 das frühere Evangelische Gemeindehaus befand, entworfen von Hermann Geißler (1859-1939), zeitweise Sozius von Martin Haller, und Otto Wilkening; die Plastiken schuf Ludwig Kunstmann (1877-1961). Diesem Projekt mussten damals einige Tewesstieg-Häuser weichen. Weil der Bau angesichts der rückläufigen Mitglieder-Entwicklung der Kirchengemeinde zu groß geraten war, diente er zeitweise anderen Zwecken.

Seit 1948 spielte hier das Theater „Die Auslese“, später ein Uraufführungs-Theater namens „Utha“. Mit dem 7. Oktober 1949 übernahm unter der Bezeichnung „Theater in Eppendorf“ Willi Kollo (eigentlich Kollodzieyski, 1904-1988) die Spielstätte. Er war Sohn des Komponisten Walter Kollo und Vater des späteren Tenors René Kollo. Willi Kollo hatte bereits in den 1920er Jahren in Berlin Furore gemacht, bekannt waren z.B. seine Lieder „Lieber Leierkastenmann...“, „Warte, warte nur ein Weilchen“, „Nachts ging das Telefon“. Er kam nach Kriegsende nach Hamburg und blieb bis 1955, ehe er nach Westberlin zurückkehrte.

Seinem „Theater in Eppendorf“ schien kein dauerhafter Erfolg beschieden, denn der Veranstaltungsort im Gemeindehaus diente nun unterschiedlichen Veranstaltungen. 1954 gab es dort im „Theatersaal“ Lieder und Arien, 1966 begrüßte der CVJM Hamburg „Gäste aus der Zone“ („HA“), es handelte sich um eine Delegation der FDJ aus der DDR. Die politische Diskussion zu diesem Zeitpunkt scheint aus heutiger Sicht überraschend. Das frühere Gemeindehaus wurde 1983 als Probebühne an das Ernst-Deutsch-Theater vermietet. Heute besteht dort als „Lustspielhaus“ Eppendorfs erste Kabarett-Adresse (siehe S. 108f).

Man mag es aus heutiger Sicht kaum glauben, aber 1965 war auch der Abriss des früheren Gemeindehauses von St. Johannis ein Thema der Bezirkspolitik. Denn die Brücke über die Alster von Eppendorf nach Winterhude sollte verbreitet werden. Ein Jahr darauf beschlossen die Kommunalpolitiker dann, den Eingang der Kirche St. Johannis nicht zumauern zu lassen und auch das Alte Pastorat der Kirche zu erhalten. Der damalige „Brahms-Keller“, siehe oben, aber sollte noch 1968 „versetzt“ werden. Angesichts der aktuellen Situation in Eppendorf kann man daraus nur lernen, dass nicht kommunalpolitische Rechthaberei, sondern eher Nachsicht und Weitsicht angebracht sind.

Das zerstörte „Fährhaus“

Eigentlich ist Eppendorf hier zu Ende, was die rote Tafel des EBV signalisiert. Aber, wie wir schon erfahren haben, auch das „Winterhuder Fährhaus“ gehörte irgendwie zum Stadtteil dazu. Am 6. August 1979 hatten Bulldozer trotz zahlreicher Proteste, darunter auch von SPD-Kultursenator Wolfgang Tarnowski und vom Denkmalschutz, den Jahrhundertwendebau niedergelegt. Der einstige gutbürgerliche Vergnügungspalast war zuletzt ein vielbesuchtes Kommunikationszentrum. Im Winter 1977 versuchten Brandstifter, dieses zu zerstören (Schaden 2 Mio. DM). Die Sprinkenhof AG, eine 100 %-Tochter der Stadt, tat nichts mehr für den Erhalt und beschloss aufgrund schlechter Bausubstanz den Abriss.

Das „alte“ Winterhuder Fährhaus war ein Anziehungspunkt auch für die Eppendorfer. 1979 wurde es abgerissen

Ein Bürgerzentrum sollte nun neu erstehen, ein Kino vielleicht, und die Fassade wurde beim Abriss zeichnerisch aufgenommen, um sie zu rekonstruieren.

Das alles war vergessen, als Bürgermeister Klaus von Dohnanyi 1985 die Medien per Alsterschiff zur Grundsteinlegung hierher bringen ließ. Man war vom „Neuen, Schönen, Guten“ des „Standort Hamburg“ so begeistert, dass keinerlei kritische Fragen gestellt wurden.
Entstanden sind schließlich „Die Komödie Winterhuder Fährhaus“ (ein Privattheater, das ohne staatliche Subventionen auskommen muss), Büro– und Wohnhäuser (Arch.: Büro Schweger & Partner). Das 1988 gegründete „gehobene Boulevardtheater“ zählt etwa 10.000 Abonnenten und jährlich knapp 200.000 Besucherinnen und Besucher - eine Erfolgs-Geschichte. Im Großen Saal gibt es 580 Plätze, im kleinen 99.

Überlassen wir das Schlusswort für die Ludolfstraße dem Eppendorfer Heimatforscher Helmut Alter, der bereits 1972 schrieb: „Heute ist die Ludolfstraße ein in-Bundesstraßennetz eingebauter Verkehrsweg. Die einstige Idylle ist geschändet und der Alt–Eppendorfer Charme wurde der Straße geraubt“

Die Unglücke der Ludolfstraße

Ludolfstr. 39 befand sich viele Jahre die Schlachterei Straßburg – die Reklame-Aufschrift war noch zu lesen, als es das Geschäft schon nicht mehr gab. Vermutlich rückwärtig, zum Tewesstieg hin, befand sich dort – erstaunlicherweise mitten im Wohnviertel -, die Chemische Fabrik August Francke + Co.

Als dort am Dienstag, 12. April 1949, ein Kessel, gefüllt mit 500 Litern aus Spezialbenzin und Wachs, in Brand geriet, rückte die Feuerwehr an. Gegen 10.30 Uhr explodierte der Kessel und das einstöckige Gebäude stürzte zusammen. Ein 26 Jahre alter Feuerwehranwärter kam uns Leben, zwei seiner Kollegen wurden schwer verletzt. Die Hamburger Feuerwehr meldete „das schwerste Unglück in Hamburg nach dem Krieg“, die Presse schilderte „ein Bild totaler Verwüstung“.

***

Im August 1963 ereignete sich Ludolfstr. 64 im Jugendstil-Backstein-Gebäude des Pastorats bei der Kirche St. Johannis eine Gasexplosion. „Wie durch ein Wunder überlebten Pastor Gerber und fünf weitere Familienmitglieder“, meldete die Presse. Sie berichtete damals weiter, der Pastoren-Sohn M., ein Studienreferendar, habe die Explosion durch einen Selbstmordversuch wegen „seelischer Depressionen“ ausgelöst. M. Gerber verstarb am 3. September 1963 im Krankenhaus infolge der schweren Verletzungen, die er sich am 22. August zugezogen hatte.

Das Pastorat war schwer beschädigt und vom Einsturz bedroht. Es wurde renoviert und besteht heute wieder hinter der Kirche.

Pastor Walter Gerber nahm am Ostersonntag 1970 nach 42 Jahren Tätigkeit (!) in der Eppendorfer Gemeinde von St. Johannis Abschied.

Ein Mann baut sich eine Straße

Jenes Sträßchen, nach wie vor kopfsteingepflastert, das von der Ludolfstraße zwischen den Gebäuden Nr. 39 (ehemals „Fleischerei Straßburg“) und Nr. 41 (früher „Cocktailbar Schüttler´s“) abzweigt, ist wohl Eppendorfs kürzeste Straße. Und eine der ruhigsten dazu, denn Durchgangsverkehr gibt es in dieser Sackgasse nicht – wobei auch der Passantenverkehr kaum zugenommen haben dürfte, nachdem am Ende der Neubau der „Fährhaus-Brücke“ hinüber zum Areal des Winterhuder Fährhauses-Neubau führt. Der Sinn dieser Baumaßnahme war nicht recht einzusehen, besteht doch nach wie vor eine Verbindung vom Ende des Tewessteg wenige Meter weiter zur Winterhuder Brücke samt Fußgängerwegen.

„Privatstraße vom Kirchenweg zum toten Alsterarm": Johannes Matthias Tewes durfte hier bauen.

Der Tewessteg: hier hat sich ein Mann eine Straße gebaut und sie der Einfachheit halber auch gleich nach sich benannt. „Johannes Matthias Tewes, 1823–1892, Vorbesitzer des Geländes", verrät der Zusatz zum Straßenschild den Initiator. Jener Tewes, über den außer seinen Wohnadressen beim Rathaus und in Winterhude nichts bekannt ist, bekam 1880 vom Senat die Genehmigung vom damaligen Kirchenweg (jetzt Ludolfstraße) „zum toten Alsterarm" privat eine Straße anzulegen. Wobei er zusichern musste, diese dem werten Publikum zugänglich zu halten und jederzeit dem Hamburgischen Staat zu überlassen (was später auch geschah).

Natürlich folgte dem Straßen- auch gleich der Häuserbau; schließlich wollte etwas verdient sein an dem Projekt. Tewes selbst, bzw. nach seinem Tod eine Erbengemeinschaft, besaßen noch kurz nach der Jahrhundertwende eine Reihe von Gebäuden in diesem Bereich: Tewessteg 10 (wo auch eine Bouillon–Extraktfabrik untergebracht war) und 14, dazu Ludolfstraße 43, damals „Restaurant Albrecht". Nr. 10 und 14 sind nicht mehr erhalten; an dem Ort zeigt das in den 1920er Jahren entstandene frühere evangelische Gemeindehaus, nun „Lustspielhaus", seine Rückseite. Von der ursprünglichen Bebauung der Tewes-Zeit geblieben sind das dreistöckige Gebäude Nr. 3, in das um 1893 zwei Eigentümer einzogen, und das kleinere Haus Nr. 5.

Ein Architekt, dem Stadtteil verbunden

Mit Gerhard Langmaack (1898–1986) lebte in den 1920er Jahren im Eckhaus Tewesstieg 4/Ludolfstraße 41 ein junger Architekt, der Zeitlebens seine Bindung zu Eppendorf nicht verlor. Langmaack, der einer hiesigen Bankiersfamilie entstammte, hatte sich nach Maurerlehre und Baugewerbeschule 1922 als Architekt selbständig gemacht und war im Jahr darauf im Tewessteg eingezogen, wo er das Dachgeschoss zur Wohnung ausbaute. Bis 1927 blieb er dort; seine Frau Ingeborg war Lehrerin in Eppendorf, er seit 1924 im Kirchenvorstand von St. Johannis, dem er noch lange angehörte, zuletzt als Gemeindeältester. Damals, 1925, gab er auch die Veröffentlichung „Alt- Eppendorf" heraus.

Im Stadtteil ist Gerhard Langmaack verschiedentlich tätig gewesen: er entwarf das Haus für die Bibliothek Warburg, Heilwigstr. 116, auf Empfehlung von Oberbaudirektor Fritz Schumacher (dessen Haus An der Alster 39 der Architekt 1942 kaufte). Über 50 Kirchen plante der spätere Ehrendoktor der Theologischen Fakultät, teils gemeinsam mit Sohn Dr. Ing. Dieter Langmaack (1926-2004). In unserem Bereich sind es St. Martinus (1949), der Neubau der Hauptkirche St. Nikolai am Harvestehuder Weg (1962) sowie die Renovierung von St. Johannis in Eppendorf. Gerhard Langmaack war als Architekt auch für den Wiederaufbau der Hauptkirche St. Michaelis (1945 -55) verantwortlich.

Und die Geschichte ging weiter: als 2008 das erwähnte Mehrfamilienhaus von 1860 Ecke Tewessteg/Ludolfstr. renoviert und aufgestockt sowie mit einem viergeschossigen Anbau versehen, die Fassade zudem originalgetreu mit neuen Profilen wieder hergestellt wurde, war dafür Architekt Tobias Langmaack (geb. 1955) verantwortlich - der Sohn von Dieter und der Enkel von Gerhard.

Der Brücken - Streit

Die dem Tewessteg nahen Brückenschläge aus der Ära des ehemaligen Bezirksamtsleiters Werner Weidemann waren in den 1980er Jahren nicht unumstritten. Insbesondere der Alster-Canoe-Club opponierte, schnitt ihn eine Brücke doch vom direkten Zugang zum Fluss ab. Der Bezirk aber ließ bauen und was die rechtsseitige Brücke entlang der Alster, vorbei an ACC und Bootsverleih angeht, so war dieser Parkzubringer sicherlich sinnvoll, was man vom Brückenschlag über die Alster – siehe oben – nicht behaupten kann.

Die gelungene Erweiterung des Eckhauses Tewesstieg 4/Ludolfstr. 41 von 1860 im Jahr 2008.

Klostervogt und (neue) Friedenseiche

Es war einmal ein Marktplatz.. Der von Eppendorf heißt noch so, aber ist das auch ein Marktplatz? Da müsste doch ein Markt darauf stattfinden, ein Marktbrunnen da sein und womöglich ein Rathaus!? Doch das alles bietet diese verkehrumtoste Fläche nicht. Immerhin, der Name besteht zurecht, denn von 1817 bis 1894 fand hier tatsächlich ein Markt statt: Alle Jahre wieder am Montag vor Vitus (15.Juni) der Kram- und Viehmarkt auf dem Dorfe, „das weit und breit all beliebte Sommerfest des vorigen Jahrhunderts“, wie Helmut Alter festgehalten hat, das sich sogar bis in die Eppendorfer Landstraße und die Heinickestraße hinein ausdehnte.

Die letzte Straßenbahn

Als Verkehrsknotenpunkt hat der Platz eine lange Geschichte, denn wo nun die Busse abfahren, kam im 19. Jh. bereits der geschlossene Kutschwagen an, später dann die Pferde- und die Straßenbahn. Als das Hamburger Netz ab Mai 1955 seine größte Ausdehnung erfuhr, war der Marktplatz Haltepunkte der Linien 14 (St. Pauli-Landungsbrücken bis Wilhelmsburg), 15 (Hohenzollernring zur Diagonalstr.) und 18 (ab Groß-Borstel u.a. bis Mönckebergstr.). Fernab von Hamburg berichteten die „Stuttgarter Nachrichten" bereits 1954, Hamburg wolle seine Straßenbahn abschaffen. Die Ankündigung der schrittweisen Einstellung holte der SPD/FDP-Senat 1958 nach. Mit den Jahren wurden die Straßenbahnen, die Eppendorf anfuhren, eingestellt: Die Linie 14 im Jahr 1967, die 18 mit der Verbindung Eppendorfer Markt zum Rathausmarkt folgte zum 31. Mai 1969, und für die Aufgabe der Nr. 15 zum 7. März 1976 mussten HEW-Bauarbeiten für die Fernwärmeleitung in der Hudtwalckerstraße auf einer Strecke von nur 100 Metern herhalten (die Busse übrigens fuhren weiter, die Ablehnung durch CDU und FDP in der Bezirksversammlung war vergebens).

Hamburgs letzte Straßenbahn, es war die Linie 2, verkehrte am 1. Oktober 1978 vom Rathausmarkt nach Schnelsen. Die von der CDU/GAL-Regierung beschlos-

sene Stadtbahn, die von Bramfeld über Steilshoop nach Eppendorf (Kellinghusenstr.) hätte führen sollen, wurde nie realisiert.

Ein Gebäude am Marktplatz hat immerhin eine der blauen Tafeln des Denkmalschutzamtes erhalten: Das frühere Klostervogt–Haus Nr. 11, eine bekannte Landmarke für viele Bewohner des Viertels, seit 18.9.1979 in die Hamburger Denkmalliste eingetragen. Es ist dem Bau gewiss zugute gekommen, dass er seit 1864 in Familienbesitz war. Damals wurde Schlossermeister Carl Friedrich Adolph

Typisch Eppendorf: Etagenhäuser mit markanten Giebeln, hier auf dem Stück zur Martinistraße hin in den 20er und 30er Jahren – „Am Rosenbeet", wie es hieß. Die Eckkneipe beherbergte zeitweise eine „Mc Donald"-Filiale, heute den „Sushi-Circle", und auf der Litfasssäule im Vordergrund wurde seinerzeit fürs „Hansa-Theater", das Varieté am Steindamm, geworben (Eppendorfer Bürgerverein).

Eine Häuserzeile, doch wechseln die Hausnummern: Ein Teil gehört zur Eppendorfer Landstraße, ein weiterer zum Eppendorfer Markt. Das Gebäude rechts im Vordergrund ist 2013 einem Neubau gewichen.

Luftaufnahme des Eppendorfer Marktplatzes um 1930. An das große Haus in der Bildmitte lehnte sich damals rechts das Lokal „Friedenseiche“ an. Heute befindet sich an seiner Stelle eine „Haspa“-Filiale. Das Eckhaus rechts Marktplatz/Heinickestr. wurde durch einen Neubau ersetzt. Am Ende des Marktplatzes erkennt man noch eines der Altenteilerhäuser.

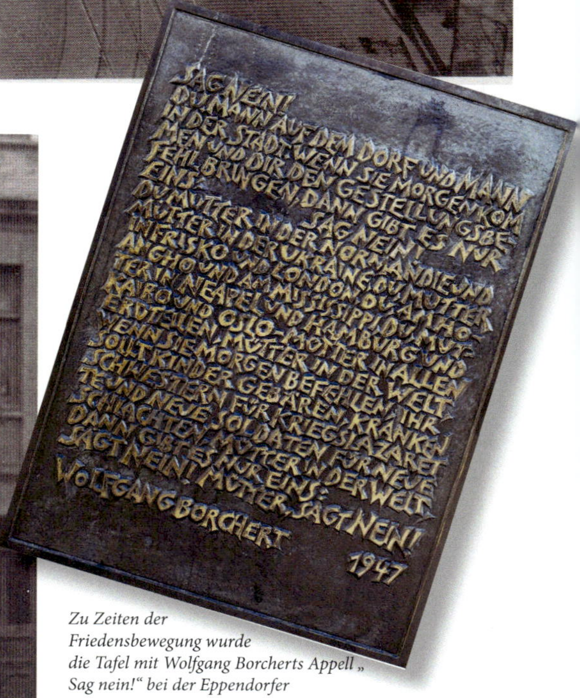

Zu Zeiten der Friedensbewegung wurde die Tafel mit Wolfgang Borcherts Appell „ Sag nein!“ bei der Eppendorfer Friedenseiche angebracht.

Teils verdeckt durch den gründerzeitlichen Anbau ist das „Klostervogt-Haus“ am Eppendorfer Marktplatz. In den 1940er Jahren befand sich im Neubau das Kolonialwarengeschäft Mandel, später Zigarren Paul Josten (Rolf Hausmann).

Hausmann hier ansässig, der 1858 aus Hamburg an die Eppendorfer Kirchentwiete (jetzt Ludolfstraße) gekommen war. Die Schlosserei Rolf Hausmann war noch in der vierten Generation am selben Platz und damit Eppendorfs ältester Handwerksbetrieb. Heute besteht dort die Firma Sanitärtechnik Bernd Ott.

Heimatforscher Armin Clasen kam zu dem Ergebnis, dass das spätbarocke Fachwerkhaus „mit großer Wahrscheinlichkeit" 1778 entstanden und 1806 gründlich erneuert worden ist. „Sicher ist, dass das Kloster St. Johannis 1778 zum Richtfest Käse, Brot und eine Tonne Bier für die Handwerker spendierte."

Ein Klostervogt war seit 1760 in Eppendorf auf dem Dorfe ansässig, erst bei einem Bauern zur Miete, bis 1778 das bis heute erhaltene Haus Eppendorfer Marktplatz 11 errichtet wurde. Der letzte Klostervogt Christian Georg Borchert, der sich die Vogtstelle gekauft hatte, lebte von 1795 bis zu seinem Tod 1833 hier. Danach kaufte ein Makler das Anwesen für einen Eppendorfer Maurermeister. Eppendorf kam 1830 unter Hamburgische Verwaltung, zuvor unterstand es dem Kloster St. Johannis.

Wer auf den Bus wartet, sollte einmal nach der Friedenseiche schauen. Früher berichtete das eiserne Wappen am Stamm: „Gepflanzt zur Erinnerung an den glorreichen Frieden von 1871". Glorreichen Frieden, gab es den? Eher war erste der Baum Symbol für den militärischen Sieg über Frankreich im Krieg von 1870–71, in dem, wie in der Kirche St. Johannis nachzulesen, auch Eppendorfer ihr Leben verloren. Es ist nur konsequent, dass nahe dem deutschen Symbolbaum das Gedicht von Wolfgang Borchert („Sag nein") festgeschrieben wurde, ein Aufruf zur Verweigerung.

Der zweite alte Baum ist leider eingegangen, einen neuen hat der Eppendorfer Bürgerverein am 13.12.2008 gepflanzt und dafür 5.000 Euro gesammelt. Auch dieser Baum hatte keinen dauerhaften Bestand. Nach Mitteilung des EBV vom November soll noch 2013 eine Neupflanzung erfolgen.

Blick aus der Martinistraße in Richtung Landstraße, als das „Kaufhaus Dittmer" baulich noch vollständig war.

Die Straßenbahn-Linie 15 verkehrte vom Hohenzollernring über den Bahnhof Altona bis Hammer Landstraße und Diagonalstraße und hatte auch den Eppendorfer Marktplatz als Haltestation. 1976 wurde der Verkehr eingestellt.

Als Eppendorfs „Heiße Ecke" galt diese Lokalität, bekannt als Kultkneipe „Jablonsky", und lange vom gebürtigen Ägypter Abdel Rehim geführt. Über die Größe des Musiklokals gehen die Meinungen auseinander: 28 oder 32 Quadratmeter? Später hieß das „Champinsky" und besteht unter wechselnden Namen bis heute weiter.

Die Erikastraße samt grünem Hinterland

Eine Straße mit

Haben Sie schon einmal die Hausnummer 1 der Erikastraße gesucht? Oder die Nummern 2, 23 oder 38?

Sie würden nicht fündig, denn der alten Erikastraße, die seit 1896 Ericastraße „nach der Feldblume Erica" hieß, hat man ein ganzes Drittel weggenommen. Das war 1938: zwei Jahre zuvor verstarb Prof. Dr. Hugo Schottmüller vom UKE und da der 1867 geborene Mediziner aufgrund seiner Arbeiten über Streptokokken Weltruf erlangt hatte, Entdecker des Paratyphus und anerkannter Herzspezialist war, bekam er wie andere der Kollegen auch „seine" Straße in Eppendorf. Ein „Hugo-Schottmüller-Preis" der Deutschen Sepsis-Gesellschaft (Anm.: Sepsis = Blutvergiftung) wird heute noch jährlich für Publikationen junger Wissenschaftler verliehen. Das UKE benannte am 1. Dezember 1962 eine „Hugo-Schottmüller-Klinik", aus dem Anlass wurde sein Relief enthüllt (es befindet sich heute in Privatbesitz und die „Schottmüller-Klinik" heißt nicht mehr so). Die Schottmüllerstr. in Berlin-Lichterfelde übrigens hat nichts mit dem Eppendorfer Schottmüller zu tun.

Links: Die Neubauten „Eppendorf Village" entstanden bis 2004. - Rechts: Die Erikastraße mit ihren Läden im Jahr 1917 (Eppendorfer Bürgerverein).

Die Benennung der Schottmüllerstraße und die Umbenennung der „Schule Ericastraße für Mädchen" in „Schule Schottmüllerstraße" in Eppendorf geschah rasch. Wohl auch, weil der Namensgeber den damaligen Machthabern wohlgesonnen war, hatten ihn doch der Nationalsozialistische Deutsche Ärztebund und die NSDAP–Ortsgruppe Dammtor (Schottmüller lebte Oberstr. 48 am Innocentiapark) zu Grabe getragen. Schottmüller war seit 1933 Parteimitglied. Wie zahlreiche andere Wissenschaftler auch hatte er das am 11. November 1933 in Leipzig verkündete „Bekenntnis der Professoren an den deutschen Universitäten und Hochschulen zu Adolf Hitler und dem nationalsozialistischen Staat" unterzeichnet.

Marie Beschütz statt Schottmüller

Schottmüllers NSDAP-Mitgliedschaft hatten wir in früheren Ausgaben dieses Buches erwähnt. Es war ein Anlass, die Schule Schottmüllerstraße am 11. Februar 2002 in Marie-Beschütz-Schule umzubenennen. Eine Gedenktafel für Frau Beschütz wurde bereits am 29. Januar 2001 eingeweiht (Entwurf Gerd Stange). Der Schottmüllerstraße selbst steht eine Umbenennung möglicherweise noch bevor.

Die Lehrerin Marie Beschütz (geb. 1882) trat 1903 in den Hamburgischen Schuldienst ein und wurde 1934 aufgrund ihrer jüdischen Abstammung ebenso wie ihre Schwester Olga (geb. 1876) entlassen. Seit 1928 war Marie Beschütz an der „Schule Ericastraße". Auch nach der Entlassung suchten sie noch Schülerinnen auf. Vater Dr. jur. Siegmund Beschütz (1840-1912) und Mutter Bertha (geb. 1850) waren dabei wie alle vier Kinder in St. Johannis in Eppendorf evangelisch getauft worden („im Judentum geboren, nachher konfessionslos, tritt zum Christentum über"). Die Schwestern Olga, Clara (geb. 1877), von Beruf soziale Fürsorgerin, und Marie besaßen allesamt als Konventualinnen „das höchstpersönliche Anrecht" auf eine frei werdende Wohnung im Kloster St. Johannis in Eppendorf (s.a. S. 58f).

Die drei ledigen Schwestern, die zuletzt mit Mutter Bertha in der Husumer Str. 37 (Stolpersteine) lebten, wurden am 6. Dezember 1941 in das Lager Jungfernhof bei Riga in Lettland deportiert, wo sie umkamen. Ihre Mutter nahm sich angesichts dessen das Leben; sie verstarb am 13. Dezember 1941.

Zu viele Erikastraßen

Die Erikastraße verlor aufgrund von Schottmüller jedenfalls ihre Hausnummern 1 bis 35 und 2 bis 40. Sie begann fortan mit Nr. 37, das war im Jahr 1938 die „Konditorei Bauer", und auf der anderen Seite, Nr. 42, befanden sich damals Friseur Weigert und Blumenhandlung Wolter. Eigentlich sollten alle neuen Straßenzüge dieser Gegend ihren Namen wie die Ericastraße der Blumenwelt entlehnen, doch gab es nur noch einen Blumenweg in Eppendorf (1899 in Curschmannstraße umgetauft). Als das Groß-Hamburg-Gesetz zum 1. April 1938 umgesetzt wurde, mit der Eingemeindung von Altona, Harburg-Wilhelmsburg und Wandsbek, hatte Hamburg allerdings zu viele Erikastraßen: Die in Niendorf erhielt deshalb die Bezeichnung König-Heinrich-Weg, jene von Stellingen hieß nun Tatinger Weg (heute Tigerstr.) und in Wandsbek-Gartenstadt kam der Name Goldlackweg zum Zug (später wieder Erikastr., bis die Eppendorfer Ericastr. für das c ein k erhielt).

Zum ehemals traditionellen Straßenfest wurde der „Pariser Flair" der Erikastraße gepriesen. Das war etwas daneben. Genauso, wie die Straße vor einiger Zeit „totgesagt" wurde. Das war nach dem Ende z.B. von „Hüttenhofers Landkost" (mit der Verbindung zum schwäbisch-hallischen Schwein), von „Christianas Comestibles" und der „Konditorei Schaub". Der untere Teil der Erikastraße, Einbahnstraße (seit 1960) mit Kopfsteinpflaster, hat seine originäre Struktur nämlich auf wundersame Weise erhalten: Kleine Läden, spezialisiert auf dieses und jenes; eine schöne Bummel- und Einkaufstraße eben.

Natürlich hatten die Läden hier früher eine andere Bestimmung, doch letztlich ist die kleinteilige, kundenfreundliche Aufteilung der Einkaufszone geblieben: Für jeden etwas, für alle viel. Von der Schottmüllerstraße aus gesehen befanden sich rechter Hand 1910 das Kaiserliche Postamt (Nr. 42) und Nr. 76 die Wirtschaft Meier, übrigens heute noch eine Gaststätte, wenn auch mit der Bezeichnung Nr. 74. Gleich drei Fisch-Handlungen wies die Straße seinerzeit auf: Nr. 50, Nr. 68 und Nr. 77. Und nun aufgepasst: Im Gebäude Nr. 68 wird immer noch Fisch verkauft!

Die Straße hatte man ursprünglich mit 17 Meter Breite angelegt. Die Bebauung war anfangs nur spärlich, bis sich im Zuge des Wandels vom Dorf zur Vorstadt bzw. zum Stadtteil die Geschäftsstraße im unteren Teil etablierte.

Während die Seite mit der Ladenzeile dicht an der Bebauung der Eppendorfer Landstraße verläuft, ist auf der anderen, zur Tarpenbekstraße hin, mehr Raum geblieben: Platz auch für die Wolfgang-Borchert-Schule (Nr. 41) samt Hof und Hinterhaus durchnummeriert 43a, b, c.. Das einstige Gewerbegelände hinter den Nummern 49, 53 und 55 ist inzwischen Wohnungs-Neubauten gewichen. Die „exklusive Wohnanlage" der ARGE Erikastraße mit Groth-Bau von 2004 firmiert als „Eppendorf Village". Es sind 67 Eigentumswohnungen, Größe 60 bis 200 qm, samt Tiefgarage, doch ist gegen diese Art der Verdichtung im Stadtteil nichts einzuwenden. Früher befand sich dort ein Sammelsurium aus Zimmerplatz, Kohlenhandel, Tischlerei, Kfz-Reparatur-Werkstätte u.a.m..

Die erwähnte Wolfgang-Borchert-Schule wurde in der Presse auch schon einmal despektierlich als „Hinterhofschule" bezeichnet. Das wird nicht nur Uwe Seeler nicht gefallen haben, der sie einst besuchte. 2000 feierte die Schule noch ihr 100-jähriges Bestehen; ursprünglich war sie wie damals üblich in Jungen- und Mädchenschule getrennt. Die „Volks- und Realschule Erikastraße" wurde im Juni 1969 im Beisein der Mutter des Namensgebers, Hertha Borchert, umbenannt,

Die Wolfgang-Borchert-Schule, die 1969 ihren Namen erhielt, ist seit 2009 geschlossen.

denn der spätere Schriftsteller war hier seit 1928 zur Schule gegangen (ein Lehrer dort war Vater Fritz). Seit 1932 besuchte Borchert dann die Oberrealschule, das heutige Gymnasium Eppendorf.

Wolfgang-Borchert-Schule: Geschlossen

Zum 31. August 2009 wurde der Schulbetrieb eingestellt, vermutlich zum Leidwesen des gegenüber liegenden Döner-Ladens. Seitdem herrscht Leerstand: Es ist ungewiss, ob die Gebäude abgerissen werden und Neubauten entstehen. Geplant ist jedenfalls, dass im Sommer 2016 auf dem Gelände die Marie-Beschütz-Schule einzieht.

Der obere, wesentlich längere Teil der Erikastraße, getrennt durch den Lokstedter Weg, ist jünger und ganz anders geartet. So hat die Straße eben zwei Gesichter. 1901–02 ist er in Verlängerung in Richtung Tarpenbekhöhe entstanden. Der Staat hat diese Straße 1903 übernommen, nachdem schon auf über 50 Prozent des dafür vorgesehenen Geländes die Bautätigkeit eingesetzt hatte. Zwar gibt es auch hier anfangs auf der linken Seite vom Lokstedter Weg her noch hohe Etagenhäuser, die heute als erkannte Denkmäler gelten: Die Gebäude Nr. 97 und 99, beide von 1909, sowie die 1905 fertiggestellten Bauten Nr. 101-105 und 113-115. Zunehmend aber bestimmen die kleinen Landhäuser und Villen das Bild. Ein Risiko war mit diesen Bauprojekten nach der Jahrhundertwende nicht verbunden, denn die Nachfrage war stark. So ließen hier Hausmakler, eine „Baugesellschaft Tarpenbekhöhe G.m.b.H.", eine Mobilienhandlung, der Architekt Johannes Oltmanns (1872-1936) und ein Zimmermeister „auf Vorrat" bauen, um erst nach Fertigstellung Käufer zu finden. Nahe Tarpenbek, Alster, Mühlenteich und Alter Mühle zog gutbürgerliches Publikum ein: Oberpostassistent und Obersteward, Obertelegraphenassistent und Oberlehrer, Oberpost-Kassenbuchhalter, Rektor und Rentier.

Ohne die anderen Objekte herabzustufen, seien zwei Baulichkeiten hervorgehoben. Einmal ist das jene „Villa in Reihenstellung" Nr. 122–126, die aus drei Gebäuden gebildet wird. Denkmalschutz genießt die Nr. 124 („Einfamilienhaus" von 1923) mit einem Frauenakt als plastischem Schmuck; Erstbesitzer und damit wohl auch Auftraggeber war der Makler Hugo Oertel.

„Einer der besten Söhne Hamburgs"?

Das Gebäude Nr. 122 gehörte Prof. Dr. phil. Paul Riebesell, dem damaligen Direktor der Hamburger Feuerkasse. Man liest jetzt bei www.deutsche-biographie.de nach und erfährt, dass Riebesell 1937 in Berlin als Leiter der Wirtschaftsgruppe des Reichsverbandes der öffentlich-rechtlichen Versicherungen „aus politischen Gründen" seines Amtes enthoben wurde (er soll einem jüdischen Studenten geholfen haben) und in die Privatwirtschaft wechselte. Was dann geschah: Als einer der beiden Direktoren der Isar-Lebensversicherungs-AG verlangte Riebesell am 17. November 1938 – das Pogrom war am 9./10. November geschehen -, per Gesetz festzuschreiben, die Auszahlung jüdischer Lebensversicherungs-Guthaben zu verweigern. Das war ein im deutschen Versicherungswesen einmaliger Vorschlag, der sogar von den NS-Machthabern abgelehnt wurde. Gerald D. Feldman im Buch „Die Allianz und die deutsche Versicherungswirtschaft 1933-1945" (2001): „Das war nichts anderes als ein unverfrorener Versuch, die jüdischen Versicherungskunden zu betrügen, noch dazu in einer Situation, in der diese ohnehin mit Strafsteuern und Auswanderungskosten belasteten Kunden dringend auf Bargeld angewiesen waren." Als Versicherungsmathematiker Riebesell (1883-1950) verstorben war, nannte Finanzsenator Dr. Walter Dudek (SPD) den neuerlichen Hamburger Feuerkasse-Direktor bei der Trauerfeier in der Großen Halle des Krematoriums Ohlsdorf „einen der besten Söhne Hamburgs".

Dass noch lange nach 1945 ein Fahnenmast vor dem eindrucksvollen Gebäude stand, hatte wohl damit zu tun, dass hier laut Adressbuch ab 1935 die NSDAP–Ortsgruppe Eppendorf–Nord samt zahlreicher anderer Nazi-Organisationen ansässig war.

Der große Eppendorfer Schulstreik

Im Zuge von 1968 ff. waren Autoritäts-Gläubigkeit und Duckmäusertum Vergangenheit, was sich auch in Bezug auf die Eppendorfer Wolfgang-Borchert-Schule äußerte. Am 17. Dezember 1971 traten dort 830 Mädchen und Jungen der Volks- und Realschule in einen vorweihnachtlichen Schulstreik, der auch am folgenden Montag (20. Dezember) fortgesetzt wurde. Der Elternrat richtete einen Appell an Schul- und Finanzbehörde: „Sind bis zum 5. Februar 1972 nicht 5,7 Mio. DM für den Bau einer Pausenhalle mit Gymnastikraum und Fachklassen bewilligt, folgen Demonstrationen der Eltern und Schüler. Außerdem wird der Streik fortgesetzt."

Die Stadt hatte seit 1962 Ausbau-Maßnahmen für die Schule geplant, aber nie umgesetzt. Die baufällige Aula samt Turnhalle war derweil abgerissen worden. Bereits im Sommer 1971 hatte die Elternschaft einen Streik angekündigt.

Und tatsächlich zeitigte der Protest einen Erfolg. Am Samstag, 5. Februar 1972, konnte der Elternrat-Vorsitzende Otto-Erich Hartleben auf dem Pausenhof verkünden: „Nach einem zermürbenden Kampf haben wir es geschafft!" Und bat darum, von weiteren Demonstrationen abzusehen. Die nächste hatte man bei der Polizei bereits vorsorglich für Anfang Februar angemeldet.

Ein prächtiges Einzelhaus, mit Efeu bewachsen, ist Erikastraße 180 zu finden, um 1913 erbaut. Eigentümer war lange die Familie Wolny, die in der Stadt seit 1886 Fehlandstr. 43 „Wolnys Delikatessen-Magazin" betrieb.

Als erkannte Denkmäler gelten auf der anderen Straßenseite weitere Etagenhäuser: Nr. 97 und 99, beide 1909 erstellt, im Erikastraße-Block zwischen Nissen- und Siemssenstr. Nr. 101 bis 105, hinter der Siemssenstr. Nr. 113 und 115.

Der „Allsport-Verein" am Ende der Straße

Am Ende der Straße ist unter Nr. 196 seit 1971 zwischen Sportplatz und Güterumgehungsbahn der Winterhuder-Eppendorfer Turnverein, kurz: WET, beheimatet, mit Vereinshaus und Tennisplätzen (www.wet-sport.de). Der WET, der 1.035 Mitglieder zählt (davon sind 550 Kinder und Jugendliche), begreift sich als „Allsport-Verein", bietet 14 Sportarten und 28 lizensierte Trainer und Übungsleiter an und ist 1880 entstanden, woran ein Findling vor dem Vereinsheim (http://sportbistro-muehlenteich.de) erinnert. Als Männerturnverein gegründet, zog er 1888 in die Volksschulturnhalle Knauerstr. 22 ein, wo seit 1902 auch Frauen und Mädchen zum Sportbetrieb zugelassen waren. Nach dem 1.Weltkrieg vereinigte man sich kurzfristig von 1919 bis 1921 mit dem SC Sperber aus Alsterdorf zum Verein für Turnen und Rasensport, ehe der WET wieder selbstständig wurde und es auch blieb.

Die Olympiasiegerin

WET-Mitglied war Käthe Sohnemann, die 1936 bei den Olympischen Spielen in Berlin im Alter von 23 Jahren im Turnen im Mannschafts-Mehrkampf der Frauen mit sieben Mitstreiterinnen die Goldme-

WET-Mitglied Käthe Sohnemann: Goldmedaille bei den Olympischen Spielen 1936 in Berlin.

Villa in der Erikastr. 122: War Prof. Paul Riebesell „einer der besten Söhne Hamburgs"?

Falsche Dollar, Ladehemmung im Nachtclub, RAF-Razzia

In einer Garage Erikastr. 124 wurde im Sommer 1979 eine Falschgeldwerkstatt ausgehoben. In der dortigen Druckerei, längere Zeit bereits von der Kripo observiert, stellte man 1.000-DM-Scheine und 100-US-Dollar-Noten her.

Das Falschgeld war Ende 1978 in einer süddeutschen Spielbank aufgetaucht. In der Schweiz wurde daraufhin ein Deutscher mit gefälschten US-Dollar im Wert von 720.000 DM erwischt. Noch im August 1979 gab der Verteidiger des Hauptangeklagten sechs Mio. US-Dollar bei der Staatsanwaltschaft ab. 1980 wurden drei Männer, darunter ein Kaufmann als Betreiber der Druckerei, zu mehreren Jahren Freiheitsentzug verurteilt.

Das aber war nicht das Ende der Geschichte, denn im Februar 1982 tauchten weitere gefälschte US-Dollar-Noten im Wert von 476.000 DM made in Eppendorf auf. Seinerzeit hieß es, weitere drei Mio. US-Dollar seien versteckt worden (bitte aber jetzt nicht eigenständig den Vorgarten des Hauses Erikastraße 124 umgraben!).

***

Das es im an sich beschaulichen Eppendorf auch einmal einen Nachtklub gab mit „Oben ohne"-Bedienung, „Bikini-Parties" und „Heißen Nächten mit netten Girls" - heute kaum zu glauben.

Tatsächlich existierte Erikastr. 74 der „Tilbury Night-Club". Später brannte er aus, seit vielen Jahren befindet sich dort ein griechisches Restaurant. Die Bar, der das „HA", ganz Männersicht, „eine appetitliche Bedienung" bescheinigte, wäre nicht weiter aufgefallen, hätte sich dort am 14. August 1975 nicht ein Vorfall ereignet, der Schlagzeilen machte.

Gast war seinerzeit Senatsdirektor Dr. Harald P.. Er traf gegen 22 Uhr ein, konsumierte drei Whisky-Soda und drei Piccolo. Als er die Zeche von 72,80 DM bezahlen sollte, zog er um 23.10 Uhr eine Walther Pistole Kaliber 7,65, zielte auf Bardame und Kellner und drückte mehrmals ab. Das blieb glücklicherweise folgenlos: die Waffe hatte eine Ladehemmung und Hamburg hatte einen Skandal, denn der Jurist Dr. P., Intimus von Justizsenator Prof. Dr. Klug, war als Leiter des Strafvollzugamtes für sämtliche hanseatischen Strafanstalten zuständig. Nun fand er sich erst einmal auf der Polizei-Revierwache 45 in der Martinistraße wieder und wurde tags darauf vom Dienst suspendiert.

Die Mordkommission suchte den „Tilbury-Club" am 20. August zum Lokaltermin auf, doch plädierte die Staatsanwaltschaft schließlich nicht auf versuchten Totschlag, sondern wegen 2,6 Promille Alkoholwert beim Angeklagten auf eine „Rauschtat". Der Prozess ging durch mehrere Instanzen und endete mit dem Urteil neun Monate Freiheitsstrafe zur Bewährung und 4.500 DM Geldstrafe. Bereits zum erstinstanzlichen Urteil hatte „Die Zeit" geschrieben: „Die hamburgische Gerichtsbarkeit hatte keinen Ruhmestag."

***

Kaum etwas bekannt ist über die Razzia im Zuge der Fahndung nach mutmaßlichen Mitgliedern der Rote Armee Fraktion (RAF), die mit einem großen Polizeieinsatz in den frühen Morgenstunden am Montag 4. Februar 1974, in der Erikastr. 133 (nach Zeitzeugen-Angaben) stattfand. Im Gegensatz zur gleichzeitigen Polizeiaktion in der Bartholomäusstr. 20 in Barmbek gab es keine näheren Angaben der Bundesanwaltschaft.

Als die „Mühlenteich-Brücke“ 1939 fertig gestellt wurde, lobte das „Hamburger Tageblatt“ „Größe und Schönheit“

daille gewann. Auch wurde sie Deutsche Meisterin im Mehrkampf: 1937 als Käthe Sohnemann (als Verein ist hier TV Hamburg-Winterhude angegeben) in Jena und 1938 in Wittenberg als Käthe Schmidt (nach der Trauung) für den Kieler MTV. An der Förde hat Frau Schmidt-Sohnemann dann gelebt, als Sportlehrerin, und Tennis hat sie bei der TG Ravensberg dort gespielt.

Der obere Teil der Erikastraße hat sich den Vorteil bewahrt, keine Durchgangsstraße zu sein. Geschätzt wird er auch wegen seiner Nähe zu Gewässern und Grünanlagen. Dass man heute am Westufer des Mühlenteichs entlang spazieren kann, ist dem Bezirksamt Nord zu danken. In einem langen und zähen Rechtsstreit hatte das den Bewohnern der Erikastraße einen Teil der Gärten und Grünstücke abgenommen, die bis ans Ufer des Mühlenteichs reichten. Zehn Pächter prozessierten seit 1950 ausdauernd um die Rückgabe dieser 1919 gepachteten Gärten und klagten, ihr Terrain sei ein „ Schuttplatz und eine Brutstätte von Krankheitserreger“, seit die Stadt dafür zuständig sei. Das Gericht entschied, die Stadt sei zu recht Eigentümer, da die Fläche der Erikastraße-Gärten durch Anschwemmungen vom Mühlenteich größer als ursprünglich geworden seien. Anfang 1959 wurde der neue Park Mühlenteich eröffnet, 1966 dann der Wanderweg angelegt.

Der (aufgestaute) Mühlenteich wie auch die Lokal-Bezeichnung „Alte Mühle“ gehen auf die 1245 erstmals erwähnte Eppendorfer Mühle zurück. Um 1860 wurde der Betrieb eingestellt. Die Mühle diente noch eine Zeitlang als Schulhaus und war als “Gasthof zur alten Eppendorfer Mühle“ bekannt (die Lokalität besteht als „Zur alten Mühle“ nach wie vor). Beim Straßenausbau für die Fortführung der Straßenbahn-Linie nach Groß-Borstel sind die Gebäude 1901 abgerissen worden, ebenso das nahe Akzisehaus, wo man „Chausseegeld“ kassiert hatte. Die Tarpenbek selbst, ein Bach, ist fast 21 Kilometer lang, entspringt mit zwei Quellenflüssen in Norderstedt, nimmt in Groß-Borstel die Kollau auf und mündet via Mühlenteich in die Alster.

Erst gebaut und dann Käufer gesucht: Blick über den Mühlenteich auf den oberen Teil der Erikastraße, Ansichtskarte von um 1904.

Alsterschiff nach Lokstedt!

Mit der Tarpenbek, die 1930/31 wegen Überschwemmungen und Verunreinigungen auf fast 18 Kilometer vom heutigen Flughafen bis zu Hayns Park in Eppendorf begradigt worden war, hatte Anfang des 19. Jahrhunderts die Kommission von Senat und Bürgerschaft noch große Pläne, die in der Presse als „vollständige Überraschung“ gewertet wurden. Demnach sollte die Tarpenbek zu einem 30 Meter breiten Kanal (!) ausgebaut, der Mühlenteich mittels eine Schleuse und einem schiffbaren Kanal mit der Alster in Verbindung gebracht werden. Die „Hamburger Nachrichten“ damals: „Wir werden es hoffentlich noch erleben, dass die Alsterdampfer regelmäßig bis nach Groß-Borstel und Lokstedt verkehren.“ Daraus ist Nichts geworden: Schiffbar ist die Tarpenbek heute allenfalls für Papierboote …

Die Brücke im Park

Flaniert man an der Ostseite des Mühlenteich, so entdeckt man das massive Bauwerk der „Mühlenteich-Brücke“, deren Existenz an dieser Stelle sich lange Zeit nicht so recht erklären ließ. Die 1939 fertiggestellte Brücke wurde für 1.2 Millionen Reichsmark als Bestandteil der Hamburger Güterumgehungsbahn gebaut. Diese eingleisige Bahnlinie verläuft seit 1. Juli 1941 von Rothenburgsort über Horn und Barmbek nach Eppendorf, von dort weiter nach Lokstedt und zum Bahnhof Eidelstedt. Die Bahn war als Ersatzstrecke eingeplant, falls im Krieg Bomben die Lombardsbrücke, eine der wichtigsten Verkehrsadern der Stadt, zerstören würden. Die Trasse wurde in jüngerer Zeit wieder stark frequentiert, was u.a. in Eppendorf zur Gründung der Interessengemeinschaft gegen Schienenlärm führte (www.aktive-eppendorfer.de). Seit 2009 wurden nach vielerlei Aktionen und Protesten Lärmschutzwände entlang der Bahnstrecke gebaut.

Das „Hamburger Tageblatt“ lobte seinerzeit an dem Bau im Grünen „Größe und Schönheit“ und berichtete: „Auf Wunsch Hamburgs, das dem Mühlenteich seine landschaftliche Schönheit erhalten und die Umgebung parkartig ausgestalten will, hat die Reichsbahn die Brücke in dieser Gestalt erbaut.“

Von hier aus kann man in vielerlei Richtungen im Grünen spazieren, auf dem Kollau-Wanderweg oder hinüber zur Meenkwiese, wo am Mühlenteich-Ausgang zur Alster das Bootshaus Barmeier liegt.

Die besetzte Villa

Eigentlich müsste man das Folgende in der Fortsetzung des Kapitels Eppendorfer Landstr. beschreiben, aber nun sind wir

Anstelle von Ödland entstand in den 1970er Jahren das Neubaugebiet Alsterhalbinsel.

schon einmal hier... Ecke Meenkwiese/Salomon-Heine-Weg 24 steht seit 1870 ein Gebäude, die heutige Villa Nehlsen, die als „außergewöhnliches Dokument hamburgischer Villenarchitektur" und „bemerkenswertes Zeugnis für die Geschichte des Backsteinrohbaus" (so das Denkmalamt) 1980 in die Denkmalschutzliste aufgenommen wurde.

Das wusste wohl niemand, als 1981 im Anschluss an eine Mieter-Demonstration die Teilnehmer auf der Meenkwiese vis-à-vis picknickten und entdeckten, dass die Villa zum Teil leer stand. So begann eine Hausbesetzung, die gemäß der „Hamburger Linie" des damaligen SPD – Innensenators Alfons Pawelczyk („kein Haus in Hamburg bleibt länger als 24 Stunden besetzt") umgehend einen großen Polizeiaufmarsch zur Folge hatte. Im Dunkel der Nacht rückten Mobiles Einsatzkommando (MEK) und Bereitschaftspolizei gegen die friedlichen Besetzer vor. Als Zugang zur Villa benutzten sie nicht wie die Besetzer die Haustür, sondern zertrümmerten den Wintergarten und setzten bissige Hunde ein. Unrichtigerweise wurde behauptet, die Hausbesetzer hätten Brandsätze gelagert. Bestimmt hätten es auch Gespräche getan...

Einige Tage darauf waren vor dem Gebäude große Tafeln angebracht: „Dieses Haus steht unter Denkmalschutz. Kein Abriss". Es war ein Versprechen, das gehalten wurde.

„The House"

Die Villa, in der ursprünglich eine Schankwirtschaft vorgesehen war, hatte wechselnde Besitzer: Es waren Cordes Erben (1900), das Aerarium (1910, dies meint die Stadtkasse), die Commanditgesellschaft Kratzenstein & Co (1915, der Besitzer, Ingenieur J. Kratzenstein, war auch technischer Polizeikommissar) und für längere Zeit den Firmenbesitzer und Handelsvertreter F. Baldamus (1940). Nach dem Krieg lebten infolge Wohnungsmangel sieben Parteien im Haus. Das Kulturdenkmal, 1982 von der Familie Nehlsen erworben, wird heute für Feiern und Tagungen vermietet (www.villa-nehlsen.com). Dass es eine Ansichtskarte von dem Gebäude mit der Aufschrift „The House" gibt, liegt daran, dass dort ehemals auch um Austauschschüler aus Großbritannien und den USA geworben wurde.

Wohndistrikt Alsterhalbinsel

Hinter der Villa, wo nach dem Brand einer Holzhandlung 1972 Ödland war, ist zwischen Mühlenteich, der alten Eichenallee und der kanalisierten Alster das Neubaugebiet Alsterhalbinsel entstanden. Laut Mitteilung des früheren Bezirksamtsleiters Werner Weidemann sollte es auch Sozialwohnungen enthalten, dazu am Alsterufer eine gastronomische Einrichtung und eine Bootsvermietung. Aus all dem ist nichts geworden. Man darf die Neubauten als sehr gelungen bezeichnen, Voraussetzung beim städtebaulichen Wettbewerb war eine „wasserbezogene Wohnbebauung" (der Stadtplan weist auch einen Kanu-Einstiegsplatz aus). Es gewann 1975 der Entwurf des Architekten Contor aus Hoheluft-Ost (Wolfram Schüler, Uwe Ferdinand, Julius Ehlers).

Der „Schandfleck"

Nach wie vor existiert zwischen der Villa Nehlsen und der Alster ein großes unbebautes Gelände, in der Presse als „Eppendorfer Schandfleck" bezeichnet. Zeitweise gab es Pläne, dort Asylbewerber unterzubringen. Das Areal ist im Besitz von Ruppert Immobilien, eine Voranfrage für den Bau von etwa 80 Wohnungen

Die Besitzer der heutigen Villa Nehlsen warben ehemals mit einer Ansichtskarte und der Aufschrift „The House" um ausländische Schüler.

Oben: Als „Hayns Park" firmieren die Neubauten Erikastr. 86, 86 b, 88 und 88 a. – Rechts: Schokoladen-Fabrik PEA. Die historische Industrie-Architektur wurde 1990 weggesprengt (Petzold & Aulhorn).

lief von 2004 bis Februar 2013. Die Zukunft des Brachlands ist ungewiss. Die Grünen im Bezirk klagten: „In einer zentralen Lage am Wasser mitten in Eppendorf herrscht Einöde – das kann nicht sein."

Das Eppendorfer Industriegebiet

„Eine eigentliche Fabrikstadt soll Eppendorf nicht werden", hieß es um die Jahrhundertwende. Tatsächlich siedelten sich am heutigen Salomon-Heine-Weg bedeutende Unternehmen mit eindrucksvoller Industrie-Architektur an, von der heute so gut wie nichts mehr erhalten ist.

Wobei wir uns erst einmal mit der Straßen-Benennung befassen müssen. Denn dort, wo heute der Salomon-Heine-Weg ist, war im 19. Jh. die Chaussee nach dem Alsterkrug, die spätere Alsterkrugchaussee, die noch heute bis Fuhlsbüttel verläuft. Der Name geht zurück auf das Gasthaus „Zum Alsterkrug", an dessen Stelle 1985 das „Hotel Alsterkrug" (Alsterkrugchaussee 277) eröffnete. Der vormalige Wirt war verpflichtet, ständig acht Pferde als Vorspann bereit zu halten, denn der Weg für Lastfuhrwerke gen Eppendorf war aufgrund des sumpfigen Untergrunds äußerst beschwerlich. Weshalb der Salomon–Heine–Weg 1967 benannt wurde, dafür fanden wir keine Erklärung. Der Bankier hatte 1843 das Israelitische Krankenhaus auf St. Pauli gegründet und war ein „Sponsor" seines Neffen Heinrich Heine, des Dichters. „Wenn der dumme Junge etwas gelernt hätte", soll Salomon einmal gesagt haben, „bräuchte er keine Bücher zu schreiben."

Seit 1865 hieß nach Salomon Heine (1767–1844) die Heinestraße auf St. Pauli, die in der Nazizeit in Hamburger Berg umbenannt worden ist. Dabei ist es geblieben. So hat denn Salomon Heine nun seine Straße in Eppendorf, vielleicht auch deshalb, weil das renommierte Israelitische Krankenhaus 1960 nicht weit vom Stadtteil neu entstanden ist, Ecke Alsterkrugchaussee/Orchideenstieg. Dort ist seit 1968 auch ein Gedenkstein für Salomon Heine aufgestellt.

Wo Langnese herkommt

Genau genommen gehören die nachstehenden Grundstücke bereits zu Alsterdorf, aber wie in diesem Buch verschiedentlich beschrieben, mit den Stadtteil-Grenzen

Langnese begann in Eppendorf: Aus der Zeitschrift „Vom Fels zum Meer", 1883/84 (Archiv Skrentny).

wollen wir es nicht so genau nehmen („gefühltes Eppendorf"). 1861 jedenfalls gründete V. E. H. Langnese eine erste Biskuitfabrik in Alsterdorf. V. E. H. steht für Viktor Emil Heinrich, die Anschrift lautete erst einmal Chaussee nach dem Alsterkrug (Eppendorf) 72. Im Band 1883/84 „Vom Fels zum Meer – Spemann's Illustrirte Zeitschrift für das Deutsche Haus" aus Stuttgart kann man die Reportage „Ein Gang durch eine deutsche Biskuitfabrik (Langnese in Eppendorf bei Hamburg)" nachlesen.

Man muss jetzt über Langnese nicht viel erzählen: Der Song „Like Ice in the Sunshine" kommt einem in den Sinn und diverse Eissorten wie „Domino", „Nogger" oder „Cornetto". Was das mit der Eppendorfer Biskuitfabrik zu tun hat? 1925 erwarb der Hamburger Kaufmann Karl Seyferth an der Börse 5.000 Kilogramm kalifornischen Honig. Das „Handelsblatt" erzählt die Geschichte so: Der Importeur suchte per Anzeige im „Hamburger Fremdenblatt" einen Firmenmantel für sein Unternehmen. 1927 traf er deshalb den erwähnten V. E. H. Langnese, der ihm beim Plausch in einem Hamburger Nobelrestaurant für 300 RM den Namen überließ – wenn er denn auch die Rechnung für Speisen und Getränke übernehmen würde. So war erst einmal der „Langnese-Honig" eine Marke und 1935 ließ Seyferth dann noch Eis am Stiel aus Dänemark importieren – der Volksmund nannte das damals „Eislollis".

Sollte man nun den Salomon-Heine-Weg in Langnese-Straße umbenennen? Firmen-Sponsoring ist aus solchen Anlässen ungern gesehen und außerdem hat die Spielstätte von Bergedorf 85 an den Sander Tannen in Hamburg bereits die Bezeichnung „Langnese-Happiness-Stadion".

„Tengelmann" in Eppendorf

Und dann hätten wir noch einen bekannten Namen aus der Lebensmittel-Branche: Tengelmann! „Kaiser's Tengelmann" besitzt in Deutschland 513 Supermärkte, weltweiter Umsatz der Unternehmensgruppe knapp über elf Mrd. Euro.

Jener Emil Tengelmann (1864-1904) war eigentlich „nur" Prokurist der Brüder Schmitz aus dem Ruhrgebiet, doch weil es dort und im Rheinland sehr viele Schmitz' gab, musste er den Markennamen liefern. Das galt für das erste Einzelhandelsgeschäft in der Düsseldorfer Altstadt 1893 wie auch im selben Jahr für die Eintragung ins Hamburger Handelsregister: „Emil Tengelmann, Hamburger Kaffee-Import-Geschäft, Sandthorquai 1". „Tengelmann, Abteilung Keksfabrik", ist Ende der 20er Jahre in der Alsterkrugchaussee 56 nachgewiesen; der Namensgeber war da längst verstorben.

Ein weiterer Lebensmittel-Produzent bestand zuvor unter dieser Adresse: P. W. Gaedke, 1883 gegründet und bis zum 30.6.1930 existent. „Bisquit Cacao Chocolade und Confituren-Fabrik" berichtet eine Firmen-Rechnung von 1909. Im Konzentrationsprozess der Branche ging Gaedke in der Weltwirtschaftskrise an Stollwerck.

Wo „PEA" war

1951 zog auf dem Gelände die Schokoladenfabrik Petzold & Aulhorn ein, besser bekannt als „PEA Schokolade". Die 1843 in Dresden gegründete Firma hatte durch Kriegszerstörungen in der sächsischen Stadt im Stadtteil Plauen ihre Fabrikanlagen verloren. Ihr Gesellschafter – die Rothfos–Gruppe und ein Bremer Kaffee–Unternehmen –, ließen sich nun als Mieter, später als Eigentümer, auf dem 17.000 qm–Grundstück nieder. Hergestellt wurden nach Dresdner Traditions-Rezepten Tafelschokolade, Saisonartikel, Marzipan, Pralinen und Diät–Artikel. 1955 startete „PEA" in Eppendorf die Adventskalender–Produktion und war zeitweise de-

ren weltweit größter Hersteller. Die Fabrikfläche in Eppendorf ist ab 1968 mit einem Aufwand von 30 Mio. DM erweitert worden (u. a. Neubau 1974), so dass ein Stammpersonal von 450 Personen und zusätzlich 200 Saisonarbeitern beschäftigt werden konnte.

Weil das Eppendorfer Grundstück nicht erweiterungsfähig war und geeignete Areale in Hamburg nicht vorhanden waren, unterzeichnete man am 4. April 1979 im Rathaus Norderstedt einen Kaufvertrag und zog in die schleswig-holsteinische Stadt um. „PEA" als eigenständige Marke gibt es heute nicht mehr: 1991 übernahmen C. J. van Houten und die Zoen Holding AG die Mehrheit, es folgte der weltweit größte Schokoladen-Produzent Barry Callebaut AG. Als Marke wird „PEA" weiter von einer Firma im fränkischen Veithöchsheim vertrieben.

Die Feuerwehr musste in den 70er und 80er Jahren sehr oft zum Salomon-Heine-Weg ausrücken. Am 4. Mai 1972 stand ein riesiger Rauchpilz über dem Viertel, als drei Holzschuppen einer ehemaligen Holzhandlung (Nr. 32) brannten. Der Keller einer pharmazeutischen Fabrik geriet am 26. August 1974 nächtens in Brand. Als ein elektrischer Kurzschluss am 4. Juli 1986 im 2. Stock von „PEA" ein Feuer auslöste, schmolzen 90.000 Weihnachtsmänner, Sachschaden etwa eine Mio. DM. Erneut brannte es am 15. April 1988 bei „PEA", diesmal im schwer beschädigten Mitteltrakt, es entstand ein Schaden von mehreren Mio. DM.

Die Zerstörung der Fabrik war eigentlich für den 21. April 1990 vorgesehen, doch führte die Anwendung von 120 kg Sprengstoff und 2.500 Zündern lediglich dazu, dass sich die beiden Türme neigten. Endgültig gesprengt wurde die historische Industriearchitektur dann am 2. Mai.

Neu errichtet wurden die gläsernen Bürotürme mit der Adresse Deelbögenkamp 4, Sitz der Hauptverwaltung der Verwaltungsberufsgenossenschaft (VBG), ein Teil des Büroraums ist untervermietet. 2015 wird die VBG, deren Mietvertrag ausläuft, zum Barmbeker Bahnhof umziehen.

Am Alsterufer hinter dem Areal ließ sich bereits 1918 der bis heute bestehende Werft- und Bootsvermietungsbetrieb Wüstenberg nieder (heute Deelbögenkamp 3). Nahebei kam zeitweise der Ruder-Club Alemannia von 1866 unter, dessen Quartier an der Außenalster 1943 zerstört worden war.

Was von der Industrie-Architektur blieb

Vom industriellen Eppendorf kann man heute am Salomon-Heine-Weg noch wenige Spuren entdecken. Parallel zum Armin-Clasen-Stieg steht noch eine alte Begrenzungsmauer. Hinter der Bahnlinie ist Nr. 58 noch ein historisches Fabrikgebäude erhalten, daneben Nr. 60 die stattliche weiße Villa mit rückwärtigem Garten. Beide Anwesen gehen zurück auf E. A. Reinbold, der dort bereits im 19. Jh. Branntwein herstellte. In den 20er und 30er Jahren war hier Mathilde Klopstocks Klebstoff-Fabrik anässig.

Salomon-Heine-Weg 50 befand sich viele Jahre das Kohlenlager von Raab Karcher und der Thyssen AG. Im Handel erhältlich ist heute ein Lkw-Sammlermodell „Tempo Matador", das die Aufschrift „Raab Karcher-Thyssen Kohlenlager Eppendorf" trägt. An dessen Standort liegt jetzt der Stammsitz von „Reifen Helm", 1912 als „Vulkanisier-Anstalt" am Winterhuder Marktplatz begründet.

Eigenartig, dass sich im Eppendorfer Industriebezirk um 1930 unter Nr. 46 auch ein „Restaurant und Ballhaus" namens „Keddeinis" befand. Später war darin in den 50er Jahren Dr. Hammer & Co und Ex- und Import Regenbekleidung, in den 60ern die Chemische Fabrik Jade.

Luftschloss „Eppendorfer Tor"

Den imposanten Abschluss zwischen Salomon-Heine-Weg, Deelböge und Rosenbrook sollte ab Herbst 2003 der futuristische Bürokomplex „Eppendorfer Tor" bilden, entworfen von den namhaften Architekten BRT (Bothe Richter Teherani). Investor Zechbau Bremen kalkulierte mit 120 Mio. € Kosten, doch ist das Projekt aufgrund der Wirtschaftslage nie verwirklicht worden. Nun besteht doch eine große Brache, doch scheint dieser Standort aufgrund des Verkehrsknotenpunkts für den Wohnungsbau eher nicht geeignet.

Wo das Freibad war

Über die Meenkbrücke hinweg ging es von Salomon-Heine-Weg/Meenkwiese jahrzehntelang zum angestammten Freibad der Eppendorfer am Lattenkamp (mit der einzigen Minigolf-Anlage im Stadtteil). Das Bad wurde 1989 geschlos-

Es war einmal ein Freibad: 1989 schloss es am Lattenkamp.

sen, obwohl es nahe dicht besiedelten Wohnquartieren lag und mit öffentlichen Verkehrsmitteln ausgezeichnet erreichbar war. Die Hamburger Wasserwerke führten als Argument einige verregnete Sommer an. Drei Bürger-Initiativen hatten bereits ein Jahr zuvor auf der Meenkwiese demonstriert, alle Parteien im Kerngebietsausschuss und in der Bezirksversammlung waren gegen die Schließung.

Als der SPD-Senat im Frühjahr 1994 auf dem Gelände „Wohnungen für Spitzenverdiener" („HA") plante, sprachen CDU, GAL und FDP in der Bezirksversammlung „vom Betrug an den Bürgern, die wir angesichts der Empörung über die Schließung des Bades mit dem Senatsversprechen des Sozialwohnungsbaus beruhigt hatten." Der Protest hatte Erfolg, denn im September 1992 wurde der Bau von 115 öffentlich geförderten Wohnungen beschlossen. „Der parkähnliche Charakter" blieb erhalten, der großzügige Spielplatz ist einer anonymen Spende eines Ahrensburger Bürgers zu danken.

Fritz Schumacher hatte das Bad entworfen, Bauleiter war Gustav Leo. Im 1. Weltkrieg musste der Bau eingestellt werden, der im Sommer 1926 fertig war. Die nächstgelegenen Freibäder für Eppendorf sind nun das Holthusenbad im Viertel, sowie das 1936 als „Hamburgers erstes Warm-Wasser-Freibad" (22 Grad) eröffnete „Kaifu" am Kaiser-Friedrich-Ufer Eimsbüttel und das Sommerbad Stadtparksee, das dank einer Bürgerinitiative weiter besteht.

Wenn auch die Bewohner der oberen Erikastraße ihr „Hinterland" an die Allgemeinheit verloren haben, so sind sie heute mit Grün in der Nähe doch so gut dran wie andere Gegenden im Viertel. Schließlich ist auch noch Hayns Park nahebei. Aber das ist schon wieder eine andere Straßengeschichte, nämlich die der Eppendorfer Landstraße.

Schwäne im Winterquartier

Die „Neue Schwanenburg", wie sie ehemals genannt wurde, gehört mit der Haus-Nummer 186 noch zur Erikastraße. Im Winterquartier der Schwäne wirkte seit 1. November 1957 „Schwanenvater" Harald Nieß, Nachfolger ist sein Sohn Olaf Nieß. Beim Bezirksamt Nord besteht sogar eine „Zentralstelle Schwanenwesen".

Im November beziehen die Hamburger Schwäne ihr Eppendorfer Winterquartier im Mühlenteich, das mit speziellen Pumpen eisfrei gehalten wird. Im Zeitraum März/April kehren sie auf die Alster zurück.

Schwäne auf der Alster zu halten, ist dabei altes städtisches Recht. Dank Rechnungen von 1591/92 ist nachgewiesen, dass die Höckerschwäne auf der Alster auf öffentliche Kosten mit Getreidefutter versorgt werden müssen. Ein erster Schwanenwärter ist 1891 von der Stadt angestellt worden. Als nach dem 2. Weltkrieg kein derartiges Getier mehr existierte, ging man 1945–50 daran, mittels Zuchtschwänen von Hagenbecks Tierpark und solchen aus den Niederlanden den Bestand wieder aufzufrischen.

Unter den 300 Alsterschwänen, die 1957 am Mühlenteich „einzogen", waren auch jene vier englischen Königsschwäne, die Queen Elizabeth II. der Stadt 1953 schenkte.

Besichtigungen sind für Schulklassen und Kindergarten-Gruppen möglich (12 bis 25 Personen), s.a.: www.alsterschwaene.de

Die Heilwigstraße

Eine erste Adresse

Die Elbchaussee, auch der Harvestehuder Weg mit dem zu Stein gewordenen Reichtum, machen einiges her. Wie aber hält man´s mit der Heilwigstraße? Zweifellos: Eine erste Adresse, für Eppendorf/Harvestehude jedenfalls. Das offenbaren die Straßenfronten der Villen ebenso wie der Blick auf die Gebäude-Rückseiten samt Gärten vom Alsterschiff oder Kanu aus.

Der Landgerichtsdirektor und Kunstschriftsteller Gustav Schiefler (1857-1935) hatte sich das nach der Jahrhundertwende einmal genauer angesehen und in „Eine Hamburger Kulturgeschichte 1890–1920" festgehalten: „Die Häuser wiesen beträchtlich größere Ausmessungen als die alten Einfamilienhäuser auf; sie nahmen oft mehrere Grundstücksbreiten ein, standen dann ringsum frei und trugen ein maßvoll vornehmes architektonisches Gewand. Sie näherten sich der Weiträumigkeit der Parkvillen, wenn auch ihre Gärten auf ein Areal beschränkt bleiben, das zum Haus in keinem rechten Verhältnis stand".

Repräsentative Villen sind charakteristisch für die Heilwigstraße.

„Gefragteste Wohnanlage"

Ähnlich positiv sieht das die Immobilienbranche unserer Zeit: „Die Heilwigstraße gehört zu den gefragtesten Wohnanlagen in Eppendorf. Besonders gefragt sind die zum Alsterkanal gelegenen Grundstücke. Sie zeichnen sich durch ihre fast geschlossene Villenbebauung aus." Das schlägt sich auch preislich nieder: Im Neubau Heilwigstr. 124 von 2004 war eine 360 qm große „loftartige Eigentumswohnung" für 3.5 Mio. Euro auf dem Markt.

Die Heilwigstraße ist über die Jahrzehnte hinweg langsam vom Eichenpark bei der Krugkoppelbrücke in Richtung der einstigen Eppendorfer Dorfkirche St. Johannis gewachsen. Den Namen gab 1870 die Gräfin Heilwig von der Lippe, Ehefrau von Graf Adolph IV. von Schauenburg und Holstein, die 1247/48 das Nonnenkloster Harvestehude begründete. Darauf weisen noch andere Straßen-Benennungen der Gegend hin: Abteistraße, Klosterstern, Klostergarten, Nonnenstieg, St. Benedictstraße.

Die ersten Villen entstanden noch vor der Jahrhundertwende nahe der Außenalster. 1907 ist die Straße von der St. Benedictstraße bis zum Isebekkanal verlängert worden; die Brücke erhielt bereits 1904 den Namen Heilwigbrücke. 1900 ging man daran, den halbfertigen Verkehrsweg parallel zur Alster bis zur Eppendorfer Kirche über die Looge (eine Nachtweide der Bauern) hinweg fortzuführen. Erst einmal 1901 bis zur Godeffroystraße (die heute Arnold-Heise-Straße heißt), dann wurde privatseitig die Verlängerung aufgeschüttet, mit Pflasterstraße, Reitweg und Radfahrweg. 1909 erreichte die Heilwigstraße die Kellinghusenstraße und ihr heutiges Ende. Infolge dieses Projekts ist 1909 auch das Gelände nahe der Kirche St. Johannis instandgesetzt worden, u. a. mittels einer Betonvorsetze längs der Alster, und 1909 als Seelemanns Park für die Bevölkerung freigegeben worden.

Im Eichenpark am Anfang der Heilwigstraße (von Eppendorf aus gesehen am Ende) erinnert eine Tafel an die Historie: „In diesem Gebiet war zwischen 1295 und 1530 das Nonnenkloster Hewardeshude". Sein Besitz, das „Klosterland", war dann 1866 Gegenstand eines ganz großen Deals: Vier Mio. Mark offerierte ein Unternehmer-Konsortium unter Führung des Bankhauses M. M. Warburg für das Gelände. Der hamburgische Staat behielt einen Teil für sich, für öffentliche Gebäude und Parks. Mit dem Geländekauf setzte eine planmäßige Bebauung ein, auch in großen Teilen der Heilwigstraße, am Klosterstern, dem Eppendorfer Baum, der Isestr. und der Oderfelder Str., wobei der neu geschaffene Kanal des Isebek als Grenze galt. Für die Genehmigung des Gesamtplanes war Bausenator Max Theodor Hayn (auch ein Eppendorfer Straßenname) zuständig.

Das außergewöhnliche Projekt auf dem Klosterland ist längst von Stadtplanern und Denkmalschutz anerkannt worden. 1988 wurde vom Senat „wegen der stadtentwicklungsgeschichtlichen Bedeutung, der städtebaulichen und architektonischen Qualität" der Stadtteil Harvestehude mit einer Erhaltungsverordnung unter Milieuschutz gestellt.

Senatoren, Direktoren und Reeder

Wenn Elbchaussee und Harvestehuder Weg mit ihren Bewohnern ein kleines „Who's who" der Hamburger Gesellschaft darstellten, so stand die Heilwigstraße lange Zeit kaum hinter dem zurück. Ganz abgesehen vom St. Johanniskloster, wo immer Damen mit „ersten Namen" zuhause waren (s. unten), residierte auch hier am Ufer der Alster städtische Prominenz. Da ließ sich ein Geschäft in den Kolonien auch durchaus mal rasch mit dem Nachbarn besprechen. Es konnte beim Sonntagsspaziergang mit dem Nachbarn und Kollegen aus der Bürgerschaft die Politik der nächsten Zeit fixiert werden. Und man parlierte über diesen und jenen Künstler, und dass es vielleicht an der Zeit wäre, möglichst sein Gesamtwerk zu kaufen.

Senatoren, Direktoren und Export–Import–Giganten: das war jene Oberschicht, die in 1910er Jahren hier zuhause war. Die Hausnummern und einige dazu gehörige Namen: Nr. 3 Fabrikant Traun; Nr. 6 der Direktor der Deutsch–Asiatischen Bank; Nr. 28 der Direktor der Mittelamerikanischen Plantagen–Gesellschaft; Nr. 50 Senator H. A. Holthusen (die große Villa von 1904 existiert nicht mehr); Nr. 122 der Direktor der Vulcan–Werke Hamburg–Stettin, jener Riesenwerft, die „die größten Schiffe der Welt" baute.

In den 1950er Jahren bestanden verschiedene Generalkonsulate: das von Nicaragua (Nr. 87), jene von Peru und Kuba (Nr. 125), das Königlich–Griechische (Nr. 24) und ein südafrikanisches „Passport Control Office" (Nr. 54).

Attentat im Konsulat

In der Heilwigstr. 125 besteht noch das Generalkonsulat der Dominikanischen Republik, nicht mehr das von Bolivien, das durch zwei Ereignisse überregional in die Medien kam.

1970 hatte hier der bolivianische Generalkonsul Roberto Quintanilla Pereira sein Amt angetreten. Hamburgs Polizeipräsident Dr. Günter Redding und SPD-Bürgermeister Herbert Weichmann empfingen ihn beim Amtsantritt und „Die Welt" urteilte: „Mit seinem südamerikanischen Charme und der höflichen Zuvorkommenheit kann er auf hanseatischem Boden sicher einiges erreichen." Man wunderte sich allerdings darüber, dass der Neuling im diplomatischen Dienst weder die deutsche noch die englische Sprache beherrschte.

Rund ein Jahr später, am 1. April 1971, vormittags gegen 9.50 Uhr, betrat eine etwa 30– bis 35-jährige Frau das Konsulat. Sie gab mehrere Schüsse auf Pereira ab. Den 43-jährigen Bolivianer trafen vor den Augen seiner Frau zwei Pistolenkugeln in die Brust; er starb bald darauf im Krankenhaus Eppendorf.

„Victoria o Muerte"

Im fernen Bolivien übernahm die „Nationale Befreiungsarmee ELN" die Verantwortung für das Attentat: „Wir haben im Auftrag unserer gefolterten und toten Kameraden, im Auftrag der abgeschlachteten Bergleute und des gedemütigten und geplünderten Volkes gehandelt." Für die ELN als Verantwortliche sprach auch, dass sich am Tatort ein Zettel fand: „Victoria o Muerte", „Sieg oder Tod", stand darauf geschrieben.

Zwar verurteilte der Hamburger Senat den Anschlag, doch wurden in Absprache mit dem Konsularischen Corps keine Dienstflaggen auf Halbmast gesetzt. Zum einen war Pereira zum Zeitpunkt seines Todes gar kein Konsul mehr gewesen, denn seine Regierung hatte ihn zum 28. Februar 1971 abberufen. Zum zweiten wurde vor allem über die internationalen Medien mehr und mehr über den „Seiteneinsteiger" in den diplomatischen Dienst bekannt: Er war Geheimdienstchef gewesen, „Fachmann für Fahndungs- und Verhörtechniken", stellvertretender Innenminister, eng mit dem US–Geheimdienst CIA liiert. Quintanilla Pereira war, so hieß es, 1967 an der Gefangennahme und Ermordung des legendären Guerilla–Führers Ernesto Che Guevara beteiligt. Er stand im Verdacht, 1969 den bolivianischen Präsidenten Rene Barrientos getötet zu haben, weitere Morde wurden ihm angelastet. Hinzu kam die Verwicklung in ein illegales 50 Mio. US–Dollar–Waffengeschäft mit Israel. Offensichtlich wollte Pereira nicht mehr in sein Heimatland zurückkehren, sondern in der Bundesrepublik Deutschland politisches Asyl beantragen.

Trotz bundesweiter Fahndung entkam die Täterin. Die Herkunft der Tatwaffe, ein US–Colt „Cobra Special", war bald geklärt: Sie war in den 1960er Jahren von dem Mailänder Millionär und Verleger Giangiacomo Feltrinelli erworben worden. „Bild" wusste: „Der rote Millionär aus Italien war am Mordtag in Hamburg", doch bewahrheitete sich dies nicht (Feltrinelli kam 1972 unter mysteriösen Umständen ums Leben).

Mit der Zeit verdichteten sich die Hinweise, dass eine Frau namens Monika Ertl den Konsul a.D. in Hamburg erschossen hatte. Frau Ertl war die Tochter des NS–Filmemachers Hans Ertl, der nach 1945 in Deutschland nicht mehr tätig sein durfte und sich 1948 nach Bolivien absetzte. Monika Ertl schloss sich um 1968 der Guerilla der ELN an. Im Alter von 35 Jahren ist sie am 13. Mai 1973 von der bolivianischen Polizei bei einem Feuergefecht in einem Arme–Leute–Viertel von La Paz erschossen worden. Offensichtlich war sie wieder nach Bolivien eingereist, um ihren Nennonkel, den Nazi–Verbrecher Klaus Barbie, früherer Gestapo–Chef von Lyon, zu entführen („der Schlächter von Lyon" wurde später festgenommen).

Es gibt einen Dokumentarfilm von Christian Baudissin, „Gesucht: Monika Ertl", der auch vom Fernsehen ausgestrahlt wurde und in dem das Attentat in der Heilwigstraße nachgestellt wird. Jürgen Schreiber verfasste die Biografie „Sie starb wie Che Guevara" (2009).

„Konsul im Widerstand"

Ein zweites Mal noch strahlten die politisch unruhigen Zeitläufe in dem lateinamerikanischen Land bis nach Eppendorf aus. Das war 1980, als die durch einen Putsch an die Macht gekommene Militärjunta von Bolivien ihren Hamburger Generalkonsul Juan Emilio Sanchez (geb. 1928) absetzte. Sanchez ließ daraufhin vor dem Konsulat in der Heilwigstr. 125 halbmast flaggen, erklärte sich zum „Generalkonsul im Widerstand" und trat für 17 Tage in den Hungerstreik. Die Konsulatsgelder legte er bei dem SPD-Politiker und Notar Henning Voscherau fest. Sanchez fand breiteste politische Unterstützung in Hamburg, von der Jungen Union bis zur DKP. Als 1983 eine demokratische Regierung die Diktatur in Bolivien ablöste, wurde er wieder in sein Amt eingesetzt. Er amtierte bis 1985. Im darauf folgenden Jahr nahm sich Juan Emilio Sanchez vermutlich aus familiären Gründen (Tod des Sohns) das Leben.

Die Villa auf der Ziertasse

Der erwähnte, 0.7 Hektar große Seelemanns Park gegenüber den Klinkerbauten, in dem nun Samuel Heinicke auf dem Denkmal seinen hoffentlich letzten Standort gefunden hat, ist nach den Forschungsergebnissen von Armin Clasen „ein Denkmal der Frühgeschichte Eppendorfs", soll doch hier schon im 14. Jahrhundert der Domherr Hinrich Bantschow einen Sommersitz besessen haben. Über die Jahrhunderte hatte der „Lusthof" an diesem Ort viele Besitzer. Eine Abbildung des Sommersitzes, den „Michel"-Baumeister Ernst Georg Sonnin entwarf, findet sich mit der Aufschrift „Abendruh" auf einer Ziertasse. Letzter Besitzer von Villa und Garten war die Familie Seelemann. 1908 ist das Haus wegen der Hochbahnbaus und der Anlegung der Heilwigstraße ab-

Das vom Verkehr umtoste Heinicke-Denkmal wurde von der Ecke Ludolf-/Heinickestr. in Seelemanns Park versetzt.

gerissen worden; ein Teil des Geländes wurde Seelemanns Park. Dort steht heute der Granitstein des Bürgervereins in Erinnerung an 850 Jahre Eppendorf 1990.

„Sonderwelt" am Alsterufer

„Betreten des Grundstücks verboten" - das Schild am Eingang zu Eppendorfs einzigem Kloster, dem von St. Johannis in der Heilwigstr. 158–162, lässt keine Zweifel aufkommen: man möchte unter sich bleiben in jener „Sonderwelt der Hamburger Oberschicht", „einem Residuum eigener Art", wie es Hermann Hipp bezeichnet hat.

1986 haben die 70 Damen des Klosters samt SPD-Bürgermeister Klaus von Dohnanyi das 450-jährige Bestehen des Klosters in der nahen St. Johanniskirche gefeiert, doch ganz so alt sind jene Gebäude im Dreieck zwischen der Alster und den Bahnlinien von U 1 und U 3 natürlich noch nicht. Ein Damenstift bestand noch seit 1834 am Klosterwall, bis die Stadtsanierung kam: "Die Riesin Großstadt wächst sich aus und kennt keine Widerstände für ihr Wachstum" (Kloster–Chronik).

56 Entwürfe lagen 1912 für den Kloster–Neubau an der Heilwigstraße vor, wobei der Jury u.a. auch Martin Haller, der Rathaus–Architekt, Baudirektor Fritz Schumacher sowie die Architekten Werner Lundt und Otto Wöhlecke angehörten. Ludwig Endresen gewann mit seinem Konzept „Die Gärten nach der Alster" den Wettbewerb und bekam – beraten von Haller - den Auftrag für die Bauausführung gemeinsam mit seinem Firmen–Kollegen Richard Kahl. Was beide im historisierenden Stil am Alsterufer aufbauen ließen, erinnert teils an englische Landhäuser und norddeutsche Klöster und fand seinerzeit größte Zustimmung:

KLOSTER ST. JOHANNIS ZU HAMBURG

Die Jungfrau
eheleibliche Tochter des Herrn geboren am
Frau eingeschrieben als Expectantin des und der
Klosters St. Johannis am ist, nachdem sie der Reihenfolge nach zur Hebung gelangt
ist und das Eintrittsgeld von ein tausend acht hundert und sechzig Mark entrichtet hat, als Konventualin des Klosters aufgenommen worden. Dieselbe hat, so lange sie im jungfräulichen Stande bleibt, die pränumerando in vierteljährlichen Terminen fälligen Renten zu empfangen, zuerst am
19.., auch wird derselben der Genuß der steigenden Einnahmen nach Maßgabe der geltenden Bestimmungen, sowie das Beneficium einer freien Wohnung im Kloster, wenn die Reihe an sie kommt, ohne weitere Gelderlegung zugesichert.
Von der somit als Konventualin des Klosters St. Johannis aufgenommenen und bestätigten obengenannten Jungfrau hegen wir das Vertrauen, daß sie sich durch ein christlich, Gott gefälliges Leben diese Stellung und die damit verbundenen Einkünfte erhalten werde.
Urkundlich dessen haben wir diesen Brief für uns und unsere Nachfolger ausfertigen und demselben des Klosters gewöhnliches Insiegel beidrucken lassen.
So geschehen Hamburg, den 19

„Von der Alster aus gewährte der Blick auf die ganze Anlage das Gefühl vollster Befriedigung. Wundervoll behaglich wirkt die an alte Hamburger Patrizierhäuser erinnernde große Diele mit Eichenpaneelen. Der Klostergarten führt stufenweise bis an die Alster hernieder, von der leise das Rauschen der Wellen ertönt, während rechts und links vom Kloster die Züge der Hochbahn vorübersausen: Die neue Zeit umrahmt ein schlichtes, schönes Bild aus ferner Vergangenheit", urteilte ein Berichterstatter.

Die Einweihung war am 11. Juli 1914 und ins Damenstift zog die weibliche Creme de la creme der Hamburger Gesellschaft ein, man vergleiche deren Namen mit Straßen-Benennungen: Sieveking, de la Camp, Siemssen, Bubendey, Fölsch, Matthei, Sillem etc..

Das Anrecht auf einen Platz im evangelischen St. Johannis–Kloster wurde den Damen teils schon in die Wiege gelegt. Der ehemals amtierenden Stiftvorsteherin „Ehrenwerte Jungfrau Domina" Camilla Luise Gruner z.B. hatte der Großvater Gaedechens bereits zum zweiten Geburtstag den „Klosterbrief" (Kaufpreis 300 Mark) vermacht. Damit war sie „Expektantin" für einen Kloster–Platz und konnte, bei Zahlung von weiteren 1.700 Mark, im Alter von 30 Jahren zur „Konventualin" aufrücken, sofern sie ledig war. Mit der „Hebung" im 60. Lebensjahr erfolgte dann die Aufnahme in die Stiftgemeinschaft und der Bezug einer von 22 Zweieinhalb–Zimmer–Wohnungen im „Konventualinnenhaus" (Licht, Heizung sowie eine kleine Rente waren frei).

Bedingung: „Der jungfräuliche Stand"

„Der jungfräuliche Stand der „Konventualinnen" ist die Bedingung für den Genuss der ihnen vom Kloster zustehenden Rechte", hieß es, und das wurde sehr ernst genommen. So wurde noch vor dem Umzug in die Heilwigstraße einer „Expektantin", die ein uneheliches Kind geboren hatte, die „Hebung" verweigert. Einer anderen ledigen Mutter sperrte man die Rente, woraufhin die durch alle Instanzen klagte, bis dann das Oberlandesgericht zu ihren Ungunsten entschied: "Der Verlust des jungfräulichen Standes zieht auch den Verlust aller Anrechte und Ansprüche an das Kloster nach sich".

Wer eine Ehe einging und in dieser Gemeinschaft verwitwet zurückblieb, konnte in das gesonderte „Witwenhaus" einziehen, wo ursprünglich Wohnungen für 15 Frauen reserviert waren. Der „Klosterbrief", den das „HA" einmal sehr volkstümelnd und in Verkennung der Tatsachen als „Patengeschenk für Hamburger Deerns" klassifizierte, bot also Sicherheit für das Al-

„Sonderwelt der Hamburger Oberschicht": Das Kloster St. Johannis wurde 1914 eingeweiht.

ter. Camilla Gruner: „Als junges Mädchen schwor ich zwar: Niemals werde ich ins Kloster gehen! Aber als die englische Besatzungsmacht unser Haus am Nonnenstieg beschlagnahmte, war ich doch sehr froh darüber, dass mir hier eine Wohnung zustand."

„Eine Welt ging in die Brüche"

Die Stiftsidylle konnte allerdings nicht über all die Jahrzehnte aufrecht erhalten werden. Als der Krieg mit den Bomben 1942/43 nach Hamburg zurück kam, wurde auf Privilegien am Alsterufer keinerlei Rücksicht mehr genommen: Noch in der Nachkriegszeit zählte das Kloster 209 Bewohnerinnen und Bewohner; auch die Keller waren von Ausgebombten bevölkert. Die Damen mussten sich mit einem Zimmer als Bleibe begnügen. „Für die alten Fräulein, die nun plötzlich in ihr kleines Reich Familien hineingesetzt bekamen, und die etwas hilflos dem rauen Männerregiment gegenüberstanden, ging eine Welt in die Brüche" („HA").

Längst sind die „Eindringlinge" wieder ausgezogen. Ein Anrecht auf eine Wohnung mittels „Klosterbrief" (der die heutigen Kosten nie und nimmer decken würde) gibt es nicht mehr.

Dass das Kloster drei Hausnummern führt, ist auf die Aufteilung in Damenstift (Nr. 160), Witwenhaus (Nr. 162) und den Sitz des Klosterschreibers bzw. der Klosterschreiberin (Nr. 162) zurückzuführen.
An der Heilwigstraße leben heute alleinstehende Damen ab dem 60. Lebensjahr, 70 an der Zahl. Es gibt eine Warteliste, versprochen wird „eine ausgewogene Mischung aus Privatheit und nachbarschaftlichen Kontakten" (www.klosterstjohannis.de).

„Betreten des Grundstücks verboten", wie mitgeteilt: Also bleiben wir draußen vor der Tür dieser Insel einstigen alt-hamburgischen Bürgertums, denn den 32 Meter hohe Uhrturm mit der grünen Kuppel, die St. Johannis-Statue im Hof und die Wappen der Stifter und Förderer überm Portal (2. Bürgermeister William Henry O`Swald, Senator Johann Refardt, P.H. Nölting, Reeder Edmund J.A. Siemers) sehen wir auch vom Eingangsbereich. Und wer sich einmal andere Perspektiven des Kloster gönnen möchte, der kann ja ins Alsterschiff oder in die U-Bahn umsteigen.

Die emigrierte Bibliothek

Die etwas unscheinbare Tafel rechts vom Eingang des Klinkerhauses Heilwigstr. 114, das Eppendorfs „architektonischer Lokalmatador" Gerhard Langmaack plante, und das 1925–26 errichtet wurde, verweist auf die ehemals hier beheimatete Kulturwissenschaftliche Bibliothek Warburg, die am 1. Mai 1926 eröffnet worden war. Aby M. Warburg (1866–1929) aus der jüdischen Bankiersfamilie war nicht ins Geldgeschäft gegangen, sondern hatte sich als Kunsthistoriker einen Namen gemacht. Dank der Unterstützung des Bankhauses Warburg konnte er seit der Jahrhundertwende die Bibliothek aufbauen.

Joachim Poleÿ hat sich in der von Erich Lüth herausgegebenen Zeitschrift „Neues Hamburg" 1956 dieser Einrichtung erinnert: „Wem es je vergönnt war, in dieser ungewöhnlichen Bibliothek zu arbeiten, dem wird das noble Klinkerhaus in der Heilwigstraße und die Gastlichkeit privaten Aufgehobenseins unvergessen sein. Geordnet um die Mitte eines wohlproportionierten zweistöckigen Ovalsaals, waren die Räume bereit für den Besucher und boten ihm das unschätzbare Handwerkszeug eines universalen Geistes. Hob sich der Blick von der Arbeit, ging er durch hohe Fenster auf Garten, Weiden und Alsterlauf. Man kam direkt zu den Büchern. Ohne Bestellzettel. Das gab den Reiz des Privaten und darüber hinaus die Freiheiten persönlicher Orientierung am komplexen Zusammenhang der Sachgebiete, nach denen die Aufstellung gerichtet war."

„1933 wurde die Bibliothek nach London gebracht", berichtet der Tafel-Text am Haus sehr verkürzt, denn es war ja nun nicht so, dass diese bedeutende Institution aus freien Stücken von Hamburg weg verlagert wurde. Die ersten Boykottmaßnahmen der Nazis gegen die jüdische Bevölkerung hatten deutlich gemacht, dass möglicherweise auch die Warburgsche Bibliothek, da jüdisches Eigentum, bedroht sein könnte. Der damalige Leiter, der österreichische Kunsthistoriker

Die St. Johannis-Statue im Hof des gleichnamigen Klosters.

Prof. Fritz Saxl (der später ebenfalls nach Großbritannien emigrierte), führte zwecks Standortwechsel erste Gespräche mit Rom und Leiden in den Niederlanden. Im Juli und Oktober 1933 kamen britische Wissenschaftler in die Heilwigstraße, um sich vor Ort genauer zu informieren. Nachdem sich auf der Insel ein Komitee zur Übernahme des Warburg-Bibliothek gegründet hatte, war die Übersiedlung ins Thames House in Millbank möglich. Vorher aber forderten Hamburgs Nationalsozialisten noch ihr „Lösegeld" ein: 2.000 Bände zum 1. Weltkrieg mussten in der Stadt bleiben.

Das Konzept „Die Gärten nach der Alster" gewann beim baulichen Wettbewerb um den Neubau des Kloster St. Johannis.

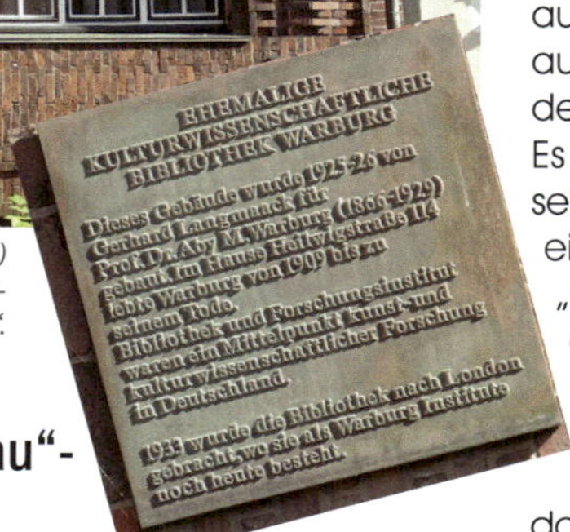

1933 wurde der Bestand der Kultur-wissenschaftlichen Bibliothek Warburg (K. B. W.) nach Großbritannien gebracht. Das Haus der Aby-Warburg-Stiftung an der Heilwigstraße dient heute „der Förderung der Wissenschaft".

Am 12. Dezember 1933 fuhren die beiden kleinen Dampfer „Hermia" und „Jessica" mit 60.000 Büchern und Tausenden Photographien aus der Heilwigstraße elbabwärts gen England. Dort ist die Bibliothek seit 1944 als „The Warburg Institute" Bestandteil der University of London (z.Z. 300.000 Bände, über 300.000 Fotos, http://warburg.sas.ac.uk/home/).

„Für Hamburg ist der Verlust eine der tiefsten moralischen Schädigungen und Beschämungen, die das Dritte Reich unsere Stadt hinterlassen hat", schrieb Joachim Poleý. Prof. Dr. phil. Aby Warburg, der Privatgelehrte, hat diesen 12. Dezember 1933 nicht mehr erlebt, nachdem er 1929 63-jährig verstarb.

Die „tagesschau"-Premiere

In den 1950er Jahren war am Ort der Warburg–Bibliothek die Redaktion der „Neue Deutsche Wochenschau" (NDW) ansässig, die damals fester Bestandteil vieler Kino–Programme war. Die erste „Tagesschau"-Sendung als Testlauf stellten am 4. Januar 1952 dort im Keller ein Redakteur und zwei Cutterinnen aus NDW-Material zusammen. Per U-Bahn brachten sie den Film von der Kellinghusenstraße zum Heiligengeistfeld, wo die Premieren-Sendung aus dem Bunker ausgestrahlt wurde.

Repräsentative Villa von 1906: Das Haus Heilwigstr. 52 beherbergt heute das „Medienhaus" von Thomas Wegner.

Die Stadt Hamburg kaufte das Gebäude 1993 für 4,9 Mio. DM, ließ es für 2,5 Mio. renovieren und übergab es 1995 der Aby-Warburg-Stiftung „zur Förderung der Wissenschaft" (www.warburg-haus.de).

Das „Weiße Haus" der Filmstars

Heilwigstraße und „Filmstadt Hamburg": ein anderes Kapitel spielte im denkmalgeschützten „Weißen Haus", der schönen Villa Nr. 52 mit ihrem repräsentativen Portal (1906, Arch.: Johannes Grotjahn). So wohnten Stars und das waren hier in den 1950er Jahren der Regisseur Geza von Cziffra (1900–1989) und die Schauspielerin Vera Molnar (1923–1986). Film–Prominenz im Viertel war (und ist) den Eppendorfern dabei nichts Neues, hatten sich doch schon 1919 zwischen Alsterkrugchaussee und Metzgerstraße an der Alster auf einem 18.000 Quadratmeter–Gelände die Vera–Filmwerke GmbH etabliert. Es gab dort in Alsterdorf 200 Meter Wasserfront für Strandszenen, ein Glasatelier, eine Kopieranstalt - und Stars. Bericht des „Film" von 1919: „Vom frühen Morgen an pilgerten alt und jung zu der Fabrik der Vera–Filmwerke hinaus. Kaum war das Ereignis (Anm.: ein Autorennen) gedreht, als das Publikum wie wild auf das Gitter zustürzte, das die parkartigen Anlagen der Fabrik umgibt". Ausschnitte von Dreharbeiten kann man unter www.filmmuseum-hamburg.de/224.html im Internet sehen.

Der Bankier Willi Sick, Schokoladen–Fabrikant Julius Wichmann, dessen Schwager Schaumburg (seine Tochter Vera war Namenspatin der Filmproduktion) und Albert Aronson hatten das hanseatische „Hollywood" vor Eppendorf begründet. Vor dessen Kameras standen Emil Jannings, Gustav Gründgens, Fritz Kortner u.v.a.m.. 1930 brach mit dem Bankhaus Sick auch die Filmproduktion zusammen. Die letzten Pfeiler des Ateliers wurden am 29. Juni 1937 gesprengt. Am selben Tag verunglückte Vera Schaumburg in der Schweiz tödlich.

Die Villa Heilwigstr. 52 (Denkmalschutz) erwarb als „Medienhaus" Thomas Wegner (geb. 1948), der seine Elektronik-Kaufhäuser „Schaulandt" 1987 für 15 Mio. DM an „Hertie" verkaufte. Das Erdgeschoss der restaurierten Villa, in der ehemals „Reiskönig" Wilhelm Theodor Webher lebte, kann heute für Veranstaltungen und Ausstellungen gemietet werden (für den Zeitraum von 9 bis 22 Uhr z.B. für 50 Personen für den Preis von 4.000 Euro). 1993 z.B. fand dort die „Hamburger Mediale" statt, es gab eine Galerie für Video-, Klang- und Lichtkunst, die Halle schmückt ein Videochandelier (1995) von Nam June Paik. Wer das Anwesen auf der Alster passiert, erkennt dort seit 2009 die am Bootssteg platzierte Metallskulptur „Wal".

Letzte Adresse vor Auschwitz

Wo die St. Benedictstraße die Heilwigstraße kreuzt, gegenüber dem Heilwig-Park, besteht eine „runde Ecke", ein roter Backsteinbau mit der doppelten Hausnummer 46: der linke Eingang zählt zur St. Benedictstraße, der rechte zur Heilwigstraße. Hinter letzterer Tür, „behütet" von einem Engelchen und der Darstellung zweier Hundeköpfe, hatten in den 1930er Jahren die Geschwister Lehmann gelebt: Richard (+ 1940) als Privatier, Grete (+ 1939), Cläre bzw. Klara (geb. 1874), die gelegentlich in der Oberrealschule Eppendorf aushalf, und Anna (geb. 1878).

Nazi-Aufmarsch in der Heilwigstraße: Das Haus hinter der Hakenkreuz-Fahne, Nr. 46, war ehemals eine jüdische Grundschule und danach ein sog. „Judenhaus" (Eppendorfer Bürgerverein).

Anna leitete eine private Grundschule, die 1930 von 110 Kindern besucht wurde. Ihre Schwester Cläre war im Vorschulunterricht engagiert. Die jüdische Grundschule Heilwigstr. 46 wurde zum 1. Januar 1940 aufgelöst. Als die Schwestern Cläre (67) und Anna Lehmann (63) für den 6. Januar 1942 eine Vorladung der Gestapo erhielten, nahmen sie sich an diesem Tag das Leben. Aus dem Bericht der Kriminalpolizei: „Im vorliegenden Falle handelt es sich um einen einwandfreien Selbstmord der Jüdinnen, die anscheinend nicht ins Ghetto wollten."

Das Gebäude Heilwigstraße 46 war ein sog. „Judenhaus" - ein Begriff der Geheimen Staatspolizei für jene Gebäude, in die bis zum April 1942 fast alle in Hamburg verbliebenen jüdischen Bürger, damals noch etwa 2.400, einziehen mussten. Die Verwaltung und Bewirtschaftung dieser Häuser wurde dem Jüdischen Religionsverband auferlegt. Damit die anderen Bewohner der Heilwigstraße und Passanten wussten, wer hinter der Tür von Nummer 46 lebte, bestand seit 15. April 1942 die Vorschrift, neben den Namensschildern an der Wohnungstür einen Judenstern (schwarz gedruckt auf weißem Papier) anzubringen.

Abgesehen von den Geschwistern Lehmann hatte niemand, der 1941/42 in der Heilwigstraße einziehen musste, diesen Wohnort freiwillig gewählt. Und: Dieses „Judenhaus" war für alle Bewohnerinnen und Bewohner der letzte Wohnsitz in Hamburg.

Es waren zehn Menschen, die sich die Räume teilen mussten. Mary Fraenkel, geboren in New York, und Sophie Schwarz hatten zuletzt einen Modesalon in der nahen Oderfelder Str. 21 besessen. Paul Mendel, ehemals Bankdirektor, dessen Vorfahren in Hamburg erstmals um 1780 nachgewiesen waren, wurde mit Ehefrau Anna im Februar 1942 in das Haus eingewiesen. Zuvor hatten die beiden Loogestieg 17, Loogestieg 10 und Isestr. 115 gelebt. Julius Polack war Inhaber einer Export-Agentur in der Altonaer Klopstockstraße gewesen. Hedwig Grünewald musste aus der Haynstr. 23 hierhin ziehen und traf dort ihre Schwägerin Clara wieder. Dr. med. Berthold Jungmann hatte zuvor fast drei Jahrzehnte lang als Arzt für Frauenkrankheiten und Geburtshelfer in der Eppendorfer Landstr. 36, (Hochparterre) praktiziert. Das greise Fräulein Levi (geb. 1864) zog in der Heilwigstraße ein, die Witwe Anna Kallmes aus der Hansastraße und auch die 20jährige Edith Meyer.

Fräulein Levi nahm sich am 15. Juli 1942 im Alter von 78 Jahren das Leben, nachdem drei ihrer Mitbewohner bereits aus ihrem letzten Zuhause vertrieben worden waren. Die 20jährige Edith Meyer musste sich im November 1941 im Logenhaus in der Moorweidenstraße im Grindel-Viertel einfinden. Mit 406 anderen Menschen wurden sie nach Minsk in Weißrussland deportiert; drei überlebten, sie war nicht darunter. Am 11. Juli 1942, wenige Tage vor dem Tod des Fräulein Levi, mussten sich die Witwe Anna Kallmes (59) und Fräulein Hedwig Grünewald (52) zum sog. Sammelort, dem Jüdischen Gemeinschaftshaus Hartungsstr. 9–11, den heutigen Kammerspielen, begeben. Beide wurden in das KZ Auschwitz deportiert.

Als sie das Fräulein Levi gerade begraben hatten, mussten auch fast alle anderen Bewohner das Haus Heilwigstraße 46 für immer verlassen: Von der Volksschule Schanzenstr. 120 aus wurden sie in das KZ Theresienstadt (Terezín im heutigen Tschechien) deportiert, wo Mary Fraenkel (68) und ihre Geschäftspartnerin Sophie Schwarz (64), Paul Mendel (68), und Dr. Berthold Jungmann (73) umgebracht wurden. Clara Grünewald (59), geborene Frank, ist am 23. Juni 1943 mit 107 anderen Männern und Frauen von Hamburg nach Theresienstadt transportiert worden und nie mehr zurück gekehrt.

Der Bischof, der ausziehen musste

Ob die Nachbarn sie damals gesehen haben in der Heilwigstraße, die Juden mit dem gelben Stern vom Haus Nr. 46? Und was mag sich der ab 1934 als Hamburger Landesbischof amtierende Franz Tügel (1888-1946) gedacht haben, der in nächster Nachbarschaft Heilwigstr. 39, lebte, für ihn ein Ort, den er im Krieg „am Rande von Eppendorf wie eine Insel des Friedens mitten in der Verderbensflut" empfand? Das „Hauptkontingent" der KZ-Häftlinge hatte Tügel einmal als „Strolche und Banditen" bezeichnet.

Franz Tügel, der sich 1934, gekleidet ins Braunhemd der Nationalsozialisten, im Rathaus zum Landesbischof wählen ließ, war bereits 1931 zur NSDAP gestoßen (Mitglieds-Nr. 575 329). Er trat für die Partei seit 1932 als Gauredner auf und war ihr favorisierter Pastor bei Beerdigungen. 1937 will er die Partei verlassen haben. Am 18. Juli 1945 legte er sein Amt als Landesbischof nieder.

Tügel musste die Heilwigstraße verlassen und zog in Zimmer 32 des „Hilfskrankenhauses Bethanien", Beim Andreasbrunnen 6, in Eppendorf ein. Aus einem seiner Briefe von dort: „Meine eigene Not, ohne Heim und Möbel sein zu müssen, während meine ganze Familie über die Stadt zerstreut ist und ich hier in einem engen Raum der Klinik eine Notzuflucht gefunden habe, erwähne ich nur, damit die Brüder im Bilde sind." Verstorben ist Franz Tügel 1946 "enttäuscht und verbittert", wie die Herausgeber seiner 1972 erschienenen Memoiren „Mein Weg" berichten.

O`Swalds Backstein - Schloss

Unübersehbar manifestiert sich Heilwigstr. 31 auf dem Eckgrundstück zwischen Isestraße und St. Benedictstraße Kaufmannsstolz: Der „Backstein-Palast" des Henry O´Swald, „einer hochgeschätzten Persönlichkeit des hamburgischen Außenhandels". O´Swald hatte die Villa 1907–08 von Paul Schöß planen lassen (der Architekt entwarf auch die Eckvilla Nonnenstieg 9). Kunsthistoriker Hermann Hipp schreibt von „einer fast extremen Spielart der Reformarchitektur als Backsteinrohbau mit betont ungewöhnlicher Dachsilhouette".

Das Handelshaus Wm (dies steht für William) O`Swald & Co., Import und Export, ehemals mit Sitz im „Levantehaus" Mönckebergstr. 7, hatte viel Geld im Afrikahandel gemacht. 1857 erreichte es beim Hamburger Senat, dass die britische

Backstein-Schloss von 1908: Das Handelshaus Wm O' Swald & Co machte sein Vermögen im Afrikahandel.

Regierung die Firmen-Interessen dort schützte. Henry O`Swald, der Hausherr in der Heilwigstraße, vertrat die Firmen-Interessen über ein Jahrzehnt lang in der damaligen Kolonie Deutsch-Ostafrika und Madagaskar; der Einfachheit halber war er dort auch deutscher Konsul. Im 70. Lebensjahr ist er 1938 verstorben. Seine Witwe Marion O`Swald war eine gebürtige Godeffroy, womit wir gleich beim nächsten Handelsherrn der Heilwigstraße wären: Ernst Godeffroy (1884-1963), der im Haus Nr. 32 wohnte. Die Godeffroys hatten ihr „Handelsimperium" in der Südsee etabliert; Johann Cesar Godeffroy VI. trug denn auch den Beinamen „der Südseekönig". Ein Relikt Godeffroy`schen Reichtums ist der Nienstedtener Hirschpark mit dem klassizistischen Landhaus Elbchaussee 499. Der „Heilwigstraßen-Godeffroy" hatte sich aufs Reedereigeschäft verlegt. Auch politisch hat er sich engagiert, war 1932 für die bürgerlichen Deutsche Volks-Partei (DVP) in die Bürgerschaft gewählt worden. 1933 ist er zur NSDAP übergewechselt.

Simms, der Sammler

Die (kriegszerstörte) Villa Nr. 29 neben O´Swalds Backstein-Schloss hatte sich der Bier-Exporteur Henry B. Simms (1861-1922) 1905/06 bauen lassen – sie war eher Kunstmuseum als Wohnhaus. Simms besaß zeitweise die umfangreichste aller Sammlungen von Bildern von Lovis Corinth. Wenig schmeichelhaft äußerte sich Kunstschriftsteller Schiefler über den „allzu smarten Geschäftsmann": „Er betrieb den Erwerb von Bildern gleichsam als Großhändler. Selten schaffte er von einem Künstler ein einzelnes Gemälde an. Im ganzen machte die Sammlung nicht den Eindruck einer liebevoll getroffenen Wahl; sie hatte in ihrem schnellen Wachstum etwas Gewaltsames, Gewolltes, Geschwollenes." Immerhin hielt Schiefler dem Henry B. Simms zugute, dass er schon früh Picasso entdeckte und auch den Berliner Maler Max Beckmann.

Zum eigentlichen Anfang der Heilwigstraße hin werden die Villen teils noch schöner und prächtiger. Unter Nr. 17 bis 25 wurden die Häuser, wie Prof. Hipp herausfand, zwischen 1897 und 1899 „auf Vorrat" gebaut: Architekten und Bauunternehmer stellten die Villen auf eigene Rechnung erst einmal fertig, um sie dann zum Verkauf anzubieten. "Vor dem ersten Weltkrieg entstanden in Hamburg die meisten bürgerlichen Wohnhäuser durch spekulativen Vorratsbau" (Hipp).

Bronzereliefplatte am Granitfindling: „Hier dichtete Friedrich von Hagedorn."

Zum Ende „noch ´n Gedicht"

Die Heilwigstraße verabschiedet sich nun sozusagen von der Öffentlichkeit, wird sehr privat, eine gepflasterte Sackgasse. Der Autostrom fließt, nichts von all der Heimeligkeit hier ahnend, vorbei. Unter großen Bäumen und vor großen Villen geht man auf die Alster zu und ihre kleine Bucht, das „Schiffsloch" am Eichenpark.

Am Ende der Straße lebte unter Hausnummer 1 zeitweise der Schauspieler Heinz Erhardt, und was liegt näher, als „noch´n Gedicht" zu zitieren, hier nun aus der Ode „Harvestehude" des Rokoko-Dichters Friedrich von Hagedorn:

„Hier gehet in gewölbten Lüften
Die Sonne recht gefällig auf
Und lachet den
beblümten Triften
Und sieht mit Lust
der Alster Lauf."

Von Hagedorn ist im Eichenpark, der dort ist, wo die Alster zur Außenalster wird (Auswärtige meinen oft: zum See), ein Denkmal gesetzt worden. Der Granitfindling mit der Bronzereliefplatte von Carl Börner von 1897 steht zum Harvestehuder Weg hin. „Hier dichtete Friedrich von Hagedorn * 1708 + 1754", ist zu lesen, und da sitzt er auch , hat Spazierstock und Hut abgelegt, ein Segelboot fährt im Hintergrund dahin. Börner hat auf der Plakette Bäume abgebildet, aber das könnten auch Berge sein, doch ist die Alster ja nicht der Vierwaldstätter See.

Das verspätete Denkmal

Ein weiteres Monument vor Ort ist „Die Ätherwelle" im Gedenken an Heinrich Hertz, geschaffen von Friedrich Wield (1880-1940) in den Jahren 1931 bis 1933 im Auftrag des Hamburger Senats. Da Hertz Jude war, verhinderten die Nazis die Aufstellung des Kunstwerks und der Bildhauer erhielt kein Honorar. 1940 nahm sich Wield das Leben. Erst 1994 kam es, ein Tonmodell von 1933 existierte noch, auf Drängen der Nacherben zur Aufstellung des Denkmals.

Park und „Schiffsloch", in das ein kleiner Bootslandessteg hineinragt, sind ein idyllisches Plätzchen. Nahebei führt die von Fritz Schumacher (und dem Hamburger Oberbaudirektor Gustav Leo aus Eppendorf) 1927–28 konzipierte klinkerne Krugkoppelbrücke hinüber. In dieser Gegend schlug der Dänenkönig Christian IV. im 30-jährigen Krieg sein Feldlager auf, und auch auf und unter der Brücke wurde

Geschichte gemacht, zumindest aus Sicht der DDR–Historiker: „Der Kampf um die Krugkoppelbrücke" wurde der Leserschaft der verschwundenen Ost–Republik als „wagemutiger, von Massenaktionen geschützter bewaffneter Kampf um die Errichtung eines deutschen Arbeiter- und Bauernstaates" nahe gebracht.

Der Kampf um die Krugkoppelbrücke

Was da mit reichlich Pathos geschildert wurde, war eine Episode des Hamburger Aufstands vom Oktober 1923. Hunger, Inflation und hohe Arbeitslosigkeit hatten jenen mehrtägigen Aufruhr zur Folge, den die Hamburger KPD entgegen der Weisung der Zentrale im Alleingang betrieb. „Die erste Nachricht vom losbrechenden Gewitter" hatte der Chef der Ordnungspolizei und spätere SPD–Polizeisenator Lothar Danner in den frühen Morgenstunden des 23. Oktober 1923 von eben dieser Krugkoppelbrücke erhalten. Um 4.45 Uhr hatte sich ein Teil der Aufständischen unter der Parole „Generalstreik!" am Winterhuder Marktplatz gesammelt. Gegen 6 Uhr morgens besetzten die Arbeiter die Brücke. Die Polizisten im Eppendorfer Revier 20 an der Friedenseiche übrigens hatten sich beizeiten verschanzt und konnten einen ersten Ansturm abwehren.

Die Krugkoppelbrücke aber war fest in der Hand eines Trupps unter Führung des Kommunisten Ernst Thorell. Ein Polizeioberwachtmeister, der zufällig des Weges kam, wurde entwaffnet und gefangen genommen, konnte aber bald nach Harvestehude flüchten. Ordnungspolizei-Chef Danner befahl „den Sturm auf die Krugkoppelbrücke: die Brücke ist zu säubern, indem wir dem Gegner in den Rücken kommen," denn man wollte rasch Barmbek als Zentrum der Unruhen erreichen. Die Polizisten der Wache 19 aus der Oberstraße aber waren erst einmal zu wenige und mussten kehrt machen. Über Maria–Louisen–Brücke und Leinpfad rückte daraufhin die 2. Radfahrerbereitschaft der Polizei an und konnte unter der Brücke mehrere Bewaffnete festnehmen. Der Kommunist Ernst Thorell verlor bei dieser Polizeiaktion ein Auge.

Der Hamburger Aufstand von 1923 kostete über 100 Menschen das Leben. 61 „Zivilisten" kamen um, 24 Aufständische und 17 Polizisten. Die Justiz eröffnete gegen 1.734 Personen Strafverfahren. Ernst Thorell, Anführer der Krugkoppelbrücke–Besetzung, wurde bereits vier Tage nach den Ereignissen am 27 Oktober 1923 „wegen Teilnahme an einer Zusammenrottung und wegen Mordversuchs" (er hatte auf einen Polizisten geschossen) zum Tode verurteilt. SPD-Reichspräsident Friedrich Ebert wandelte die Strafe im Gnadenwege zu zehn Jahren Festungshaft um, im Wiederaufnahmeverfahren wurde Thorells Strafe auf vier Jahre verkürzt.

Politisch zahlte sich der Aufstand für die Hamburger KPD aus: bei der nächsten Wahl gewann sie doppelt soviel Stimmen wie zuvor, eine Honorierung ihrer Radikalität in der Krisenzeit.

Das war der Bericht vom Kampf im Morgengrauen um die Krugkoppelbrücke. So hat eben jedes Stück und Stückchen Hamburg seine Geschichte und Geschichten.

150 leere Wohnungen – da kamen die Hausbesetzer

Würde man einen kleinen Abstecher von der Heilwigstraße unternehmen, so könnte man u.a. Kunhardtstraße und Kellinghusenstraße erreichen. Anfang der 1980er Jahre standen dort und anderswo in Eppendorf etwa 150 Altbauwohnungen leer.

„Platzhirsch", was Eppendorfer Immobilien anging, war die Firma Ruppert, begründet vom aus Thüringen gebürtigen Zimmerei-Besitzer J. W. Ruppert, zuerst hier im Schrammsweg wohnhaft. Von 1920 bis 1930 entstanden nach dem Geländekauf Wohnblöcke an der Kellinghusenstr., Kunhardtstr. und am Faaßweg. Die Steuerfreiheit für Mieteinnahmen aus bezugsfertigen Wohnungen führte Anfang der 30er Jahre zum Wohnungsbau an Hayn-, Breitenfelder-, Lenhartzstr. sowie am Robert-Koch-Stieg. So besaß die Fa. Ruppert einen stattlichen Wohnungsbestand im Viertel.

Das „HA" berichtete über den damaligen Eigentümer, den baugewerblichen Architekten und Dipl.-Ing. Heinz Ruppert (er verstarb am 4.12.1981 im Alter von 58 Jahren an seinem Wohnort in der Schweiz): „Er ließ Wohnungen aus spekulativen Gründen leer stehen, um sie abzureißen und neu zu bauen (...) Oder aber er ließ Mietwohnungen unbewohnt, um sie als Eigentumswohnungen besser verkaufen zu können." Die Zeitung bezeichnete ihn als „Wohnungsspekulant" und „größten Privatvermieter Hamburgs" (1982).

Ruppert dagegen argumentierte im NDR-Fernsehen: „Mit alten Häusern kann ich keine Gewinne machen." Sein Prinzip: Den Wohnraum verfallen lassen, eine Abbruchgenehmigung einholen und neu bauen.

Der Eppendorfer Leerstand rief Demonstrationen und Hausbesetzungen hervor. Bereits 1976 hatte sich eine Mieterinitiative Eppendorf gegründet. Am 23. März 1981 wurde das Gebäude Kellinghusenstr. 10 besetzt: Acht Männer und eine Frau wurden festgenommen (und vor Gericht freigesprochen, weil in dem – tatsächlich vorherrschenden – „großen Durcheinander" nicht festgestellt werden konnte, wer denn nun wirklich Hausfriedensbuch begangen hätte). Für ca. 20 Minuten hielten sich Hausbesetzer (vier Frauen und sechs Männer im Alter von 23 bis 40 Jahren) auch in der Lenhartzstr. 33 auf. Als sich am 13. Juni 1981 Demonstranten in sieben leerstehenden Wohnungen in der Eppendorfer Landstr. 89 einfanden, kam sogar SPD-Innensenator Alfons Pawelczyk vor Ort. Er, der sonst unter Einsatz der Polizei eine sehr harte Linie gegen Hausbesetzer verfolgte, stellte fest, die Besetzer seien in eine noch bestehende Mietwohnung eingeladen worden – „da kann ich die ja nicht rausschmeißen."

Bezirksamtsleiter Werner Weidemann (SPD) gelang es 1982, in einem Vergleich mit den Ruppert-Erben den Missständen eine Ende zu bereiten. Die Wohnhäuser Kunhardtstr. 1-4, Kellinghusenstr. 8-10 und Eppendorfer Landstr. 89 blieben erhalten, wurden renoviert und neu vermietet. Allerdings: den Block Kunhardt-/Kellinghusenstr. verkaufte Ruppert, dort entstanden zum Großteil Eigentumswohnungen nach dem Bauherrenmodell.

Ruppert Immobilien GmbH & Co KG hat heute seinen Sitz im prächtig renovierten Jugendstil-Gebäude Eppendorfer Landstr. 89, das ursprünglich ebenfalls dem Verfall preisgegeben werden sollte.

„Es stand für uns fest, dass wir auswandern mussten“

Das Viertel „jenseits von Eppendorf“, dazu gehören Gaedechensweg, Arnold-Heise-Str. (früher Godeffroystr.), Geffckenstr., ist bislang in der Geschichtsschreibung eher übersehen worden. Wobei auch dieses ein Teil des Schmuckstücks Eppendorf darstellt, mit zahlreichen schönen Einzelvillen.

Auch der Trummersweg gehört dazu, mit seinen wenigen Adressen und der Hausnummer 6. Tatsächlich war diese ehemals ein Einzelgebäude (das Haus daneben entstand erst später). Im April 1914 – Wohnfläche 511 qm, Bauplatz 334,2 qm -, zog dort als Bauherr der jüdische Facharzt Dr. med. Josef Hope (27.10.1869 Bielefeld - 29.12.1923 Hamburg) mit Ehefrau Fanny (Franziska) geb. Falk (geb. 16.2.1875 Tuchel/Pommern – 27.3.1964 Oakland) ein. Dr. Hope, der als „Spezialarzt für Geschlechts-, Haut- und Nervenkrankheiten" firmierte, führte seine Praxis in der Großen Theaterstr. 37 im Zentrum der Stadt. Nach dem Tod des Mediziners war Witwe Fanny alleinige Eigentümerin der Villa. .

Familie Hope noch in der deutschen Heimat: v.l. Fanny Hope, ihr Sohn Fritz, dessen Tochter Gerda, Mutter Ruth, Tochter Josefa und Ruths Mutter Liesbeth Feitelberg aus Berlin (John D. Hope).

1926 zog Sohn Dr. med. Fritz Hope (26.4.1900 Hamburg - 1.4.1982 Oakland) hinzu. Er hatte von 1918 bis 1923 in Berlin, Frankfurt/M., Hamburg, München und Berlin studiert und 1923/24 als Medizinalpraktikant der Dermatologie an der berühmten Berliner Charité gearbeitet. In der Nachfolge des Vaters eröffnete er am 6. Mai 1924 die Praxis Große Theaterstr. 37. Zeitweise gab es eine Dependance Reeperbahn 163, ab Mitte der 30er Jahre war Jungfernstieg 24 der Sitz der Praxis, in der Haut- und Geschlechtskrankheiten und seelische Sexualleiden behandelt wurden, auch gab es das Angebot der Eheberatung. Nach der Heirat lebte Fritz Hope ab 1930 gemeinsam mit seiner Mutter, Ehefrau Ruth geb. Feitelberg (10.10.1905 Berlin – 10. Mai 1982 Oakland) und den Töchtern Gerda (geb. 1932) und Josefa (geb. 1933) sowie zwei Hausmädchen im Trummersweg. - Es sei an dieser Stelle vorweg genommen, dass Dr. Fritz Hope, auch als Fachbuch-Autor hervor getreten, in der NS-Zeit in seiner Praxis „Beschränkung und Verdrängung" erfuhr. Im Exil in den USA arbeitete er erst als eine Art „Praktikant" im St. Joseph's Hospital in San Francisco, ehe er das Examen in englischer Sprache am California State Medical Board ablegen und 1939 eine Privatpraxis in Oakland eröffnen konnte.

Die Flucht wird vorbereitet

Mit der Machtübernahme der Nationalsozialisten zeichnete sich für die jüdische Familie ab, dass es für sie keine Zukunft im Deutschen Reich mehr geben würde. Die Hopes bereiteten ihre Flucht aus Deutschland, die 1937 stattfand, sehr weitsichtig vor. Fanny Hope, die ihr Konto bei der 1841 gegründeten und 1938 arisierten privaten jüdischen Bank Simon Hirschland Essen-Hamburg am Ballindamm 27 besaß, belegte u.a. einen Großteil der Grundstücke im Familienbesitz mit Hypotheken. In Eppendorf waren dies Trummersweg 6 mit 10.000 RM, Heidestr. 13/15 mit je 12.000, Martinistr. 93 mit 10.000, Martinistr. 95 mit 12.000 RM, „da es für uns feststand, dass wir wegen der nationalsozialistischen Judenverfolgung auswandern mussten." Um ihr Vermögen zu retten, beteiligten sich die Hopes mit 125.000 RM über die Reedereien O. H. G. Johann M. K. Blumenthal und Walther Böge, beide Rödingsmarkt 52 in Hamburg, an Schiffsbau-Projekten der Neptunwerft Rostock. Jedoch konnten letztlich lediglich 33.600 RM in britischen Pfund ins Ausland transferiert werden.

Das Finanzamt fordert eine Reichsfluchtsteuer

Die Schiffs-Passage der United States Lines von Hamburg nach New York (sie führte weiter durch den Panama-Kanal nach Kalifornien) buchten die Hopes 1937 über die jüdische Firma Damenkonfektion Gebrüder Feldberg (Mönckebergstr. 15-17). Für die Schiffsreise nach USA mussten 1.750 RM bezahlt werden, für den Transport eines Teils des Mobiliars – darunter Biedermeier-Möbel und ein Bechstein-Flügel -, waren 2.655, 50 RM an die Spedition Gärtner & Co zu entrichten. Das Finanzamt Rechtes Alsterufer forderte von Frau Hope mit dem 11. Juni 1937 112.974, 25 RM an sog. Reichsfluchtsteuer.

Direktor sucht Villengrundstück

Mit dem Entschluss zur Emigration stand fest, dass das Haus Trummersweg 6 verkauft werden musste. Frau Hope wurde von ihrer Nachbarin, der Maklerin J. Roosen aus dem Trummersweg 2, an das Büro H. verwiesen. Ein Interessent für ein Villengrundstück in Hamburg war zu dieser Zeit Dr. Emil August Otto D. aus Harburg-Wilhelmsburg. Der Direktor der H. Schlienck & Cie. AG Hamburg und Handelsrichter hatte sich zur Ruhe gesetzt.

Makler H. offerierte 1936 verschiedene Objekte. Darunter war für 55.000 RM die stattliche Villa Adolf-Hitler-Str. 13 a (heute Bebelallee) in Hamburg-Alsterdorf, Besitz des früheren jüdischen Bürgerschafts-Abgeordneten und Rechtsanwalts Dr. Max Eichholz (geb. 1881) von der Deutschen Demokratischen Partei (DDP), der 1943 im KZ Auschwitz ermordet wurde. Im Angebot hatte H. auch das Haus Goernestr. 35 in Eppendorf, vermutlich Eigentum der Nachfahren des jüdischen Fußball-Pioniers Paul Koretz (1884-1926), ehemals Vorsitzender des SC Victoria, sowie das Gebäude Heilwigstr. 109.

Dr. D. entschied sich für das Haus Trummersweg 6, das am 28. Oktober 1936 per Kaufvertrag von Fanny Hope „als Bevollmächtigte der Nacherben Dr. Fritz Hope (Anm.: ihr Sohn) und Else Bibergeil geb. Hope (Anm.: die Tochter)" für 45.000 RM verkauft wurde. 35.000 Mark wurden in bar bezahlt, weitere 10.000 Mark für die Hypothek. Endgültig Eigentümer war die Familie D. mit dem 1. Februar 1937. Der neue Besitzer verstarb 1937. Witwe Maria D. und ihr Sohn Claus blieben nicht im Trummersweg wohnen, sondern verzogen in die Heimhuder Str. 80, später in die Goernestr. 45.

1939 mietete der bekannte Hamburger Architekt Rudolf Klophaus (1885-1957) die Villa, die er zufällig bei einem Spaziergang durch Eppendorf entdeckt hatte (er selbst lebte zuvor im 2. Stock von Rehhagen 4, heute Gustav-Leo-Str.). Klophaus, seit 1933 selbständig, konzipierte in Hamburg u.a. den Altstädter Hof in der Steinstraße (1937), das Pressehaus am Speersort 1 (1938) und die vier City-Hof-Hochhäuser beim Hauptbahnhof (1956). Der renommierte Kunsthistoriker Prof. Hermann Hipp schreibt: „Rudolf Klophaus gehörte in den Zwanziger Jahren zu den besten der gemäßigt modernen Hamburger Backsteinarchitekten."

Die Briten ziehen ein

Mit Kriegsende 1945 musste Mieter Klophaus ausziehen, denn das Haus wurde bis Februar 1949 von der britischen Armee beschlagnahmt. Die Familie lebte fortan bei einer Verwandten im Erdkampsweg in Fuhlsbüttel.

1948 war Fanny Hope erstmals aus Oakland, Kalifornien, nach Hamburg zurück gekehrt, um Wiedergutmachungs-Fragen zu klären. Am 15. Dezember 1949 wurde ihr Rückerstattungsverfahren gegen Maria D. eröffnet, die deren Sohn Claus, erst Rechtsassessor und dann promovierter Rechtsanwalt, vertrat.

In dem Verfahren vertrat Fanny Hope das United Restitution Office in Hannover. Ein Anwalt war ihr Schwiegersohn (verheiratet mit Tochter Else), der ehemalige Landgerichtsrat i. R. Dr. jur. Kurt Bibergeil aus Dessau, 1933 als „nichtarischer" Beamter dort entlassen. Nachdem Bibergeil nach Großbritannien emigriert war, änderte er seinen Namen laut „London Gazette" vom 5. Mai 1939 in „Beaver, Josef or Joseph Curt" um.

Was nun die Wiedergutmachung anging, berichten die Akten wie oft in derartigen Fällen von hässlichem Streit, Lügen und falschen Anschuldigungen.

Falsche Behauptungen

Die Hausbesitzer D., Mutter und Sohn, argumentierten als sog. Pflichtige: *"Die Herrschaft des Nationalsozialismus war nach Ansicht der Pflichtigen nicht ursächlich für den Verkauf des Grundstücks. Die an den Verkaufsverhandlungen Beteiligten hatten vielmehr den Eindruck, dass der Verkäuferin (Anm.: Fanny Hope) das Haus zu groß geworden war und sie außerdem nicht die Mittel besaß, es zu unterhalten" (Anm.: behauptet wurde eine „Verwahrlosung des Hauses") (...) „Die Pflichtigen wollen den moralischen Anspruch der Berechtigten auf Wiedergutmachung nicht verkennen. Sie werden daher zu jedem tragbaren Vergleich bereit sein. Die Pflichtigen haben selbst rassisch verfolgte Verwandte, die sie sogar im November 1938 auf dem Grundstück beherbergt und zu deren Auswanderung sie beigetragen haben."*

An anderer Stelle wurde behauptet, ohne dem „Beweisnotstand" nachzukommen: *„Die Antragstellerin hat (...) das Haus nicht auf Grund der nationalsozialistischen Verfolgungsmaßnahmen, sondern aus rein familiären Gründen – möglicherweise wegen einer Erbauseinandersetzung – verkauft."* Fanny Hope habe zudem Hamburg erst einmal nicht verlassen, sondern noch 1938 in der Straße Rehhagen 4 in Eppendorf gelebt – eine falsche Behauptung.

Die Makler Franz Th. H. and Alfred H. gaben am 20. Februar 1951 zu Protokoll: *"Frau Fanny Hope hat den Kaufpreis (...) aus freien Stücken auf 45.000 Mark herabgesetzt (...) Das Haus war seiner Zeit außerordentlich herunter gewirtschaftet (...) Es kann der Nachweis erbracht werden, dass parallele gleichwertige Grundstücke in derselben Lage aus arischem Besitz ebenfalls keinen höheren Kaufpreis erzielt haben."*

Das United Restitution Office dagegen erklärte: *„Der Kaufpreis war unangemessen niedrig. Der verstorbene Ehemann der Antragstellerin hat für den Grund und Boden und den Hausbau über 100.000 RM aufgewendet."*

Als Zeugin berichtete über den früheren Zustand des Hauses Martha Götz, von 1931 bis 1937 als Buchhalterin für den Grundbesitz der Hopes tätig (Frau Götz, Osterbekstr. 110, war in der Nachkriegszeit Bevollmächtigte von Frau Hope; später übte diese Funktion Friederike Eggers geb. Jacobsohn, Eppendorfer Landstr. 24, aus).

Bürgermeister gegenüber, Filmteam im Garten

Betont wurde, dass sich die Villa in einer ausgezeichneten Gegend befand und dass gegenüber, Gaedechensweg 16, der bis März 1933 amtierende Hamburger Bürgermeister Dr. jur. Carl Petersen (1868-1933) lebte. Der Garten des Anwesens Trummersweg 6 mit seinen Rosengängen und Lauben sei so schön gewesen, dass dort sogar eine Filmgesellschaft Aufnahmen machte. Bei der Flucht musste ein Großteil des wertvollen Mobiliars zurück gelassen werden, ebenso die Sammlung ostasiatischer Kunst und eine Zinn-Kollektion. Die Rechtsvertreter von Frau Hope: *"Da damals viel "Judengut" auf dem Markte lag, und bei den Auktionen ein Käuferring sich gegenseitig die Sachen zu Spottpreisen zuschlug, kamen alles in allem keine RM 2.000.- heraus"* – es fiel der Begriff *„Verschleuderung"*. Die Auktionen jüdischen Eigentums führte seinerzeit vor allem die Firma Carl F. Schlüter in Hamburg durch. Als das Gericht dort noch einmal nachfragte, antwortete Schlüter am 10. Mai 1957, man besitze für die Zeit vor 1939 keine Geschäftsunterlagen mehr.

Bereits am 10. April 1949 war der erwähnte Rudolf Klophaus mit seiner Familie wieder in den Trummersweg 6 eingezogen, nachdem er das Haus für zehn Jahre von Familie D. gemietet hatte. Der Architekt wandelte die Villa in ein Haus für drei Mietparteien um.

Ein Haus, drei Mietparteien

Am 17. November 1951 vereinbarten Hope und D., die Angelegenheit außergerichtlich zu klären. Würde sich ein Käufer für das Gebäude finden, sollte Frau Hope mit 20.000 DM abgefunden werden. Ein Verkauf allerdings erwies sich als unmöglich, da die Mieter aufgrund der in Hamburg nach dem Krieg vorherrschenden Wohnungsnot nicht ausziehen wollten. Neben den fünf Mitgliedern der Familie Klophaus im Parterre lebten im 1. Stock der Prokurist Richard Friedländer, in der NS-Zeit als Jude verfolgt, und seine Ehefrau, und im 2. Stock die Postassistentin Johanna Meyer und zwei weitere Frauen – insgesamt also zehn Personen.

„Zweifelhafter Kaufpreis"

Am 9. Februar 1953 beschloss die 1. Wiedergutmachungs-Kammer des Landgericht Hamburg die Rückerstattung des Hauses an Fanny Hope. *"Die Angemessenheit des Kaufpreises bleibt zweifelhaft"*; ursprünglich sei das Anwesen 60.000 RM wert gewesen. Die Besitzer D. könnten nicht beweisen, *"dass der Vertragsabschluss ohne die Auswirkungen der Herrschaft des Nationalsozialismus erfolgt wäre."* Wegen der baulichen Veränderungen am Haus – u. a. Einbau einer Garage -, musste Frau Hope laut Urteil vom 26. Februar 1954 7.470 DM plus 4 % Zinsen entrichten.

1954 erwarb Rudolf Klophaus das Haus von Fanny Hope. Es befindet sich bis heute im Familienbesitz. Zwischen dem Sohn von Fritz und Ruth Hope , John D. Hope aus New York/Guatemala, 1938 in San Francisco geboren, der später für das US-Konsulat in Stuttgart tätig war und fließend Deutsch spricht, und der heutigen Eigentümerin haben sich aufgrund der Vorgeschichte des Anwesens seit etlichen Jahren freundschaftliche Beziehungen entwickelt.

Bilderbogen Trummersweg 6, im Uhrzeigersinn: Haus mit Familien-eigenem Pkw in den 20er Jahren (1), sog. Herrenzimmer (2), Zustand in den 50er Jahren (3, 4) und heutige Ansicht (1-2 John D. Hope, 3-4 Liselotte Klophaus).

Geschichten um „Pulvermanns Grab“

Eduard F. Pulvermann (1882-1944), ein Hamburger Kaufmann, ausgebildet und tätig u.a. in London, Paris und New York , war um 1910 Eppendorfer geworden. Da zog er mit Ehefrau Ruth geb. Freiin von Cramm Parterre ins gerade fertig gestellte Haus Loogestieg 8 ein. Und bald darauf, im Oktober 1910, weiter, als er das Haus Geffckenstr. 15 samt 442 qm Gelände kaufte. Das Mobiliar für die neue Stadtvilla lieferten z. T. Einrichtungshäuser aus London und Paris.

1950 angebrachte Erinnerungstafel auf dem Turnierplatz Klein-Flottbek.

Pulvermann war wie viele seiner Generation und seines Standes sportbegeistert, Segler und vor allem erfolgreicher Springreiter. Das am 26. Juni 1920 gegründete, jährlich von etwa 70.000 Menschen besuchte Deutsche Springderby in Hamburg-Klein-Flottbek geht auf ihn zurück. Dass sein Name dort bis heute gegenwärtig ist, liegt an „Pulvermanns Grab" - „das tückischste Hindernis, das ein Springreiter in seiner Karriere zu bewältigen hat" („HA"). Der Eppendorfer hatte es erfunden – und selbst nie gemeistert.

Das Hamburger Adressbuch, das im Krieg letztmals 1943 erschien, führt ihn als „President Markt & Co, Ausfuhr" auf – man beachte die englische Schreibweise. Pulvermann, der auch Gut Westensee bei Kiel besaß, führte seine Geschäfte zeitweise von der Geffeckenstr. 15 aus, wo er mit seiner zweiten Frau, Sibylla geb. von Alten, lebte (Ehefrau Ruth war 1927 im Diakonissen-Krankenhaus Bethanien in Eppendorf verstorben).

Nachdem das „Judenreferat" der Hamburger Gestapo Unterlagen aus dem von den Deutschen besetzten Polen erhielt, galt der evangelisch-lutherisch getaufte Eduard F. Pulvermann im NS-Jargon der Großeltern väterlicherseits wegen als „Halbjude".

In Oslo in Norwegen, das die Deutschen ebenfalls überfallen und besetzt hatten, entdeckte die Zollfahndung 1940 einen Brief Pulvermanns vom 23. Oktober 1939 an einen Geschäftspartner und Vetter in New York, in dem es u.a. hieß: „Die Verpflegung bei uns ist furchtbar (...) Der Sohn von Ruth's Schwester ist bereits am 5. September gefallen und wofür??? Furchtbar ist alles – aber Gottes Strafe bleibt nicht aus, das ist meine Hoffnung."

Auf dem Lehrter Bahnhof in Berlin nehmen Polizisten den Hamburger Kaufmann am 7. März 1941 fest. Er wird nie mehr frei kommen.

Der Brief aus Oslo wird als „Heimtücke" gewertet. Die sechs Monate Gefängnis, die das Sondergericht am Hanseatischen Oberlandesgericht am 30. Januar 1942 verhängt, gelten durch die U-Haft als verbüßt. Pulvermann aber bleibt inhaftiert, nun wegen „Devisenvergehen" (er soll Firmen-Bonds, seit 1930 im Besitz von Sohn Curt, nicht angezeigt haben). Das Urteil vom 8. Oktober 1943: Drei Monate Haft und 90.000 RM Geldstrafe. Der ehemals berühmte Springreiter legt Revision ein. Auf Gestapo-Weisung wird er in das KZ Neuengamme gebracht. Aufgrund von Unterernährung, einer Lungenentzündung und einer Blasen- und Niereninfektion erreicht sein Anwalt am 1. April 1944 die Verlegung des KZ-Häftlings ins Allgemeine Krankenhaus Langenhorn. Dort verstirbt Eduard F. Pulvermann am Ostersonntag, 9. April 1944, im Alter von 62 Jahren.

Auf dem Turnierplatz in Klein-Flottbek erinnert seit 1950 eine Bronzetafel an ihn. Zum 60. Todestag wurde der Eduard-F.-Pulvermann-Weg vom S-Bahnhof Klein-Flottbek durchs Quellental benannt. Ein Stolperstein vor dem Haus Geffckenstr. 15 ist 2005 verlegt worden.

Das tatsächliche Pulvermanns Grab befindet sich auf dem Ohlsdorfer Friedhof (AB 25, 96-100/AC 25, 125-143). In der eindrucksvollen Familien-Grabstätte, 1913 von Bildhauer Prof. Bruno Kruse (1855-1934) mit einer Jesus-Figur gestaltet, wurde die Asche von Eduard F. Pulvermann beigesetzt.

Anm.: Besondere Verdienste um das Andenken des NS-Opfers hat sich Dr. Joachim Winkelmann erworben. S. a. seine Biografie: Eduard F. Pulvermann. Hamburg und München 2007.

Eduard F. Pulvermann auf seinem Pferd „Weißer Hirsch". Ein Gemälde von Hermann Junker aus dem Jahr 1929. Mit dem schneeweißen Schimmel gewann der „Herrenreiter" 1927 in Den Haag den „Preis der Nationen".

Die Geschwister-Scholl-Straße

Das andere Eppendorf

Erst Albertstraße, dann Niendorfer Straße, Tettenbornstraße und heute Geschwister-Scholl-Straße. Links die Lokalität von „Borchers".

Durchaus möglich, diese Biographie: Da wurde einer in der Albertstraße geboren; in der Niendorfer Straße ist er aufgewachsen; war in der Tettenbornstraße verheiratet; ist in der Geschwister-Scholl- Straße gestorben – und doch nie umgezogen.

Nirgends in Eppendorf mussten die Bewohner, was ihre Adresse anging, so oft umlernen, wie in der jetzigen Geschwister-Scholl-Straße, die ebenso wie ihre Parallelstraßen Schedestraße, Kegelhofstraße, Im Tale, Wendloher Weg und Winzeldorfer Weg schnurstracks von Tarpenbekstraße und Lokstedter Weg weg gegen die Grenze von Eimsbüttel bzw. Lokstedt verläuft.

Albertstraße, so hieß das hier zuerst, als im Oktober 1862 die Witwe des Albert Timmermann jun., eines Bruders des früheren Vogtes, das Gelände parzellieren und 1863 die Straße anlegen ließ. Eine Albertstraße aber existierte bereits seit 1858 in Hammerbrook und als Eppendorf 1894 zu Hamburg kam, war die doppelte Benennung passé und so taufte man die zweite Albertstraße in Niendorfer Straße um.

Mit diesem Namen war es vorbei, als mit dem Groß-Hamburg-Gesetz, das am 1.4.1938 in Kraft trat, auch das ehemals preußische Lokstedt Stadtteil wurde. Lokstedt hatte bereits eine Niendorfer Straße (die noch heute nahe dem NDR-Fernsehen zwischen Grelckstr. und Kollaustr. verläuft). So wurde aus der Niendorfer Straße in Eppendorf die Tettenbornstraße: Jener Friedrich Karl Freiherr von Tettenborn (1778-1845) wurde 1813 erster Ehrenbürger Hamburgs. Der Militär in russischen Diensten war in dem Jahr nach dem Abzug der Franzosen am 18. März mit 1.400 Kosaken in Hamburg eingerückt und zog am 29. Mai mit der Ehrenbürger-Würde und reichlich Geld wieder ab. Die Franzosen kehrten einen Tag darauf zurück. Ein „Tettenborn – Haus" (1912) gibt es bis heute Poststr. 51 in der Innenstadt.

Als die NS-Zeit vorüber war, wurden Hamburgs Straßennamen nicht wie in anderen Städten komplett „entmilitarisiert": Viele Militärs blieben als Taufpaten, die Hindenburg, Roon, Blücher, Moltke etc., auch der „Schlächter von China" Alfred Graf von Waldersee (in Othmarschen mit der Walderseestr. präsent). Tettenborn aber musste „zurück ins Glied" und wurde durch die Geschwister-Scholl-Straße ersetzt. Das Hamburger Adressbuch erläuterte 1952: „Hans Scholl und seine Schwester Sophie vollzogen am 18.2.1943 die Proklamation des studentischen Widerstandes in der Münchener Universität. 1943 hingerichtet." Das heutige Schild an der Außenwand des Lokals „Borchers" nennt sie kurz: „Studenten, Kämpfer gegen den Nationalsozialismus."

Die Geschwister-Scholl-Straße und ihr Umfeld sind eine Arbeiter-Gegend gewesen, vorgesehen für die sog. kleinen Leute. Um 1870 war das soziale Spektrum noch weit gefächert, denn dort lebten Polizeioffizier, Civilstands – Registrator und Steuerrevisor ebenso wie Zimmermeister, ein kleiner Tabakfabrikant, Maurer, Bleicher, Milchverkäufer oder Landmänner. Dann aber setzte jene Entwicklung ein, die Karl Scheffler in „Der junge Tobias" so präzise beschrieben hat: Es kamen die Scharen der Arbeiterinnen und Arbeiter ins Dorf, es entstanden „die ersten ärmlichen Mietquartiere. Einsam im Felde erhoben sich hohe, kahle Stockwerkshäuser, ein ungepflegter, schnell verwahrlosender Hof schloss sich an". Die Kegelhofstraße wurde im Volksmund auch „Kindermachergang" genannt.

Die letzte Mühle

Mit den Neubauten verschwand 1904 die letzte Eppendorfer Mühle, die an der Niendorfer Straße stand und gerade 20 Jahre alt war (die Vorgängerin war 1872 abgebrannt). Aus einem Zeitungsbericht: „Schon die ersten Häuser an der Albertstraße wurden der Mühle etwas lästig. Besiegelt war ihr Schicksal, als das Eppendorfer Krankenhaus gebaut wurde und das Hauptwindloch versperrte. Später kamen noch andere Anstalts- und Stiftsgebäude hinzu, die Frickestraße wurde teilweise bebaut, und in jüngster Zeit ent-

Ein Arbeiterquartier in Eppendorf: Die Kegelhofstraße.

„Die Mühle hatte hier keine Lust mehr am Leben": Die neuen, hohen Etagenhäuser ließen keinen Wind mehr zu.

stehen auch an der zwischen Fricke- und Tarpenbekstraße neu angelegten Straße (Anm.: Schedestraße) hohe Etagenhäuser. Daher ist es erklärlich, dass die Mühle hier keine Lust mehr am Leben hatte." Der hamburgische Staat verkaufte die Mühle in die Quickborner Gegend, wo sie wieder aufgebaut wurde.

In der heutigen Geschwister-Scholl-Str. wurden keine Etagenhäuser mit Prachtfassaden errichtet, auch keine Sieben-Zimmer-Wohnungen: Hier wohnte vor allem das Proletariat. Wer Mittel hatte und gut beraten war, ließ denn auch gleich mehrere hohe Mietshäuser in dieser Gegend hochziehen. Ein J. J. Voss aus der Bismarckstraße in Hoheluft besaß die Häuser 100, 103, 104, 114 und 116. Gastwirt August Borchers, das Lokal unter demselben Namen besteht bekanntlich noch immer Geschwister-Scholl-Str. 1, investierte in die Gebäude 133 und 135 samt Hinterhaus. Dem Rentier Mahler aus der Eppendorfer Landstr. 90 waren vier Häuser zu eigen.

Das Mietshaus Nr. 149, dessen Eingang seitlich im Hofweg liegt, grün und weiß gekachelt, war eines jener Gebäude, dessen Bewohner typisch für die ganze Straße waren – und auch für die anderen „Häuserschluchten" nebenan: Zahlreiche Arbeiter, dazu Barkassenführer, Weichensteller, Handlungsgehilfe, Maurer, Zimmermann, Friseur, Witwen – insgesamt 17 Mietparteien.

Ein Arbeiterquartier

Bis auf ganz wenige Ausnahmen zum Ende der Straße hin (Nr. 149, 153, 155, alle 1901–02 entstanden) waren die ursprünglichen Bauten vor der Jahrhundertwende fertig gestellt (die Arbeit von Ilse Möller, die im Anhang unter Literatur aufgeführt ist, nennt hier zahlreiche Baudaten, beginnend mit dem Jahr 1872). Wer heute die Straße hinaufgeht, erkennt schon auf den ersten Blick, das etwa zwei Drittel der alten Bebauung niedergelegt worden ist. Und wer Eppendorfs Geschichte kennt, der weiß, das dafür nicht allein Kriegsfolgen verantwortlich waren.

Verschwundene Kleinwohnhäuser

So sind denn auch einige der Bauten, die Frau Möller in Abbildungen für dokumentationswürdig hielt, nur noch in ihrem Buch zu besichtigen. Das kleine Wohnhaus mit einem Geschoss z.B. Nr. 24–26, angelegt als Doppelhaus vor 1847, ist ebenso wie das Gebäude Nr. 53 aus dem Jahr 1875 beseitigt worden. Von den zweigeschossigen, architektonisch bemerkenswerten Kleinwohnhäusern sind Nr. 64–66 (ca. 1880) und Nr. 89 (1876) Neubauten gewichen. Auch das einstige „Club- und Ballhaus" von Kröpelin (Nr.136) besteht nicht mehr. Nur wenige Exemplare der Bauten jener Zeit sind noch da, keiner ist denkmalgeschützt: Gleich am Anfang der Straße das Kleinwohnhaus Nr. 25, und auch das dreigeschossige Kleinwohnhaus, in doppelter Breite angelegt, aus dem Jahr 1878 (Nr. 90). Die Nummerierung der Straße, die oft „springt", d.h., nicht die vorgegebene Reihenfolge einhält, ist Beleg dafür, dass hier Neubaublocks die kleinteilige Bebauung ersetzt haben.

Die ganze Struktur der Gegend entspricht der eines typischen Arbeiterquartiers: Teils enge Straßen, dichte Bebauung, zwischen Winzeldorfer Weg und Im Tale beispielsweise Innenhöfe mit einem Gebäudeabstand von nur ca. zehn Metern. Hier besteht eine der größten Baudichten der Stadt, hat eine frühere Strukturuntersuchung des Bezirksamtes festgestellt: „Die engen Innenhöfe erlauben teilweise noch nicht einmal Baumbewuchs."

Wie gewählt wurde

Das Sein bestimmte hier einst das Bewusstsein – die Gegend war die „rote Hochburg" Eppendorfs der 20er und 30er Jahre, was Anhängerschaft zur KPD meinte. In den bürgerlichen Distrikten Eppendorfs wurde – Beispiel die letzte freie Reichstagswahl vom 6. November 1932 – anders gewählt. Im Wahllokal Eppendorfer Landstraße 10 etwa votierten damals 30 % für die NSDAP, 20 % für die Deutschnationalen (DNVP) und über 13 % für die bürgerliche Deutsche Staats–Partei (DStP). In derselben Straße, Wahllokal im Haus Nr. 80, waren die Deutschnationalen mit 23,5 % führend vor den Nationalsozialisten (21.0.). Stärkste Partei waren die Deutschnationalen z.B. auch in den Wahlbezirken um die Breitenfelderstraße 35 oder Schrammsweg 34.

Die Bevölkerung des Arbeiterquartiers entschied nicht so: Hier war das andere Eppendorf. Im Wahllokal Martinistr. 32 waren die Kommunisten im November 1932 mit 36.4 % stärkste der Parteien, vor der SPD (33.5 %). In den WahlurnenTarpenbekstr. 61 lagen die Sozialdemokraten mit 38.5% vor der KPD (33.3), Frickestr. 46 mit 38.1 % ebenfalls vor der KPD (35.3%).
Tarpenbekst. 65, wo über 1.100 Wahlberechtigte abstimmten, erreichte die SPD 38. 6 und die KPD 35.5 %. Addiert man beide Wahlresultate, so kamen beide Arbeiterparteien auf über 74 Prozent. In der Realität allerdings waren sie bitter verfeindet: Für SPDler waren die Kommunisten „Kozis", für KPDler die Sozialdemokraten „Sozialfaschisten".

„Ein Neger auf der Lauer"

Die Nazis erreichten in den erwähnten Wahllokalen damals zwischen 15 und 17.7 %. Die Arbeitergegend oberhalb der Tarpenbekstraße war denn auch ein Areal, in dem die NSDAP kaum Fuß fassen konnte. So bat 1931 der Eppendorfer „NSDAP–Sektionsleiter für politische Propaganda" um verstärkten SA- Schutz für Flugblattverteiler:

„Ohne einen solchen kann die Sektion in der Niendorferstraße, Kegelhof- und Frickestraße eine Verteilung nicht vornehmen. In diesen Straßen wohnt das kommunistische Gesindel, das sofort in größeren Rudeln zur Stelle ist, wenn wir uns sehen lassen. In der Niendorferstraße z.B. wohnt ein Neger, der ständig auf der Lauer liegt, speziell Sonntags morgens, und, sobald er unsere Leute erblickt, das Banditenvolk zusammen trommelt. Einem Verteilungstrupp von 10–12 Mann stehen dann in wenigen Minuten 50-100 Kommunisten gegenüber." (Anm.: Jener erwähnte „Neger" hieß Felix Schumann. Er war „ein Kind von Hagenbeck", das hieß: Seine deutsche Mutter hatte ihn von einem dort in der „Völkerschau" gastierenden Stamm gekauft. Nach der NS–Machtübernahme wurde Schumann verhaftet und schwer misshandelt; später haben ihn die Behörden „arisiert").

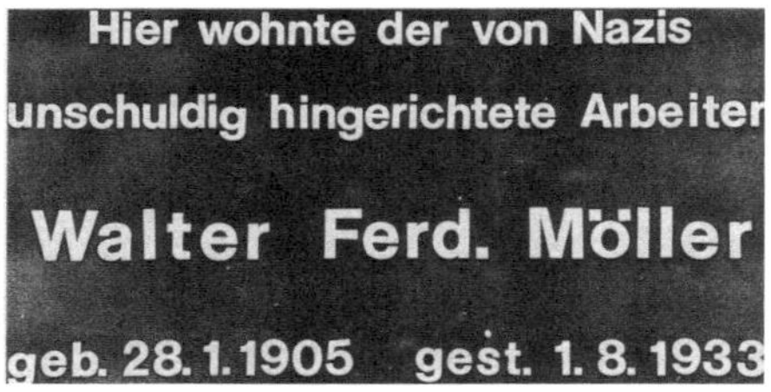

Opfer im Schauprozess nach dem „Altonaer Blutsonntag": Die Gedenktafel für Walter Möller ließ der neue Hausbesitzer in der Kegelhofstr. 13 entfernen (Thälmann-Gedenkstätte).

NS-Opfer Richard Schönfeld: 1999 wurde die Gedenktafel für ihn unter Mitwirkung des Kulturausschusses der Bezirksversammlung Nord in der Frickestr. 34 wieder angebracht (Thälmann-Gedenkstätte).

Verschwundene Gedenktafeln

Der Widerstand im Viertel endete auch nicht, als die Nazis bereits an der Macht waren. Die Opfer der NS–Zeit sind nach 1945 durch Gedenktafeln auch in diesem Stadtteil geehrt worden. Vorhanden sind davon nur noch zwei: Die für Ernst Thälmann am Haus Tarpenbekstr. 66 und Frickestr. 34 für den Bäcker Richard Schönfeld sen. (1858–1945). Der Kommunist, der zur Widerstandsgruppe Etter–Hampel gehörte, ist als „Polizeihäftling" am 18. Januar 1945 im KZ Neuengamme ermordet worden. Zeitweise war auch diese Tafel verschwunden, doch hatten die neuen Eigentümer keine Einwände, so wurde sie, verbunden mit einer kleinen Gedenkfeier, wieder angebracht.

Entfernt worden ist Tarpenbekstr. 55 die Erinnerung an den Boten Hermann Spreckels, der kurz vor seinem 32. Geburtstag am 26. August 1942 von der SS im KZ Dachau ermordet wurde. Der berüchtigte Gestapo–Mann Reinhard Heydrich in dem auf den Eppendorfer gezielten „Schutzhaftbefehl" 1939: „Nach Flucht aus dem Reich (Anm. in die Tschechoslowakei) wegen kommunistischer Umtriebe ist er verdächtig, in Spanien auf Seiten der Roten gekämpft zu haben, was zu der Befürchtung Anlass gibt, dass er sich in Freiheit weiter für kommunistische Bestrebungen einsetzen wird."

Bis 1978 war am Haus Kegelhofstr. 13 eine Gedenktafel für Walter Möller zu sehen: „Hier wohnte der von Nazis unschuldig hingerichtete Arbeiter Walter Ferd. Möller". Möller war im Zusammenhang mit dem Altonaer „Blutsonntag" verhaftet und nach einem der ersten großen Schauprozesse der NS-Zeit in Hamburg am 1. August 1933 in Altona hingerichtet worden. Der neue Hausbesitzer ließ das Andenken an das NS–Opfer beseitigen.

Es sind viele Namen aus Eppendorf, die im Zusammenhang mit dem Widerstand der NS–Zeit genannt werden müssen. Robert Finnern (1894-1940) etwa, Schlosser und Angestellter der „Produktion" lebte in der Knauerstr. 7, war seit 1933 arbeitslos und eröffnete im darauffolgenden Jahr einen kleinen Kolonialwaren-Laden Im Tale 27. Der ehemalige SPD–Distriktleiter von Eppendorf–Winterhude, hielt ebenso wie der Vertreter Wilhelm Bock (1886-1940, Stolperstein: Hegestieg 14) Kontakt zur sozialdemokratischen Emigrationsleitung in Kopenhagen. Beide wurden bei der Übergabe von antifaschistischen Flugschriften gefasst, 1938 zu je 15 Monaten Gefängnis verurteilt und sind 1940 im KZ Sachsenhausen bei Oranienburg um Leben gekommen.

Eine bereits begonnene Dokumentation der Vereinigung der Verfolgten des Naziregime (VVN) zum Eppendorfer Widerstand ist leider nie abgeschlossen worden. Die Veröffentlichung des Bezirksamtes erschien eher als Pflichtübung und blieb ohne größere Verbreitung.

Abgeordnete des Stadtteils

Als „Rote Burg" bzw. „Kiekut" hatte das Haus Geschwister–Scholl–Str. 139 (noch erhalten) einst seinen Namen. Zuhause war hier u.a. der Bürgerschaftsabgeordnete Gustav „Guschi" Brandt (KPD), ein Werftarbeiter und Betriebsrat, der vorher Falkenried 34a in den Terrassen gelebt hatte. Brandt ist 1934 verhaftet worden und war elf Jahre lang in KZ und Zuchthäusern gefangen. Im Frühjahr 1945 hat die SS auf dem Transport von Werl/Westfalen nach Celle den 50jährigen Eppendorfer erschossen.

Der Stadtteil war in der Weimarer Republik durch Abgeordnete aus dieser Gegend in der Bürgerschaft recht zahlreich vertreten. Geschwister–Scholl–Str. 111 (zerstört) lebte der Elektromonteur Theodor Skorzisko (1899-1941), im Widerstand politischer Leiter der KPD Eppendorf. Nach fast zweijähriger Haft nach 1933 emigrierte er nach Polen, in die CSR und nach Frankreich. Zuletzt in Paris, galt er seit 1940 als verschollen und wurde nach 1945 mit dem 31.12.1941 für tot erklärt. An ihn wie auch andere ermordete Bürgerschaftsabgeordnete erinnert seit 2012 ein Stolperstein am Rathaus-Eingang.

KPD–Abgeordnete aus dem Viertel waren auch der Bäcker F. Redlich (Goernestr. 5), Ernst Thälmann und John Wittorf (Kegelhofstr. 20), der der sog. „Wittorf–Affäre" den Namen gab. Der Hafenarbeiter (1894-1981), der Reichstagsabgeordneter, ZK-Mitglied und Politischer Sekretär im Bezirk Wasserkannte war, hatte 1928 1.500 Mark Spenden für die Partei unterschlagen. Die waren von den deutschen Angestellten der sowjetischen Handelsvertretung Hamburg gekommen, was KPD-Vorsitzender Thälmann, eng befreundet mit Wittorf, vor der Öffentlichkeit verbergen wollte und die Rückzahlung über Schuldscheine regelte. Das KPD-Politbüro warf Thälmann deshalb einen „schwer schädigenden politischen Fehler" vor, zeitweise ruhte seine Funktion. John Wittorf aus der Kegelhofstraße hat von da an politisch nie mehr eine Rolle gespielt.

Auch etliche prominente Sozialdemokraten jener Jahre kamen aus Eppendorf und Umgegend. Paul Neumann (1880-1961), Senator für Wohlfahrt, lebte Eppendorfer Landstr. 24. Erich Lindstaedt (1906-1952) war Untermieter in der Isestr. 73. Nach der Haft 1933 emigrierte der Kaufmann in die CSR und nach Schweden, war nach 1945 Vorsitzender der SPD-Jugendorganisation „Die Falken" und 2. Vorsitzender des Bundesjugendring. Klosterallee 5 wohnte vor 1933 Rechtsanwalt Dr. jur. Herbert Pardo (1887-1974), ebenfalls Mitglied der Hamburger Bürgerschaft (MdHB) und Vorsitzender der Portugiesisch-jüdischen Gemeinde Hamburg, der 1933 nach Haifa in Palästina flüchtete. Lehmweg 1 war die Adresse von Heinrich Eisenbarth (1884-1950), vor und nach der NS-Zeit SPD-Senator.

Ebenso vertreten waren im Stadtteil rechte und liberale Parteien. Bürgermeister Carl Wilhelm Petersen ist an anderer Stelle genannt (S. 126). Heinrich Landahl (1895-1971) aus dem Woldsenweg 7 war Rektor der Lichtwarkschule in Winterhude (1933 entlassen). Für die Deutsche Staats-Partei (DStP) stimmte er 1933 im Reichstag dem Ermächtigungsgesetz der Nazis zu. Nach 1945 fungierte er als SPD–Senator für Schule und später auch Kultur. Konditormeister Georg Nobiling, der Eppendorfer Landstr. 36 ein kleines Café mit Biergarten unterhielt, vertrat die DStP in der Bürgerschaft, Carl Grevsmühl (1878-1934), Vorsitzender des Deutschen Beamten-Bundes aus der Isestr. 91, die Deutsche Volks-Partei (DVP).

Übertritte zur NSDAP

Rechtsanwalt Dr. Carl August Schröder (1855-1945), Goernestr. 40, schrieb Eppendorfer Geschichte, als er 1925 den heutigen Kellinghusenpark an die Stadt veräußerte. Der Großvater mütterlicherseits war Bürgermeister Heinrich Kellinghusen, ein Urgroßvater väterlicherseits Bürgermeister Christian Schröder, ein Onkel Bürgermeister Johannes Lehmann – und so wurde auch Carl August Schröder 1912/13 und 1916 Erster Bürgermeister der Hansestadt. Von der DVP trat Schröder 1933 zur „Kampffront Schwarz-weiß-rot" aus Deutschnationaler Volkspartei (DNVP), Stahlhelm und Landbund über. Derselben Organisation gehörte Stahlhelm–Gaugeschäftsführer Friedrich-Karl Praetorius (Isestr. 77) an, ehe er 1933 zur NSDAP übertrat, ebenso wie Korvettenkapitän Hans Lauenstein aus der Klosterallee 33. Reeder Ernst Godeffroy (1884-1963), wohnhaft Heilwigstr. 32, gehörte als Nachkomme hugenottischer Zuwanderer bis 1918 zur Hamburger Oberschicht. 1933 wechselte er von der DVP zur NSDAP. Nach 1945 hatte er wieder wichtige Ämter in der Seefahrt inne.

Ein NSDAP-Vertreter im Stadtteil war Paul Schlage (Falkenried 69), der die SA-Zigarettenmarke „Sturm" aus Dresden vertrieb. Als Leiter der Ortsgruppe Eppendorf stieg Rudolf Habedank (1893-1969), Wendloher Weg 8, nach der Machtübernahme zum Leiter der Gauarbeitskammer, Reichstagsabgeordneter (Nov. 1933) und Ratsherr (1938) auf. Harry Henningsen (1895-1944) aus der Eppendorfer Landstr. 89 brachte es vom Ohlsdorfer Friedhofsamt-Angestellten in der NS-Zeit zum Senatsrat und Hamburgischen Staatsrat.

Mahnmal in der Erde

Berichte vom Eppendorfer Widerstand wie auch die Straßenbenennung nach den Geschwistern Scholl haben den Eppendorfer Künstler Gerd Stange aus der Erikastraße dazu bewegt, ein Mahnmal zu schaffen, „in Gedenken an die Verfolgten, Ermordeten und Opfer des Naziterrors." Es ist ungewöhnlich, weil es nicht auf einem Sockel steht. Man findet es als Inszenierung „Verhörzelle" vor der „Erika–Apotheke" Ecke Erikastr./Lokstedter Weg vis-à-vis vom Lokal „Borchers": Wer hinunter schaut in den Schacht, sieht einen Stahlhelm, den Stange am Oevelgönner Strand fand, einen Stuhl aus dem Oberlandesgericht, ein Stück Treibholz und einen gläsernen Sockel. Kulturbehörde, Bezirksamt, SPD und die damalige GAL, vor allem auch viele Bewohnerinnen und Bewohner des Stadtteils, hatten die Schaffung des Mahnmals gefördert. Den Strom für die Beleuchtung stellt die „Erika–Apotheke" zur Verfügung.

Ein neues Quartier

Büros und Wohnungen abseits der genannten Wohnstraßen hat sich im Übrigen ein gänzlich neues Quartier entwickelt, zwischen Kegelhofstraße und Osterfeldstraße. Dort steht, früher am Rande des Stadtteils eher unbeachtet, Osterfeldstr. 11 das 1927 bis 1929 erbaute Fernmeldezeugamt (Entwurf: Postbaurat C. Teucke), in dem bis 1989 Telefone, Kabel, technisches Gerät und Werkzeug verwahrt wurden. Danach sollten auf dem stattlichen Bundesgrundstück 200 Wohnungen für Postbedienstete sowie ein Wohnheim für 150 Beschäftigte der Post entstehen. Der Senat wiederum plante dort das Institut für Genforschung der Universität Hamburg. Das brachte den Hamburger CDU-Vorsitzenden und damaligen parlamentarischen Staatssekretär im Bundesbauministerium des Kohl-Kabinetts, Jürgen Echternach (1937-2006) einigermaßen auf, sodass er von einer „Senatsblockade" sprach.

Letztlich wurde das Areal vom Bund bzw. der Telekom veräußert, der historische Klinkerbau für Büros modernisiert, was den Planern Hentrich-Petschnigg & Partner (Hamburg/Düsseldorf) einen dritten Preis vom Bund Deutscher Architekten für „vorbildliche Revitalisierung" einbrachte. Weitere Büro-Neubauten entstanden durch die Calliston Gesellschaft für Projektentwicklung mbH, die 2007 von der größten australischen Immobilienfirma namens Goodmann übernommen wurde. Eigentümer des „Gewerbequartier mit Park" ist seit demselben Jahr die börsennotierte IVG AG (www.q-a-z.de). Zur Kegelhofstraße hin hat Behrendt Wohnungsbau zudem 150 Eigentums-Wohnungen errichten lassen. Die befinden sich am Christoph-Probst-Weg, benannt nach dem 1943 ermordeten Mitglied der Widerstandsgruppe Weiße Rose.

Provinzielles Hamburg

Man mag es eigentlich nicht aufschreiben, welch' provinzielle Debatte es um diese Benennung gab. Da der Bezirk Nord beschlossen hatte, neue Straßen ausschließlich nach Frauen zu benennen, entschied er 2002 für den Alma de l' Aigle-Weg (s. S. XXX). Daraufhin polemisierte die „MoPo" über den angeblich unaussprechlichen Straßennamen: „ein geteerter Zungenbrecher", „der Schrecken jeder Sekretärin... Briefträger sitzen weinend auf dem Bürgersteig" (Anm.: Wieso eigentlich? Die stellen Briefe zu und tragen keine Adressen vor). Projektentwickler Calliston wünschte sich die Bezeichnung: Am Fernmeldezeugamt, auch meldete sich ein Einheimischer, der vorschlug: Am Funkenwisch (Eppendorfs Jugend hatte sich in den 20er Jahren dort an zwei rot-weiß lackierten Funkmasten getroffen). Es gab noch einen Vorschlag zur Güte einer Verlags-Lektorin, der hieß: Almaweg (samt Zusatzschild), analog zur Susettestraße in Ottensen. Der Kerngebietsausschuss der Bezirksversammlung Nord entschied sich dann aber für einen ganz anderen Namen, siehe oben.

So bleibt für die Reformpädagogin und Rosen-Liebhaberin vorerst die nach ihr benannte Strauchrose, Zartrosa-Lachs in der Farbe, und rosa duftend.

HSV oder St.Pauli?

Falke 06 aus Eppendorf war einer der HSV-Vorläufer (aus: 125 Jahre HSV. Das Jubiläumsbuch).

HSV-Präsident Emil Martens arbeitete und lebte einige Zeit in Eppendorf. In der NS-Zeit wurde er als Homosexueller aufgrund des § 175 verfolgt, gefangen gehalten und „entmannt" (HSV-Vereinsnachrichten, November 1932; HSV-Archiv).

Zwar ist Eppendorf „nur" ein Stadtteil des großen Hamburg, die Frage aller lokalen Fußball-Fragen spielt aber natürlich auch hier eine Rolle.

Blickt man von der Martinistr. auf die Sporthalle der derzeit leerstehenden Wolfgang-Borchert-Schule, so ist das Wandgemälde dort den Kickern vom Millerntor gewidmet.

Das Gegenstück bildet die Grundschule und HSV-Patenschule Knauerstr. 22 (Zertifikat: „Sportbetonte Schule"), geschmückt mit der HSV-Fahne, in der am Montag nach Heimspielen gratis 50 Spielprogramme des Bundesligsten verteilt werden. Kooperiert wird mit dem Verein in der Leichtathletik, im Tischtennis und im Handball. Und zum „Uwe Seeler-Turnier" auf dem blauen Soccer-Feld kommt auch das Idol persönlich vorbei. Hartmut Dieckhoff (geb. 1958), stellvertretender Leiter der Grundschule, ist von Geburt an HSV-Mitglied und leitet dort die Abteilung „Sport für Kinder". U.a. ist er Miterfinder des „Fest für 1.000 Zwerge" des HSV in der Jahnkampfbahn Winterhude.

Gründung auf dem Pausenhof

Und um bei den Schulen zu bleiben: Einer der drei Gründervereine des 1919 entstandenen Hamburger SV, der FC Falke, ging 1906 auf die Initiative 15- und 16-jähriger Schüler vom Pausenhof der damaligen Oberrealschule Eppendorf, heute Gymnasium (Hegestr. 35), zurück. 1919 trat der FC Falke dem HSV 88 bei, im selben Jahr schloss man sich dem SC Germania 88 an – so entstand der heutige Großverein. Falke spielte aber nie in Eppendorf, sondern in Stellingen, gegenüber dem früheren Rathaus.

Der Leidensweg von Emil Martens

Lange Jahre ein Eppendorfer war der HSV-Präsident (1928-1934) und spätere Ehrenpräsident Emil Martens (1886-1969), der wesentlichen Anteil am Erwerb des Sportgeländes Ochsenzoll in Norderstedt hatte. Vom furchtbaren Schicksal des früheren Fußballers wusste im Verein niemand, bis der Historiker Dr. Gottfried Lorenz die Fakten ermittelte.

1936 wurde Emil Martens erstmals aufgrund des § 175 („homosexuelle Handlungen") festgenommen. Er verlor seine Arbeitsstelle als Geschäftsführer, wurde aus der NSDAP ausgeschlossen und zu zehn Monaten Gefängnis verurteilt. Bruder Paul Martens beschäftigte ihn in seiner Firma „Super-Radio" Eppendorfer Baum 39, als Untermieter wohnte Emil Martens zeitweise Haynstr. 26. Erneut wird er 1939 zu 20 Monaten Gefängnis verurteilt.
1941 unternimmt Emil Martens einen Selbstmordversuch in der Alster. Im Jahr darauf verurteilt das Landgericht Hamburg den Kaufmann aufgrund seiner Homosexualität als „gefährlichen Gewohnheitsverbrecher" und „Risiko für die öffentliche Sicherheit" „zu einem Jahr und sechs Monaten Zuchthausstrafe und anschließender Sicherungsverwahrung". In der Untersuchungs-Haftanstalt Hamburg-Stadt wird die „freiwillige Entmannung" (Kastration) durchgeführt. 1944 wird Martens aus dem Polizeigefängnis Hamburg entlassen. Er kehrt zum HSV zurück, erhält die Goldene Jubiläumsnadel für 50 Jahre Mitgliedschaft und gehört dem Ältestenrat an. Emil Martens verstirbt im Alter von

Sympathien für die Kiez-Klub: Wandparole an der Wolfgang-Borchert-Schule in Eppendorf.

Auf dem Schulhof des heutigen Gymnasiums Eppendorf in der Hegestraße gründeten Schüler 1906 den FC Falke, einen der HSV-Vorläufer (Stephan Spiegelberg).

Familie Seeler – und drei Fußball-Nationalspieler: Dieter Seeler (B-Nationalmannschaft), Vater Erwin Seeler (Bundesauswahl Arbeitersport) und Uwe Seeler (A-Nationalspieler) (Nordbild Kaiser).

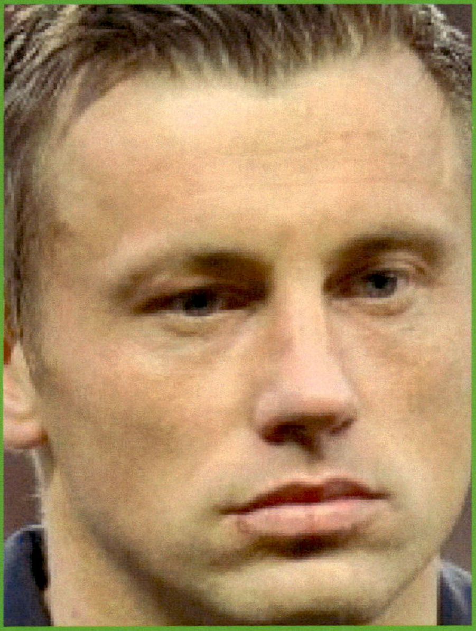

Hattrick-Mann aus der Haynstraße: HSVer Ivica Olic.

83 Jahren 1969 an einem Schlaganfall. In der Todesanzeige nehmen Abschied „vom langjährigen Freund unserer Familie" Therese Maurer, Fam. Ulf Maurer, Fam. Paul Haarmeyer, Isestr. 119. „Sein Wirken wird in der Geschichte des HSV weiterleben", heißt es im Nachruf des Klubs.

Im Andenken an sein Mitglied Norbert Prenzlau und dessen Ehefrau Olga, die 1942 im KZ Theresienstadt ums Leben kam, hat der HSV in der Curschmannstr. 6 zwei Stolpersteine setzen lassen.

Damals Schnelsener Weg 16, heute Winzeldorfer Weg/Ecke Frickestraße: Hier wurde Uwe Seeler geboren (Stephan Spiegelberg).

Die Seelers

Den berühmtesten Eppendorfer darf sich der HSV zu gute halten:
Uwe Seeler wurde am 5. November 1936 Winzeldorfer Weg 16/Ecke Frickestr. in einer Drei-Zimmer-Wohnung geboren. Damals hieß das Eckhaus noch Schnelsener Weg 16 (2. Haus, 2. Eingang). Auf 50 qm lebten im Kleine-Leute-Viertel die Eltern Erwin und Anni, Onkel Günter Wolf, Uwes älterer Bruder Dieter („Didi"), späterer B-Nationalspieler und bei Altona 93 wie auch dem HSV aktiv, und Schwester Gertrud („Purzel"). Die Wohnung besaß eine Ofenheizung, aber kein fließend Wasser.

Bereits Vater Erwin Seeler, auch er als „Old-Erwin" später ein HSVer, war eine Fußball-Koryphäe: Er kam aus dem Arbeitersport, wo er mit dem SC Lorbeer 06 auf dem Victoria-Platz Bundesmeister (= Deutscher Meister) wurde und außerdem der Bundesauswahl (Nationalmannschaft) angehörte. Vater Friedrich, ein Sozialdemokrat, besaß in Rothenburgsort, wo 1931 Uwes Bruder Dieter geboren wurde, Ausschlägerallee 35 eine Gastwirtschaft. Sohn Erwin verließ 1932 das Hafenarbeiter-Viertel zum DFB-Klub SC Victoria, woraus vermutlich die neue Wohnung im Schnelsener Weg resultierte. Später lebten Erwin und Anni Seeler Bismarckstr 104 auf der Hoheluft.

„Uns Uwe", der Hamburger Ehrenbürger, besuchte die spätere Wolfgang-Borchert-Schule in der Erikastraße und geheiratet hat er im Stadtteil: In St. Johannis, der sog. Hochzeitskirche, wurden am 18. Februar 1959 Ilka Buck, die Tochter eines Schiffsingenieurs aus der Isestr. 79, und er von Pastor Walter Gerber getraut. 1963 traten dort auch HSV-Nationalspieler Jürgen Werner (1935-2002) und Margrit Böhnke vor den Traualtar, 1984 folgten Holger Hieronymus, ebenfalls A-Nationalspieler, und Angela Schwarze. In St. Johannis hat auch der langjährige FC St. Pauli-Präsident und Architekt Heinz „Papa" Weisener (1928-2005) 1958 Ingrid geheiratet.

Fußball-„Promis" im Viertel

Etliche HSV-Stars lebten im Viertel. Gar nicht gefallen hat es dort Manfred Pohlschmidt aus Münster, HSV-Torschützenkönig der Saison 1965/66: „Meine Frau hat sich nie wohl gefühlt in Hamburg. Wir haben damals in einem Prominentenviertel von Eppendorf gewohnt, da liefen nur Filmregisseure und so herum. Da hat sie einfach keinen Kontakt gehabt. Darum sind wir nach Schalke, da ist sie wieder happy geworden." Zeitweise Eppendorfer war HSV-„Hattrick-Mann" Ivica Olic in der Haynstraße, und Mladen

„Ich denke an die Spaziergänge im Borsteler Moor..."

Als Bürgermeister Klaus von Dohnanyi am 13. Dezember 1984 im Hamburger Rathaus mit einer Rede zur Initiative „Es genügt nicht zu erinnern" die Aufarbeitung der Ereignisse der NS-Zeit in der Hansestadt ankündigte, versprach er auch, „eine Straße in Eimsbüttel" nach Ernst Thälmann (1886–1944), dem Vorsitzender der KPD und Opfer der Nationalsozialisten, zu benennen.

Viele dachten damals natürlich an die Budapester Straße, die von Eimsbüttel nach St. Pauli verläuft. Sie hatte ein Jahrzehnt lang den Namen des ermordeten Kommunisten getragen. 1956 aber war sie vom regierenden Hamburg-Block aus CDU/FDP/Deutsche Partei (DP) „unter dem Eindruck des heldenhaften Widerstandes des ungarischen Volkes gegen die sowjetische Unterdrückung" in Budapester Straße umgetauft worden. Junge Leute, die den neuen Namen mit dem alten überklebten, kamen in Untersuchungshaft.

Bei der Budapester Straße ist es bis heute geblieben, denn in einer Kompromisslösung entschied der Hamburger Senat 1985 für einen Ernst-Thälmann-Platz vor dessen früherer Wohnung Tarpenbekstr. 66 (auch die Umbenennung dieser Straße war im Gespräch gewesen). Ein kleines Stück Kegelhofstraße mit genau drei

Hausnummern änderte so am 9. April 1985 den Namen.

Hridlickas Riesenfaust

Den eher bescheidenen Platz wollte eine Initiative würdiger gestalten, mit einem steinernen Monument, für das der Österreicher Alfred Hrdlicka (1928-2009) als Künstler im Gespräch war. Eine große, steinerne, geballte Faust sollte an der vielbefahrenen Kreuzung künftig täglich Tausende Autofahrer und Passanten grüßen. Der Bezirk war dagegen und inzwischen hat sich das Projekt erledigt, denn die SED, die ehemals 2.3 Mio. Mitglieder zählte, fiel als Sponsor aus.

Auch nach dem Beitritt der DDR zur Bundesrepublik Deutschland bestehen weiterhin zahlreiche Thälmann-Straßen in Ostdeutschland und es gibt auch noch Thälmann-Denkmäler (Berlin Prenzlauer Berg z.B. und Stralsund).

Ernst-Thälmann-Platz, das war um 1985 lange Zeit ein Eppendorfer und ein Hamburger Thema, das in der Springer-Presse oder der „FAZ" sogar Leitartikler beschäftigte, ganze Leserbrief-Spalten mit Für und Wider füllte und auch parlamentarische Debatten hergab. Zustimmung und Widerspruch hielten sich die Waage. Der CDU-Bürgerschafts-Abgeordnete Gert Boysen fürchtete seinerzeit, die Benennung „würde unsere Stadt (Anm.: Hamburg) in einen schweren dauerhaften Konflikt stürzen. Denn die Wahrheit ist, dass weder Thälmann noch Millionen anderer den Tod hätten erleiden müssen, wenn er und seine Partei der ersten deutschen Demokratie die Treue gehalten hätten." Boysen war es auch, der im „Eppendorfer Wochenblatt" nach der sog. Wende triumphierend als „Beutegut" das Dresdner Schild Ernst-Thälmann-Straße vorzeigte. Letztere, nach wie vor die Hauptstraße der sächsischen Hauptstadt, heißt nun seit 1991 profan Wilsdruffer Straße.

Der damalige stellvertretende Vorsitzende der SPD-Bürgerschaftsfraktion, Bodo Schümann, entgegnete dem Kollegen Boysen: „Der KPD zu unterstellen, sie hätte die Herrschaft der Nazis herbeiführen wollen, ist eine historische und politische Lüge. Nichts führt an der historischen Wahrheit vorbei, dass der Konservatismus wenn nicht der alleinige, so doch der entscheidende Totengräber der Weimarer Republik war."

Der Eppendorfer Bürgerverein verabschiedete eine Protest-Resolution: Bleibe der Senat bei seiner Absicht, so sei dies „ein unfreundlicher Akt." Leserbrief-Autorin Möller-Massange sah im „HA" im Geiste schon die rote Flagge auf dem Hamburger Rathaus wehen: „Deutschland sollte endlich mal „deutsch" denken und nicht nach allen Seiten „katzbuckeln". Eine Thälmannstraße öffnet jedenfalls dem Kommunismus Tür und Tor".

Nach dem Zusammenbruch der DDR wurde das Thema Thälmann-Platz nochmals vom Bürgerverein und der Hamburger CDU vorgebracht, doch beim jetzigen Namen blieb es, infolge der Mehrheiten von SPD/GAL (Bezirk) und SPD/FDP (Bürgerschaft). Es war eine Anerkennung des kommunistischen Widerstandes gegen die NS-Diktatur. Für die Opposition gegen Hitler standen infolge des Kalten Krieges viele Jahre ausschließlich der 20. Juli und die „Weiße Rose". Klaus von Dohnanyi in der Bürgerschaft: „Es gilt, die Erinnerung an Menschen aus allen politischen Lagern zu bewahren, die gegen das NS-Regime kämpften".

Ernst Thälmann war fraglos eine Zeit lang sehr bekannt; heute ist er bei Jüngeren weitgehend vergessen. In der ehemaligen DDR war nach 1945 ein regelrechter Kult um den „Sohn seiner Klasse" und „Führer seiner Klasse" – so heißen die beiden heute auf DVD erhältlichen Spielfilme von 1954 und 1955, die in der Bundesrepublik verboten waren -, betrieben worden. Die Pionierorganisation trug seit 1948 seinen Namen.

Fast sechs Millionen Stimmen

Wer aber war nun Ernst Thälmann? Der gebürtige Hamburger vom Jahrgang 1886 war u.a. als Hafenarbeiter, Heizer (drei New York-Überfahrten auf dem Dampfer „Amerika" 1907) und Kutscher beschäftigt. Als Schüler hatte er sich für die Selekta qualifiziert, damit wäre eine Ausbildung zum Handwerker oder Lehrer möglich gewesen. Jedoch verlangten die Eltern von dem 14-jährigen die Mitarbeit in ihrem kleinen Fuhrbetrieb.

Thälmann-Würdigung in der Gedenkstätte.

Mit 17 Jahren schloss sich Thälmann der SPD an, damals einer von 300 Jugendlichen unter 17.000 Mitgliedern, mit 18 Jahren der Gewerkschaft (Ausschluss 1931). Aus Enttäuschung über die SPD-Politik im 1. Weltkrieg wechselte er über die Unabhängige Sozialdemokratische Partei (USPD) zur VKPD bzw. KPD.

1919 bis 1933 gehörte er der Hamburger Bürgerschaft an, 1924-1933 dem Reichstag. Seit 1924 war Thälmann KPD-Vorsitzender und einer der bekanntesten Politiker der Weimarer Republik. Er kandidierte erfolglos 1925 und 1932 als Reichspräsident, die Parole hieß damals: „Wer Hindenburg wählt, wählt Hitler. Wer Hitler wählt, wählt den Krieg." Erneut gewann im 2. Wahlgang der 84 Jahre alte Paul von Hindenburg, unterstützt von der SPD. Ihren größten Erfolg bei Reichstagswahlen erreichte die KPD mit Thälmann am 6. November 1932: Mit 16.9 % war sie bei einer Wahlbeteiligung von über 80 Prozent mit fast sechs Mio. Stimmen drittstärkste Partei hinter der NSDAP (33.1) und der SPD (20.4). Im Hamburg lautete das Ergebnis: 28.6 % SPD, 27.2 % NSDAP, 21.9 % KPD. Beide Arbeiterparteien waren heftig verfeindet. Politisch stand Ernst Thälmann für eine radikale Opposition mit dem Ziel, ein „Sowjetdeutschland" zu schaffen.

„Ick bün nich jur Teddybar!"

Und die Person Ernst Thälmann? Die Zeitschrift „Der Querschnitt" berichtete 1932 in einem ansonsten sehr kritischen Beitrag: „Wo immer er in einer Versammlung auftaucht, begrüßen ihn die Arbeiter freudig und herzlich mit. „Hallo Teddy!"" Das war eigentlich sein Deckname aus der Illegalität nach dem Hamburger Aufstand 1923 (der letztlich auf einem Missverständnis der Partei beruhte und in dem Thälmann nicht die wesentliche Rolle wie später beschrieben ausfüllte). Was die Bezeichnung „Teddy" betrifft: Thälmann unterhielt sich am Liebsten in Plattdeutsch, auch in der Familie, und sagte: "Ick bün nich jur Teddybar! Ick bin för jeden immer noch Ernst."

Zurück nach Eppendorf: 1915 hatten Thälmann und Ehefrau Rosa geheiratet, am darauffolgenden Tag musste der Ehemann in den Krieg. Im Mai 1917 zog das Ehepaar in die Siemssenstr. 4 in Eppendorf ein. Am 11. November berichtet das Tagebuch von Ernst Thälmann: „9. November 1918: Mittags 2 Uhr abgehauen von der Front mit vier Kameraden". Weil der Politiker Parterre in der Siemssenstr., auf die am 17. Juni 1922 ein Anschlag von Rechtsradikalen der „Organisation Consul" verübt worden war, zu gefährdet erschien, wurde Ersatz gesucht. Die Erinnerungen von Thälmann-Tochter Irma Gabel-Thälmann: „Unsere Wohnung lag so ungünstig, dass die Mordbanditen es leicht hatten, auf Ernst Thälmann Jagd zu machen. Vater beauftragte darum die

Mutter eine neue Wohnung zu suchen. Aber es dauerte lange, bevor sie eine fand. Kein Hausbesitzer wollte uns haben. Bei der Besichtigung einer Wohnung in der Tarpenbekstraße sagte Vater: „Die wird genommen" Der Hausbesitzer äußerte Bedenken, aber Vater unterhielt sich mit ihm, sie wurden einig, und wir zogen in die Wohnung ein" (Anm.: Hausbesitzer war der Zigarrenhändler H. Wernecke).In die damalige Reichshauptstadt Berlin wollte Thälmann nicht umziehen: „In Hamburg sind die Hafenarbeiter. Sie sind unsere lieben Freunde."

Seit 1929 lebten Ernst Thälmann, Ehefrau Rosa, Tochter Irma und der Schwiegervater, der eine Kammer erhielt, in einer Drei–Zimmer-Wohnung Tarpenbekstr. 66 im 2. Stock. Bis heute wird das Gebäude im Volksmund als „Thälmann-Haus" bezeichnet.

Verrat und Leichtsinn

Zum letzten Mal war der KPD–Vorsitzende am 23. Februar 1933 dort. Die Hamburger Presse meldete nach der NS–Machtübernahme seine Flucht nach Dänemark, doch tatsächlich hielt sich der Hamburger in einem von mehreren Ausweichquartieren in Berlin versteckt. Als Verräter galt später Hermann Hilliges, Kassierer einer Gartenkolonie (er soll nach 1945 Selbstmord begangen haben). Aber auch anderen Personenen war das Charlottenburger Quartier bekannt. Die KPD hatte zudem weder Objekt- noch Personenschutz organisiert: Auf den Nazi-Terror nach dem Reichstagsbrand war sie ebenso wenig vorbereitet wie auf die Illegalität nach dem Partei-Verbot. Am Nachmittag des 3. März 1933, noch vor der Reichstags"wahl" (5. März), bei der Thälmann wiedergewählt wurde, verhaftete ihn ein achtköpfiges Polizei-Kommando. Es gab keinen Haftbefehl und eine Gerichts-Verhandlung fand nie statt.

Hitler in der Tarpenbekstraße?

„Herrscher von Hamburg", nannte ihn die NS–Presse, woraufhin Thälmann am 19. August 1934 aus der Haft an seine Frau Rosa schrieb: „Die Schriftleitung der „B.B.Z." (Anm.: „Berliner Börsenzeitung") kann es sich nicht verkneifen, wieder einmal (sie liebt mich immer noch) meinen Namen zu nennen, um durch Fälschungen ihre Leser zu befriedigen. Anlässlich des Hitlerempfanges in meiner Heimatstadt Hamburg schreibt das Blatt in der Morgenausgabe von 18.8.1934 unter anderem folgendes: „Vorbei ging die Fahrt an dem Hause, in dem Thälmann wohnte, der sich einstmals als Herrscher Hamburgs dünkte, heute eine vergangene Größe." Zuerst ist geschwindelt, dass die Fahrt an dem Haus, wo sich unsere Wohnung befindet, vorbeiging, da die Fahrt Hitlers

Die Mitglieder der Unabhängigen Sozialdemokratischen Partei Deutschland (USPD) Eppendorf 1919/20, in der Mitte Ernst Thälmann (Thälmann-Gedenkstätte).

nicht durch die Tarpenbekstraße führte. Zum anderen habe ich niemals einen solchen Größenwahnsinn besessen, mich als Herrscher von Hamburg zu dünken. Es wäre gut und vorteilhaft gewesen, wenn sich dieser „wahrheitstriefende" Berichterstatter dabei den Spaß erlaubt hätte, einen Abstecher zu machen, um sich meine bescheidene und einfache Wohnung in Hamburg einmal anzusehen (...) Eines weiß ich, auch wenn Hamburger Arbeiter heute politisch anders denken, so haben sie bestimmt nicht meine einfache Lebensweise und meine Hingabe und Liebe für sie vergessen, die mich stets mit ihnen verband und die niemals beseitigt werden kann" (Anm.: Hitler fuhr 1934 tatsächlich nicht durch Eppendorf, sondern über die heutige Bebelallee, die damalige Adolf– Hitler–Straße, vom Flughafen zu seinem Lieblings-Quartier Hotel „Atlantic").

Ernst Thälmann und Ehefrau Rosa (1890-1962).
Nach einem Anschlag 1922 auf die Wohnung Siemssenstr. 4 zog die Familie in die Tarpenbekstr. 66 um (Thälmann-Gedenkstätte).

Oft erinnerte sich Thälmann in Briefen aus der Haft an Eppendorf und Hamburg, so im November 1934 im Schreiben an Tochter Irma: „Die unvergesslichen Stunden Deiner Kinderzeit steigen erinnerungsreich vor mir auf (...) Ich denke an die seltenen, aber frisch in Erinnerung bleibenden Spaziergänge im Borsteler Moor und an der Alster, an die stillen Schilf und Binsen umstandenen Wasser, in denen versteckt die wilden Enten umher plätscherten ..."

Elfeinhalb Jahre lang war Ernst Thälmann in Berlin, Hannover und Bautzen inhaftiert. Er sagte sich trotz Folter und Misshandlungen nicht von der KPD los. Auf Anweisung von Hitler (Notiz von SS–Führer Heinrich Himmler: „Thälmann ist zu exekutieren") wurde er in der Nacht vom 17. auf 18. August 1944 aus dem Zuchthaus Bautzen in das KZ Buchenwald bei Weimar gebracht und dort im Alter von 58 Jahren ermordet. Die NS-Presse meldete, er sei bei einem alliierten Luftangriff umgekommen. Die mutmaßlichen Täter wurden nie verurteilt. Ehefrau Rosa (1890-1962) und Tochter Irma (1919-2000) überlebten die KZ-Haft und zogen von Hamburg in die Sowjetische Besatzungs-Zone bzw. DDR um.

Im Haus Tarpenbekstr. 66 ist 1969 die „Ernst Thälmann–Gedenkstätte" eröffnet worden. 1972 kaufte die Etablissement Hanseatic aus Liechtenstein mit SED–Geldern (eine Million DM) das Etagenhaus. Die ständige Ausstellung dort berichtet über das Leben des bekanntesten deutschen Kommunisten. Zeitweise bestanden in dem Haus auch Parteibüros der DKP, eine Buchhandlung und ein Antiquariat. Prominentester Besucher der Ernst-Thälmann-Gedenkstätte war 1978 Leonid Breschnew, Staatschef der UdSSR. Die Einrichtung, die auch über ein umfangreiches Archiv verfügt, existiert heute dank privater Spenden (Förderkreis); staatliche Zuschüsse gibt es nicht.

Ernst-Thälmann-Gedenkstätte, Ernst-Thälmann-Platz/Tarpenbekstr., www.thaelmann-gedenkstaette.de, Tel. 47 41 84, 460 903 23, Mo 14-18, Mi-Fr 10-17, Sa 10-13 Uhr und n. V.. Spende erwünscht.

Relief in der Ernst Thälmann-Gedenkstätte.

Ein Theater, „der schwarze Kanal" und Hochparterre eine Synagoge

Am Eppendorfer Baum bestand zeitweise Hamburgs größter Saal.

Die U-Bahn-Haltestelle Eppendorfer Baum 1912 und das Viadukt Isestraße, das heute zweimal pro Woche dem beliebten Isemarkt Obdach gibt (Sammlung Lutz Achilles / Archiv Hamburger Hochbahn).

Blick von der Eppendorfer Brücke auf den Isebekkanal.

Wie manch andere Straßen im Viertel ist auch der Eppendorfer Baum verwaltungstechnisch zweigeteilt: Ab der großen Verkehrskreuzung Eppendorfer Landstr./Eppendorfer Weg/Lehmweg/ Curschmannstr./Lenhartzstr. gehört er bis zum Isebekkanal zum Bezirk Nord, wobei die Häuser Nr. 24 bis 44 zu Eppendorf gehören, die mit den Hausnummern 21–47 zu Hoheluft–Ost. Überschreitet man die Brücke, erreicht man den Bezirk Eimsbüttel bzw. den Stadtteil Harvestehude.

Im Bewusstsein von Bewohnern und Passanten spielt das keine Rolle: Für viele fängt Harvestehude erst mit dem Klosterstern an. Und wenn Promis oft angeben, in Eppendorf zu leben, so trifft das tatsächlich auf Harvestehude und Hoheluft-Ost zu.

Die Straße gilt zurecht als eine der schönsten im Viertel, ist doch die originäre Bebauung der Jahrhundertwende zu großen Teilen erhalten. Vor allem ist der Eppendorfer Baum eine Einkaufsstraße, für die eine Interessengemeinschaft ehemals mit dem Slogan „Viertel mit Flair" warb. Veranstaltet werden noch „Eppendorfer Sommernächte", die Geschäfte halten dann bis 22 Uhr auf. Es reiht sich ein Laden an den anderen, dazu gehört auch der Supermarkt von „Edeka". Dorthin ging man einst aus ganz anderen Gründen: Eppendorfer Baum 35–37, das war nämlich einmal eine erste Adresse für Unterhaltung.

„Eppendorferbaumpalais" steht auf der Ansichtskarte, doch genau genommen hat es die Adresse Lenhartzstr. 1-5/Curschmannstr. 2 (Stadtteilarchiv Eppendorf).

„Größter Saal Hamburgs"

Der ursprünglich 1875 errichtete, um 1970 umgestaltete Bau sah früher ganz anders aus: Er besaß eine Prunkfassade, rundbogige Fenster und Verzierungen, wie man sie von vielen der prächtigen Eppendorfer Jahrhundertwende-Häusern kennt. „Tanzsalon Eppendorfer Baum" hieß das um die Jahrhundertwende, ehe von 1906-13 Siegfried Simon (1875-1924) hier allsonntäglich im „Eppendorfer Gesellschaftshaus" in zwei großen Sälen zum Tanz bat. Beim Umbau entdeckte man eine große Außenwandreklame: „Festsäle Eppendorfer Baum, größter Saal Hamburgs ... zur Abhaltung von Arrangements jeder Art halte obige Räume bestens empfohlen. Siegfried Simon". Letzterer war auch Direktor des „Flora-Theaters" am Schulterblatt und übernahm 1921 das Ernst-Drucker-Theater (1941 in St. Pauli-Theater umbenannt), das seine Familie bis 1964 führte.

Es folgte 1913 der „Kintopp" mit den „Harvestehuder Lichtspielen" (817 Plätze), die der jüdische Kaufmann und Kino-Pionier James (eigentlich: Jeremias) Henschel (1863-1939, verstorben im Exil in den Niederlanden) in den unteren Ballsaal einbauen ließ - eines der größten Hamburger Lichtspieltheater! In den 1930er Jahren hieß das Kino „Ufa-Harvestehude", dorthin kamen wegen der Erstaufführungen sogar Stars. Der Ballsaal im oberen Stockwerk diente derweil anderen Zwecken: in den 20ern einer Tanzschule, als Betraum der Deutschen Christengemeinde und im 2. Weltkrieg wurden dort 70 ausländische Zwangsarbeiterinnen untergebracht.

Das Groß–Kino erhielt noch eine Waschbeton-Fassade (1955: 922 Plätze, ausgestattet mit Cinemascope), schloss dann aber. Schauspielerinnen und Schauspieler präsentierten sich fortan live im größten Privattheater der Stadt, dem „Hamburger Künstlertheater" (784 Plätze). „Die Hamburger werden das Haus in Eppendorf nicht wiedererkennen", berichtete 1963 „Die Welt". „Jeder Läufer, jeder Lüster ist neu, um acht Meter ist die große Bühne vorgezogen worden."

Realisiert hatte dieses (dritte) Eppendorfer Theater mit dem Kauf 1958 ein Industrieller: Dr. Bruno Maelger, der nach 1945 aus Berlin nach Hamburg gekommen war, Mundsburger Damm wohnte und in Hammerbrook eine Fabrik für Maschinen– und Apparatebau besaß. Baelger verpflichtete „Künstler, die eine Publikumsmenge anlockten, dass man im weiten Umkreis keinen Parkplatz finden konnte" (1966). Elisabeth Flickenschildt, Luise Ullrich, Hansjörg Felmy, Rudolf Vogel, sie alle kamen auf die Eppendorfer Bretter; Premiere war am 8. Oktober 1963.

Im Sommer 1969 entzweiten sich Dr. Maelger (der für eine Eppendorfer Spielzeit an das „St. Pauli–Theater" vermietet hatte) und der „Förderungsverein" (der 100.000 DM investieren wollte) unter Vorsitz von Pastor Dr. Rudolf Halver, und damit war das Theater tot. Alles, was am Eppendorfer Baum noch mit Theater zu tun hatte, war die Theaterkasse Collien (Nr. 25).

Unter Denkmalschutz steht die Eppendorfer Brücke von 1927, entworfen von Fritz Schumacher. Die Fische im schmiedeeisernen Geländer schuf Richard Haizmann, dessen Werk in der NS-Zeit als entartete Kunst galt.

Müsste man ein Wahrzeichen für den Eppendorfer Baum bestimmen, so wäre das natürlich ein Etagenhaus oder gleich ein paar davon. So hatte das auch die Interessengemeinschaft für ihre werbenden Aufkleber gemacht. Die Straße ist 1884 angelegt worden und hat ihren Namen vom Schlagbaum, der bis 1868 dort war. Am Schlagbaum wurde Wegzoll kassiert (was einst ein Schild vor Schlosser Pranges Laden Nr. 14 berichtete), denn für den durch die sumpfige Niederung des Isebek weiterführenden Fahrweg waren die Bauern zuständig und die holten sich so ihre Ausgaben wieder herein. Ein Chausseegeld–Einnehmerhäuschen stand zuletzt anstelle der heutigen großen Kreuzung und wurde 1888 bei deren Bau abgerissen.

Zur Straße sind dann bald die Häuser hinzu gekommen, meist vor oder kurz nach der Jahrhundertwende. Die Baujahre der Etagenhäuser und die Namen der verantwortlichen Architekten kann man in der Hamburger Denkmalliste nachlesen (www.hamburg.de/contentblob/201404/data/denkmalliste-gesamt.pdf). Denkmalschutz genießen übrigens auch die Wohnterrassen 40 a-c von 1893.

Die Fischlein von der Brücke

Und weil wir nun schon hier sind, gehen wir mal nicht auf den populären Isemarkt unter dem Hochbahn-Viadukt, sondern bleiben gleich am Kanal stehen, auf der von Fritz Schumacher entworfenen Eppendorfer Brücke von 1927 mit den vielen Fischlein von Richard Haizmann (1895-1963) im denkmalgeschützten schmiedeeisernen Geländer. Haizmanns Werke, bekannt ist sein „Wasserspeier" im Hamburger Stadtpark, wurden in der NS-Zeit z.T. als „entartete Kunst" eingestuft. In Niebüll in Schleswig-Holstein ist ihm heute ein Museum gewidmet (www.haizmann-museum.de).

Schauen wir den Isebek hinauf, sehen wir die schöne Terrassenfront am Ufer (da sollte man einmal hingehen: Hegestr. 46a–f ist vom Abriss bedroht, s. S. 30). Die ehemalige Brotfabrik der genossenschaftlichen Produktion sieht man Hegestr. 34/40, einen Eisenbetonskelettbau von 1911, in die Hoftore sind eiserne Brezeln eingearbeitet. Die Fabrik war zeitweise als Kommunikationszentrum des Stadtteils im Gespräch.

Der Isebekkanal: „Weg mit ihm!"

Der Isebekkanal war ehemals schlecht beleumundet, als „der schwarze Kanal", „die Pestbeule Hamburgs", „der Blinddarm im Netz der öligspeckigen Hamburger Kanäle". Eigentlich sollte er gar nicht mehr da sein, denn bereits 1928 forderte der „Hamburger Anzeiger": „Schüttet den Unflat zu, dann wird allen geholfen sein. Einen Nutzen vom Bestehen hat kein

Mensch. Wo heute Unduft herrscht, können morgen die schönsten Anlagen zum Lustwandeln verleiten. Weg mit ihm!" Das „Hamburger Fremdenblatt" stimmte zu: „Der Kanal spielt weder zum Baden, noch zur sportlichen Erholung, noch zur Schifffahrt eine wesentliche Rolle".

Tatsächlich muss der Kanal eine Plage gewesen sein. Ganz abgesehen von den Ratten, die mit ihm in die Wohnviertel einfielen, stank er im Sommer dermaßen, dass die Anwohner ihre Fenster geschlossen halten mussten und der Aufenthalt auf den Balkonen tabu war. Der „Hamburgische Korrespondent" ebenfalls 1928: „Schon beim Anblick dieser schwarz–grau–grünen morastigen „Flut", die da nicht fließt, sondern stagniert, und in der es brodelt und gärt wie in einem höllischen Pfuhl, kann einem übel werden." Sogar der Bau einer Art Autobahn auf dem Kanal war in den 1960er Jahren einmal im Gespräch. Dagegen engagierte sich im darauf folgenden Jahrzehnt die Bürgerinitiative „Rettet den Isebekkanal!" Der Wasserlauf jedenfalls blieb, vielleicht auch, wie jemand meinte, „weil man den Gondoliere aus Werkstatt und Kontor den Rio Grande Eimsbüttels erhalten will." Die Stadt jedenfalls ergriff mit einer umfangreichen Sanierung die Initiative. Heute gibt es wieder Fische im und Wasservögel auf dem Kanal. Denn bei Bedarf wird das Wasser durch Sauerstoff aus Unterwasserrohren angereichert.

Dieser Bek (=Bach) war dabei einmal ein harmloses Gewässer gewesen, das vom Diebsteich in Bahrenfeld auch durch Eppendorf beim heutigen Alsterschiff–Anleger Streekbrücke in die Alster floss. Dass daraus ein Kanal wurde, ging auf die Initiative des „Klosterland–Konsortium", getragen vor allem vom Bankhaus M. M. Warburg, zurück. Das wollte die großen Ländereien des früheren St. Johannisklosters planmäßig bebauen, wozu ein kanalisierter Isebek als Transportweg für Baumaterialien ideal war. Da das Konsortium bereit war, sich an den Kosten zu beteiligen, stimmten Senat und Bürgerschaft dem Projekt 1882 zu. Bis 1884 ist das Flüsschen dann auf drei Kilometern vom Eimsbütteler Weidenstieg bis zur Alster kanalisiert worden, was der Stadt insofern recht war, als sie nun die Siele und Notauslässe der Kanalisation des rapide bebauten Stadtteils Eimsbüttel in den Isebek leiten konnte.

Eppendorfer Baum samt Eppendorfer Brücke und Isebekkanal.

Die Straße der Traditions-Geschäfte

Doch sehen wir uns rasch um und wieder die bunten und schönen Fassaden der Straße an. Hier war von jeher gehobenes Bürgertum daheim und einige der Geschäfte hatten bzw. haben reichlich Tradition. Die Meister-Drogerie geht auf das Jahr 1888 und die Schwanen-Drogerie am Hallerplatz zurück. 1912 kam sie zum Eppendorfer Baum/ Ecke Klosterstern – dort, wo sich heute eine „Haspa"-Filiale befindet. Man blieb am Eppendorfer Baum, auf der anderen Straßenseite (erst Nr. 2, jetzt Nr. 12). Beisser, „Feinste Fleischwaren, Feinkost, Bistro", begann 1836 in der Spitaler Str. und kam 1967 zum Eppendorfer Baum

Zu den Traditionsgeschäften am Eppendorfer Baum zählt auch das Schuhhaus Gundlach (Nr. 30). Es geht auf den Schwiegervater von Carl Friedrich Gundlach, Otto Krotz, zurück, der 1882 als Schuhmacher ein erstes Geschäft in der Amandastraße eröffnete. 1903 wurde die Eppendorfer Filiale eröffnet, die 1945 als Tauschzentrale diente. Weil die Erben die Firma nicht fortführen mochten, wurde sie 1989 verkauft.

4. Seit 2008 leiten Claas Rudolf Habben und Eltje Helene Habben das Geschäft in der sechsten Generation. Albert Hornburg, Eppendorfer Baum 6, bot schon in den 1930ern Schiffsinnenausstattungen an. Das Weinhaus Gröhl begann 1919 in der Hagedornstr. in Harvestehude, bestand seit 1929 Eppendorfer Baum 6 und besteht seit 1962 Eppendorfer Baum 7. Das Delikatessengeschäft von P. C. Meyer & Sohn Nr. 10 (heute Lindner) gab es seit 1882. Die Schlosserei bzw. spätere Metall-Kunstwerkstätte Prange Nr. 14 stellte im Schaufenster den Meisterbrief von Wilhelm Prange von 1921 aus. Fische Schmidt, Eppendorfer Baum 18, war von 1900 bis 1939 ein Geflügelladen (man beachte die historischen Fliesen im Verkaufsraum), wurde 1940 ein Fischgeschäft, das seit 2008 von Frank Tamaschke geleitet wird. Der Erzgebirgler Kurt Heymann kaufte 1928 einen Buchladen am Lehmweg und ließ sich 1934 am Eppendorfer Baum 27 nieder, heute das Stammhaus (es gibt 14 weitere Filialen, darunter auch eine weitere in Eppendorf am Marie-Jonas-Platz). Spielwaren Lienau, Nr. 13, wurde 2001 75 Jahre alt. Über 100 Jahre alt ist Umland Eppendorf, ehemals Eppendorfer Baum, jetzt um die Ecke Hegestr. 50.. Und wenn wir schon bei Läden sind: ein Neuankömmling bedeutete Broterbe Gaues, Eppendorfer Baum 34, wo das Personal eine Zeitlang Schürzen mit der Aufschrift „Das Brot des Präsidenten" trug. Das sieht man jetzt nicht mehr, denn Christian Wulff, der Bundespräsident, trat zurück.

Den Namen der Straße trägt im Übrigen auch ein Bau, der adressenmäßig gar nicht mehr zu ihr gehört: "Eppendorfer Baum Palais" war der mächtige Wohnblock mit seinen Plastiken benannt, der hinter der Kreuzung unter der Adresse Lenhartzstr. 1-5/ Curschmannstr. 2 zu finden ist. In der NS-Zeit wohnten bzw. mussten wohnen im Gebäudeteil Lenhartzstr. 3 Juden: 57 Menschen in 50 Zimmern. Im Sommer 1942 wurde dieses Haus als „judenfrei" gemeldet; nun konnten dort „deutsche Volksgenossen" einziehen.

Ein Wirt als Mäzen

Eine bekannte Lokalität der Straße war nebenbei Eppendorfer Baum 47/Ecke Lehmweg „Restaurant und Weinhandlung Wriedt". Zuletzt war hier, auch schon seit 1934, bis 1990 „Radio Mellek". Wirt Hermann Wriedt zählte zur Creme de la Creme von Eppendorf. Als seine Frau Adolfine 1911 starb, ließ er sie in einem Trauerzug durchs „Dorf" gen Ohlsdorf bringen, was Aufsehen erregte. Der Wirt der zeitweise „Erlanger Bierstuben" genannten Lokalität sponserte mittels „Freikost" auch Künstler wie den Expressionisten Heinrich Steinhagen (1880-1948), auch er der „Entarteten Kunst" beschuldigt und 1944 in KZ-Haft.

„Bei Onkel Pö spielt ` ne Rentnerband"

Neben Groß–Kino bzw. Theater und Restaurant muss als Anziehungspunkt weit übers Viertel hinaus natürlich „Onkel Pö´s Carnegie Hall" genannt werden, zwar unter einer anderen Straßen–Adresse (Lehmweg 44), aber doch eben nur mal um die Ecke.

Im Herbst 1970 hatte das vorher am Mittelweg beheimatete Lokal in den Räumlichkeiten des „Ballhaus Eppendorf" eröffnet und wurde der Fixpunkt der „Hamburger (Musik-) Szene". Hier startete ein damals nur Insidern bekannter Otto Waalkes, sangen sich Helen Schneider aus Brooklyn und Al Jarreau aus Milwaukee nach oben. Es gab reichlich Jazz (Chet Baker, Pat Metheny, Chick Corea) und Auftritte von Truck Stop, Schobert & Black, Leinemann etc. etc..

Udo Lindenberg hat den Platz im Lied von der „Andrea Doria" verewigt: „Bei Onkel Pö spielt `ne Rentnerband, seit zwanzig Jahren Dixieland ..." Zur „Rentnerband" gehörten u.a. Wilken F. Dincklage (1942-1994), genannt „der dicke Willem", Lorenz „Lonzo" Westphal (1952-2001), „Der Teufelsgeiger von Eppendorf", Peter Petrel (geb. 1940) und Gottfried Böttger (geb. 1949), Pianist und Hohelufter Arzt-Sohn. Der NDR übertrug von hier Konzerte fürs Fernsehen. Bernd Cordua und Walter Dehnbostel hatten „das Pö" mit dem Namenszusatz des New Yorker Konzerthauses eröffnet, das dann in der Nachfolge von Peter Marxen von 1979 bis Silvester 1985 Holger Jass leitete. Es folgte ab November 1986 das Restaurant „Legendär" und auf dieses 2006 eine „Schweinske"-Filiale und 2013 „mama Frattoria"

„Kein Nazi in meinem Laden"

Aus dem „Pö" wurde am 9. Februar 1979 erstmals die NDR-Talkshow ausgestrahlt, die bis 2013 auf 700 Sendungen kam. Moderatoren von „Talk nach neun" waren damals Dagobert Lindlau (geb. 1930), Wolf Schneider (geb. 1925) und Hermann Schreiber (geb. 1929). Zur dritten Sendung – eine Folge war am 8. Februar bereits aufgezeichnet worden -, sollte der Nazi-Bildhauer Arno Breker (1900-1991) eingeladen werden. „Pö"-Pächter Holger Jass weigerte sich: „Einen Nazi wollte ich nicht in meinem Laden haben." Der NDR zog daraufhin in die Halle A 7 von Studio Hamburg um, lud Breker aber letztlich nicht ein und forderte von Holger Jass auch keine Konventionalstrafe in Höhe von 50.000 DM.

Die Mendelson–Synagoge

Der Eppendorfer Baum war einmal eine Straße, in der mehr jüdische Bürger lebten als in anderen Teilen des Viertels - möglicherweise wegen der Nähe zum Grindel–Bezirk, dem Mittelpunkt der jüdischen Hamburger Bevölkerung vor Vertreibung und Vernichtung. 1925 wohnten 3.044 Menschen jüdischen Glaubens in Eppendorf: Das entsprach einem Anteil von 3,54 % (Stadt Hamburg 1,4 %).

Zeitweise gab es am Eppendorfer Baum auch eine Synagoge. 1917 erschien im „Hamburger Israelitischen Familienblatt" (nachdem die Eimsbütteler Synagoge im Jahr zuvor aus finanziellen Gründen geschlossen worden war) ein Aufruf: „Interessenten, welche gewillt sind, an der Errichtung einer provisorischen Synagoge, Gegend Eppendorfer Baum, teilzunehmen, wollen sich geflissentlich bis spätestens 12. Juni bei Herr Leo Mendelson, Isestraße 130, melden."

Diese sog. Mendelson–Synagoge (der Initiator verunglückte 1928 bei einem Verkehrsunfall tödlich) befand sich 1934 in der Oderfeldstr. 8, 1935 im Haus Hochallee 76 und dann Hochparterre Eppendorfer Baum 6. Von dort ist sie 1937 in das Haus des jüdischen Kindertagesheims Jungfrau-

Von 1970 bis 1985 wurde im „Onkel Pö" Hamburger Musik-Geschichte geschrieben.

enthal 37 verlegt worden. 1939 teilte die Gestapo der Hamburger Staatsverwaltung mit, die Synagoge sei aufgelöst und zu einer Wohnung umgebaut worden.

***2011 erschienen die beiden Bände „Stolpersteine in Hamburg-Eppendorf und Hamburg-Hoheluft-Ost. Biographische Spurensuche", herausgegeben von Maria Koser und Sabine Brunotte für die Landeszentrale für politische Bildung Hamburg.
Die Bücher sind ein sehr bedeutender Beitrag zur Stadtteilgeschichte und gehören eigentlich in jeden Eppendorfer Haushalt!***

Erhältlich sind sie zum Preis von € 6,-- beim: Stadtteilarchiv Eppendorf, Julius-Reincke-Stieg 13 a (Mo 15.30-18 Uhr);

Kulturhaus Eppendorf, selbe Adresse (Mo-Di, Do-Fr 11-13, 14-16 Uhr, im Juli geschlossen);

Landeszentrale für politische Bildung, Dammtorstr. 14 (Mo-Do 12.30-17, Fr 12.30-16.30 Uhr, In der Ferienzeit: Mo-Fr 12-15 Uhr)

Eine Dokumentation zu den Stolpersteinen in Harvestehude, die auch den anderen Teil des Eppendorfer Baum einbeziehen, ist in Arbeit, eine zur Isestraße bereits erschienen.

Bei Drucklegung der oben genannten Bücher gab es Eppendorfer Baum (Eppendorf/Hoheluft-Ost) 38 Stolpersteine für die Opfer der NS-Zeit.
Recheriert und veröffentlicht wurden bislang die folgenden Biographien:

die von Fanny Berlin, ihrer Tochter Olga Wolf, deren Sohn Dan Wolf (zwei Jahre alt), Eppendorfer Baum 10,
alle deportiert am 6.12.1941 nach Riga (Olgas Ehemann Donat Wolf gelang die Flucht nach Shanghai in China).

– Ehepaar Siegmund und Alice Cohn, Siegmunds Schwester Anna Cohn, Eppendorfer Baum 19,
alle deportiert 8.11.1941 nach Minsk

– Richard Derenberg,
Suizid am 27.1.1943,
Ehefrau Martha,
beide Eppendorfer Baum 21
1944 inhaftiert im KZ Fuhlsbüttel, im KZ Ravensbrück 1945 verschollen,

- Charlotte Danziger,
Eppendorfer Baum 30,
deportiert 25.10.1941 nach Lodz, dort 25.1.1942 verstorben

– Ehepaar Gustav und Selma Kron, Eppendorfer Baum 34,
deportiert 25.10.1941 nach Lodz, weiter deportiert 1.5.1942 nach Chelmno

– Richard Rosenstern,
Eppendorfer Baum 39,
deportiert 25.10.1941 nach Lodz, weiter deportiert Anfang Mai 1942 nach Chelmno.

Der Unfall

Es war das folgenschwerste Unglück in der Geschichte des Stadtteils.

An jenem Samstagnachmittag, 12. März 2011, an dem die Sonne viele Menschen ins Freie gelockt hatte, raste der 38 Jahre alte Immobilienkaufmann Caesar S. gegen 17 Uhr mit über 100 km/h die Eppendorfer Landstraße hinunter. Er überfuhr das Rotlicht der Ampel und kollidierte mit einem Pkw, in dem der Schauspieler Peter Striebeck und dessen Ehefrau Ulla saßen. Das Auto des Unfallverursachers wurde hoch in die Luft geschleudert und schlug vor der Bäckerei-Filiale Ecke Eppendorfer Baum/Lehmweg auf.

An diesem Ort kamen vier Menschen, die am Zebrastreifen warteten, ums Leben. Sibylle Mues (60), Lehrerin an der Grundschule Marie Beschütz. Ihr Ehemann Dietmar Mues (65), ein bekannter Schauspieler, der auch im „Winterhuder Fährhaus" aufgetreten war. Angela Kurrer (65), Designerin. Günter Amendt (71), Sozialwissenschaftler, ehemals Autor des Bestsellers „Sexfront". Alle vier lebten in Eppendorf und waren dort bestens bekannt.

Umgehend wurde der Unfallort zu einer inoffiziellen Gedenkstätte. Am und um das kleine Bäumchen wurden von Anwohnern Blumen niedergelegt, Kerzen entzündet, Fotos und Briefe angebracht. Auch heute noch wird dort der Todesopfer gedacht.

Zu einer Gedenkfeier fanden am 28. März auf der Kreuzung mehr als 700 Menschen aus dem Stadtteil zusammen. Bezirksamtsleiter Wolfgang Kopitzsch kündigte damals eine Gedenkstätte am Unfallort an (bald darauf wurde er Polizeipräsident; man hat nichts mehr von seiner Idee gehört).

Die Große Strafkammer des Landgericht Hamburg verurteilte Caesar S. am 5. Juni 2012 wegen vierfacher fahrlässiger Tötung, dreifacher fahrlässiger Körperverletzung und vorsätzlicher Straßenverkehrsgefährdung zu dreieinhalb Jahren Haft und fünf Jahren Führerscheinentzug. „Sie haben das Unfallauto geführt, obwohl sie fahruntauglich waren", sagte die Vorsitzende Richterin.

Im Verlauf der Verhandlung bestätigte sich, dass S. an Epilepsie litt und deshalb bereits früher Verkehrsunfälle verursacht hatte. Auch wurde bei ihm regelmäßiger Marihuana-Konsum festgestellt. Seine Verlobte, die versucht hatte, die Epilepsie des Freundes zu verschweigen, wurde wegen uneidlicher Falschaussage mit 6.000 € bestraft.

Aufgrund einer Bürgerinitiative mussten sich im Sommer 2011 die politischen Gremien mit der Verkehrssituation an der Eppendorfer Kreuzung befassen. SPD und FDP im Bezirk schlugen eine verkehrsberuhigte Zone vor, GAL, CDU, Linke und die Bürgerinitiative dagegen einen Kreisverkehr. Ein Vertreter von Wirtschafts- und Verkehrsbehörde lehnte beide Lösungen ab. Schließlich erteilte auch der Senat der Forderung nach Tempo 30 eine Absage.

Im Mai 2013 ereignete sich erneut ein schwerer Unfall an der Kreuzung, bei dem ein Mensch schwer verletzt wurde.

Am 30.10.2013 berichtete das „Hamburger Wochenblatt", die CDU habe im Regionalausschuss Eppendorf/Winterhude beantragt, „die Fahrspuren der Eppendorfer Landstraße zwischen Eppendorfer Baum und Hegestieg „maximal" zu reduzieren, um hohe Geschwindigkeiten in diesem Abschnitt vor der Kreuzung zu unterbinden, und eine Rechtsabbiegespur vom Lehmweg in den Eppendorfer Baum einzurichten." Dafür stimmten auch Grüne und Linke; SPD und FDP enthielten sich. Der Antrag geht nun an die Verkehrsbehörde.

Eine provisorische Gedenkstätte, gestaltet von Freunden und Anwohnern, erinnert an die Opfer des schrecklichen Verkehrsunfalls vom 12. März 2011.

Erst Parolen, dann Denkmalschutz

Es ist eines von vielen schönen Häusern im Viertel, der „Haynpalast", Haynstr. 1-3/Hegestr. 41, und doch ein ganzes Stück „prominenter" als die meisten anderen Bauten Eppendorfs.

Hinter der Hecke im Vorgarten ragt der „Spekulantenfresser" auf, beliebt insbesondere bei Kindern.

Der Haynpalast im November 2013: Das aktuelle Transparent – „Hegestrasse 46: SPD, Bezirk und Spekulant / Bei Wohnraumvernichtung Hand in Hand" – galt dem Erhalt der Terrassenhäuser.

Bürgerverein: „Wie in der DDR“

Viele kennen das Haus, weil dort, gut sichtbar von der U-Bahn-Strecke aus, über viele Jahre wechselnde Transparente die Fassade schmücken. 1976 brachte der Eppendorfer Bürgerverein in einem Schreiben an Bezirksamtsleiter Weidemann seinen Ärger darüber zum Ausdruck: „Das schöne alte Haus ist seit Jahren mit einem Spruchband überzogen. Immer wieder fühlt man sich in die DDR versetzt (...) Im Interesse auch der psychischen Gesundheit sollte man Spruchbänder mit Kampfparolen nicht gestatten“ (das damalige Transparent verhieß „Solidarität mit den Mietern der Kunhardtstraße“, siehe S. 63).

„Das schöne alte Haus“, von dem der Bürgerverein schrieb, wäre gar nicht mehr da, hätte es die MieterInnengemeinschaft (wie das zeitweise hieß) nicht gegeben. Reinhard Barth hat die Geschichte des „Haynpalast“ in interessanten, teils auch amüsanten, lesenswerten Büchern aufgeschrieben: „Das Haus. Tagebuchblätter aus der Haynstraße“ (1986, im Eigenverlag, 2. Aufl. 1988 im Metta Kinau Verlag), „Das Haus. Fortsetzung I“ und „Das Haus. Fortsetzung II“ (1998 bzw. 2010 im Selbstverlag). Die Mietergruppe selbst hat 2010 „Haynstraße bleibt! Die hundertjährige Geschichte eines Miethauses“ herausgegeben. Infos und Bezug siehe www.hayn-hegestr.de

1970 war der Prachtbau, in den ab 1913 auf der Gemeindewiese „Looge“ erste Mieter einzogen, für den Abriss vorgesehen und sollte durch Eigentumswohnungen ersetzt werden. Die Räume wurde dem Allgemeinen Studenten-Ausschuss (AStA) angeboten, bis 1972 zogen 14 Wohngemeinschaften ein.

„Besonders wertvolles Einzeldenkmal“

1975 hatten die Mieter mit einer Schweizer Immobiliengesellschaft einen Vertrag geschlossen, der auch Mitentscheidungsrechte beinhaltete. Als neue Eigentümer die Wohnungen billig erwarben, um sie teuer weiter zu verkaufen, wurde daraus nichts – Parole: „Hände weg von der Haynstraße!“ Auszug aus einem Flugblatt der Mieter: „Die Eigentümer haben sich verspekuliert (...) Wir haben uns gewehrt und aus der Spekulation wurde nichts.“ Im Rückblick begreifen sich die Mieter, als „„Leuchtturm““ der Mieterbewegung gegen Mietwucher und Bodenspekulation“. Und seit 2009 steht das Haus (endlich) unter Denkmalschutz, als „besonders wertvolles Einzeldenkmal“. Gut Ding braucht Weile, kann man da angesichts des meist sehr defensiven Hamburger Denkmalschutzes nur anmerken.

Das Transparent am Haus verhieß z.B. 1990: „Du sollst nicht begehren deines nächsten Wohnung!“ Auch bezog man oft über das Haus Haynstraße politisch Position: „Hände weg von der Hafenstraße“ (1987), „Nie wieder Krieg? Bombensicher“ (1999 zum NATO-Angriff auf Jugoslawien) und „Alle abschalten“ (zu Atomkraftwerken, eine Parole, die nach Fukushima 2011 wieder zum Zug kam). Im Vorgarten steht der auch bei Kindern beliebte „Spekulantenfresser“: „Vorsicht, bissige Mieter.“ Aktuell wird die Bürgerinitiative „Lasst das Dorf in Eppendorf!“ unterstützt und der Erhalt der Terrassen Hegestraße: „Hegestraße 46: SPD, Bezirk und Spekulant Bei Wohnraum-Vernichtung Hand in Hand.“ Die Bewohner besitzen einen Mietvertrag für das gesamte Haus. Einige von ihnen sind inzwischen Wohnungs-Besitzer. Aus der Kampagne gingen die 1980 gegründete Organisation „Mieter helfen Mietern“, derzeit 17.500 Mitglieder, und das Blasorchester „Tuten und Blasen“ hervor, von „Die Zeit“ 1990 als „hauseigene Kapelle“ bezeichnet (www.tutenundblasen.net).

Drehort Haynstraße

Filme werden oft gedreht im Viertel, auch das Haus Haynstraße war dabei Schauplatz der Dreharbeiten – ganz abgesehen davon, dass ihm gleich eine ganze NDR-Doku „Haynstraße bleibt!“ gewidmet war. Der WDR inszenierte dort „Die Welt in jenem Sommer“ (1980), s.a. S. 105. Hermine Huntgeburth führte 1991 Regie bei „Im Kreise der Lieben“. „Der Briefbomber“ entstand 2000, die „Tatort“-Folge „Mietsache“ 2003 und der TV-Zweiteiler „Neger, Neger, Schornsteinfeger“ 2006. Kein Wunder, dass man in Eppendorfs Straßen zeitweise Karin Baal, Sylvester Groth, Bibiana Beglau, Iris Berben, Robert Atzorn, Tilo Prückner, Veronica Ferres u.a.m. sah.

Im Haus aufgewachsen ist Jan Phillip Eißfeldt (geb. 1976), heute als Sänger Jan Delay von Hip Hop, Reggae, Soul, Funk sehr populär (www.jan-delay.de). Liebe Fans, aufgepasst: Jan lebt hier nicht mehr

Etliche Informations-Tafeln vor dem Haus Haynstr. 1-3/Hegestr. 41 informieren über Details des Baudenkmals.

Babylon in Eppendorf?

Imposanter Portikus in blau glasiertem Klinker: War das Ischtar-Tor das Vorbild?

Wohnblock der Brüder Gerson am Eppendorfer Park aus der Vogelperspektive (Firma Matthias Friedel, aus: Rauchenberger, 100 Wohnungen am Eppendorf Park, in: Stolpersteine in Hamburg-Eppendorf und Hamburg-Hoheluft-Ost, Bd. 2 M-Z).

Es sind europaweit seit 1991 höchst beliebte Veranstaltungen, die „Tage des offenen Denkmals", die im September auf Initiative des Europarats auch in Deutschland stattfinden. Insofern war es auch interessant, an einem Samstagnachmittag 2013 von der Architektin Annette Niethammer mehr über das Etagenwohnhaus Haynstr. 2-4 zu erfahren. Zumal noch eine Anwohnerin, dort über vier Jahrzehnte zuhause, und ein ehemaliger Bewohner aus den 1960er Jahren Wissenswertes mitzuteilen wussten.

Stadtteil-Bewohner werden das Haus kennen, schon des imposanten Portikus in blau glasiertem Klinker wegen. Derlei Haus-Zugänge gibt es, in kleinerer Version, in Eppendorf auch noch in der Goernestraße.

Der in der Haynstraße wurde des öfteren mit dem Ischtar-Tor, dem einstigen Stadttor von Babylon, verglichen. Das war 605-562 v. Chr. erbaut worden und ist seit 1930 im Pergamon-Museum von Berlin zu besichtigen. Ob sich die Architekten in Eppendorf von den 800 Kisten Ziegelbruchstücken aus Ausgrabungen inspirieren ließen, die aus Basra im Irak im Hamburger Hafen ankamen und auf dem Wasserweg weiter nach Berlin reisten? Das war zuletzt 1927, die Rekonstruktion war damals noch gar nicht abgeschlossen. Das Haynstraße-Haus aber wurde bereits 1923 fertig gestellt.

Eppendorfer „Haus-Architekten"

Bauherr war eine „Grundstücksgesellschaft Haynstraße m.b.H.", per Adresse erreichbar über Edmund L. Wiener am Neuen Wall 2. Als Architekten fungierten die Brüder Gerson und die müssen seinerzeit sehr oft in Eppendorf vor Ort gewesen sein. Hans (1881-1931) und Oskar (1886-1996) gründeten 1907 in der Hamburger Nachbarstadt Altona ein Architekten-Büro, Bruder Ernst (1890-1984), gebürtiger Hamburger, stieß später hinzu.

Eppendorf, die Goernestraße hatten wir erwähnt, ist reichlich bedacht mit Bauten, die die Brüder Gerson entworfen haben: Goernestr. 4-12, Gustav-Leo-Str. 2-4, 5-15 und 14-18, Eppendorfer Landstr. 58-64, der Wohnblock Breitenfelder Str. 80/Husumer Str. 37/Sudeckstr. 2-6 (die bildhauerischen Arbeiten dort schuf Ludwig Kunstmann). Das alles geschah in den 1920er Jahren.

Die Gerson-Brüder hatten in Hamburg zuvor u.a. den expressionistischen Klinkerbau Thaliahof am Alstertor (1922), Hamburgs erstes Hochhaus Ballinhaus (1924, wegen der jüdischen Herkunft des Namensgebers Albert Ballin 1938 in Meißberghof umbenannt und nie wieder rückbenannt) und mit Fritz Höger den Sprinkenhof (1926) konzipiert.

„Regionale Moderne"

Bei www.dasjuedischehamburg.de liest man: „Anfang der Zwanziger Jahre des 20. Jh. wurde das Büro Gerson durch Veröffentlichungen besonders über seine großen Hamburger Kontorhausbauten auch international bekannt. In der Weimarer Republik waren die Brüder Gerson neben Fritz Höger die maßgebenden Vertreter der so genannten Hamburger Schule der neuen Backsteinkultur." Man spricht heute auch von „regionaler Moderne"

Roten Backstein verwandten die Gersons auch in der Haynstraße; der Klinker kam aus Bockhorn in Friesland.

Das Gebäude Haynstr. 2-4 hat fünf Geschosse und zehn Wohnungen, Größe 275 bis 290 qm. Bei Führungen wie der oben genannten wird man auch auf Details aufmerksam: Das Backstein-Mauerwerk in der Anordnung britischer Gartenbau-Architektur, die gerundeten Loggien zur Straße hin, zum Hinterhof die Wirtschafts-Balkone (um z.B. die Teppiche auszuklopfen), den Müllschlucker dort.

Stuck war passé

Stuck in den Wohnräumen war 1923 nicht mehr gefragt, wohl aber gab es noch die zweiteiligen Eppendorfer Schiebe-Türen, die man oft innerhalb der Wohnungen vieler Altbauten im Stadtteil findet, und ein (Dienst-) Mädchenzimmer. Es wird gesagt, die Brüder Gerson seien anglophil gewesen. Vielleicht deshalb das oben genannte Mauerwerk und die offenen Kamine in den Wohnungen. Im Übrigen können die heutigen Bewohner auf Schränke verzichten: Es sind reichlich Einbauschränke integriert (und es gibt pro Wohnung drei Toiletten). Das Gebäude ist natürlich privat, insofern sei hier mitgeteilt, dass die expressionistische Lobby architektonisch großartig ist und genauso das Geländer mit seinem Rauten-Muster. Rechts vom Eingang lässt sich noch erkennen, dass dort einmal ein Schild hing: Das des „Kaiserlichen Iranischen Generalkonsulat", Vertretung des Schah von Persien. Was zur Folge hatte, dass aufgrund von Demonstrationen um 1968 in den Seitenstraßen auch Mannschaftswagen mit Bereitschaftspolizei auffuhren.

Diskriminierung und Exil

Hans Gerson verstarb 1931 in Hamburg. Seine Brüder Oskar und Ernst wurden im Oktober 1933 aufgrund ihrer jüdischen Herkunft vom Bund Deutscher Architekten (BDA) ausgeschlossen. Ernst flüchtete 1933 nach Bulgarien (Sofia) und 1939 weiter nach Neuseeland fast ans „Ende der Welt". Oskar Gerson emigrierte am 9. Januar 1939 nach Großbritannien und von dort aus in die USA.

Die Stadt Hamburg hat 1979 den Gersonweg im Stadtteil Allermöhe benannt.

Dieser ist fernab von Eppendorf und der Stadtteil Allermöhe ohne jeden Bezug zu den Architekten.

Wo die Kirche stehen sollte

„Klosterstern?", werden manche meinen, „ja, was soll es denn da zu sehen geben?" Tatsächlich hat die Adresse gerade mal sieben Hausnummern. In die Denkmalliste eingetragen sind die Etagenhäuser Nr. 4 (um 1895) und Nr. 5 von 1898 sowie die Einfamilienhäuser Nr. 8 (1899, Umbau 1990/91) und Nr. 9 (1898, Umbau 1934/35). Und dann gibt es noch ein unterirdisches Denkmal: Die U–Bahn-Station Klosterstern, bis 1987 im originalen Stil rekonstruiert, mit Nachbauten der Metallstützpfeiler und dreieckigen Art deco-Lampen. Walther Puritz (1882-1957) hatte die Bahnsteighalle 1929-30 mit Karl Schneider (1892-1945), der als „Kulturbolschewist" von den Nazis nach Chicago vertrieben wurde, gestaltet. Die Station der U 1 gilt als letzter noch erhaltener unterirdischer Vorkriegsbahnhof, trotz der Rekonstruktionen.

Warum der Klosterstern zurecht so heißt, beweist die Luftaufnahme aus den 1930er Jahren.

Eppendorf auf Zelluloid

„Die Stimme des Anderen“ hieß der Spielfilm der Real-Film Hamburg-Wandsbek von Walter Koppel, der am 10. April 1952 im Filmtheater „Die Barke“ (Spitaler Str. 7) Premiere hatte und bundesdeutscher Beitrag für die Film-Festspiele in Cannes war. Versprochen wurden unter der Regie von Erich Engel und unter Mitwirkung von Michel Auclair, Hanna Rucker, René Deltgen, Inge Meysel (aus der Oberstr. 82) u.a.m. “Lustspiel, Heiterkeit, Kriminalfilm, Spannung, Operetten-Zauber”.

Was das alles mit Eppendorf zu tun hat? Als Hintergrund für Studio-Aufnahmen filmte Kameramann Ekkehard Kyrath nämlich die Straßenzüge Eppendorfer Landstraße, Eppendorfer Baum und Klosterstern ab. Wieviel Eppendorf dann tatsächlich im Film zu sehen war, wissen wir nicht. Jedenfalls wird der Streifen im Bundesarchiv Berlin verwahrt, auch unter seinem späteren Verleihtitel „Unter den tausend Laternen“.

Trotz der Rekonstruktionen letzter noch erhaltener unterirdischer Vorkriegsbahnhof der Stadt: U-Bahnhof Klosterstern mit Metallstützpfeilern und dreieckigen Art deco-Lampen.

Die Mauer und die Bänke blieben vom Projekt „Wandlungen Klosterstern", doch der Zebrastreifen, der zum „Boulevard" führte, existiert nicht mehr.

Die Deutsche Bank unter Nr. 1 ist hier schon lange, auch die „Klosterstern–Drogerie" (Nr.2) im Klinkerbau Nr. 2 von 1950, wo früher die Färberei Dependorf war. Nr. 2 bestand lange die „Meister-Drogerie", die Schaufenster stammen von 1952, jetzt findet man sie Eppendorfer Baum 12.

Aber da ist ja noch viel mehr: Vor allem die Hauptkirche St. Nikolai mit ihren Kunstwerken und ein Park mit einem Denkmal, eine prächtige Bankdirektoren-Villa und der Blick in die Nebenstraßen lohnt sowieso.

Sechs Straßen sind es, die hier in Harvestehude zusammen treffen, im Uhrzeigersinn: Oderfelder Str., St. Benedictstr., Harvestehuder Weg, Rothenbaumchaussee, Jungfrauenthal und Eppendorfer Baum, in einem für Hamburg eher seltenen Kreisverkehr. Polizei und Baubehörde hatten 1982 einmal die Idee, den Verkehr auf mindestens drei Zufahrtsstraßen mittels Ampeln zu regeln. Das gab einen ziemlichen „Aufstand" – „Empörung am Klosterstern" („HA") -, bis das Projekt auf höchster politischer Ebene von Bürgermeister Klaus von Dohnanyi und Bausenator Volker Lange ad acta gelegt wurde.

Warum der Klosterstern so heißt, interpretierte das Hamburger Adressbuch unterschiedlich. „Nach dem Kloster Herwardeshude und dem sternförmigen Platz, auf dem es lag." Oder: „Nach der von 1240-1530 in der Nähe gelegenen Nonnenabtei Harvesthude. Benannt 1870." Der eigentliche Platz bzw. die Grünfläche sind öffentlicher Raum, in der Realität, da verkehrsumtost und schwer erreichbar, aber nicht.

„Boulevard" – ein fehl geschlagenes Projekt

Abhilfe schaffen sollte im Rahmen des Hamburger Architektursommer 2003 das Projekt „Wandlungen Klosterstern", das die weitgehend unbeachtete, 4.000 qm große Verkehrsinsel und „Hundewiese" in einen „Boulevard" verwandeln sollte. Die private Initiative „Auftritt Stadt", die Landschaftsarchitekten (Prof. Dirk) Junker + Kollegen, der Fachverband Gartenbau u.a.m. engagierten sich vor Ort. Sternförmige Wege wurden angelegt, bunte Bänke und Kunstobjekte aufgestellt, Lichtinstallationen angebracht und es gab einen neuen Zebrastreifen von der Oderfelder Str. her. Das kostete 700.000 Euro, doch von der Öffentlichkeit angenommen wurde das Ganze nicht. 2004 begann der Rückbau, das Bezirksamt Eimsbüttel beschloss, die Stein-Mauer und zwölf Bänke zu erhalten. Den Zebrastreifen allerdings hat man wieder entfernt. Kurz darauf kam der Platz noch einmal ins Gespräch, als Investoren dort ein Parkhaus errichten wollten.

„Warum eine neue Kirche?"

Eigentlich sollte inmitten des Platzes die Hauptkirche St. Nikolai stehen, wäre es nach einem der Vorschläge innerhalb der intensiven Standort-Diskussion Ende der 1950er Jahre gegangen. Ursprünglich hatte die Kirche ohnehin einen ganz anderen Ort für ihren Neubau ausersehen: Eine Ecke des Bolivar Parks, direkt an der Rothenbaumchaussee. Obwohl nach den Planentwürfen angeblich nur 4,4 Prozent der Grünfläche verloren gegangen wären, lehnte die Stadt 1958 rigoros ab: „Keine Grünfläche für Bauplätze!"; dem Senat schloss sich der zuständige Bezirk Eimsbüttel an.

So wurde denn als Bauplatz die Adresse Harvestehuder Weg 118 gefunden, was in der Bevölkerung auf Kritik stieß. Ein Le-

Eine der fünf Hauptkirchen Hamburgs, nicht im Stadtzentrum gelegen: St. Nikolai, eingeweiht 1962.

ser des „HA": „Warum eine neue Kirche? Die Johanniskirche am Mittelweg ist nur 20 Minuten entfernt und dort kann man zu jedem Gottesdienst genügend Platz finden. Das Geld sollte die Kirche lieber zur Linderung ärgster Not verwenden." Zudem mussten für den Neubau eine Reihe von „intakten, wohnfähigen Villen" abgerissen werden (was auch Hauptpastor Hans–Otto Wölber ausdrücklich bedauerte). „Die Welt" 1962 :"Ein lebhaftes Echo hat die Tatsache erregt, dass einem Kirchenneubau zuliebe mehrere Wohnhäuser abgerissen werden sollen. Angesichts der immer noch bestehenden Wohnungsnot scheint diese Maßnahme vielen Hamburger Bürgern unverständlich."

Mit dem Neubau St. Nikolai –Entwurf: Gerhard Langmaack, dem ehemals in Eppendorf ansässigen Architekten und „Altmeister des deutschen Kirchenbaus" („Die Welt") - wanderte erstmals eine der fünf Hamburger Hauptkirchen aus dem Stadtzentrum aus: „Man wollte sie aus der „toten" Innenstadt in ein lebendiges Stadtviertel verpflanzen" („HA" 1956). Die alte St. Nikolai-Kirche, deren Turm den alliierten Bomberpiloten als Orientierungspunkt für ihre Angriffe diente, ist im 2. Weltkrieg zerstört worden (www.mahnmal-st-nikolai.de). Der Grundstein war am 3. Juli 1960 gelegt worden und anlässlich des Essens zum Richtfest am Nikolaustag 1961 im Winterhuder Fährhaus übergab der Eppendorfer St. Johannis–Pastor Walter Gerber dem neuen „Nachbarn" eine erste Glockenspende. Bei der Einweihung am 30. September1962 (Erntedankfest) sprach für den Senat Helmut Schmidt, der damalige Innensenator und spätere Bundeskanzler, doch viele Gemeindemitglieder gingen enttäuscht nachhause, weil nur geladene Gäste zugelassen waren. Erst in letzter Minute erlaubte man noch ein kleines zusätzliches Stehplatz–Kontingent.

Warum die Glocken schwiegen

Die Kirche, heute eine Landmarke am Rande von Eppendorf, die seit 2007 Denkmalschutz genießt, war bei der Einweihung noch unfertig. "Viele vermögen sich mit dem noch turmlosen Hallenbau, der die Umgebung weitgehend „überspielt", nicht abzufinden", meldete „Die Welt". Die Vorhalle von St. Nikolai konnte dann 1963 fertiggestellt werden. Der Turm kam am Nikolaustag (6.12.) im selben Jahr hinzu, mit einer Höhe von 89,4 m (inklusive Wetterfahne, ca. drei Meter). Auf der Spitze war der vergoldete Nikolaus im Schiff angebracht. Der Schutzpatron der Seeleute und Kaufleute drohte Ende der 1980er Jahre herab zu stürzen, es war bei einer Größe von 3,50 m und einem Gewicht von 200 kg wohl von Anfang an zu schwer gewesen. Die Gemeinde war gezwungen, eine Zeitlang ihre Glocken nicht mehr zu läuten, um den Namenspatron nicht zu erschüttern. Im Sommer 1988 wurde eine leichtere Version installiert.

Die St. Nikolai–Gemeinde war 1956 wieder gebildet worden, mit schließlich knapp 2.500 Mitgliedern. Als Kirchen-Ersatz diente erst einmal ein Konzertsaal Harvestehuder Weg 91 (heute Kinderhaus von St. Nikolai). Für den neuen Standort sprach laut Hauptpastor Hans-Otto Wölber, dass dieses Gebiet „kirchlich gesehen ein weißer Fleck ist." 1957 war auch festgestellt worden, Eppendorf, Harvestehude, Winterhude und St. Andreas (an der Bogenstraße) seien „Riesengemeinden, in denen echte Seelsorge kaum noch möglich ist." 18.000 Gemeindemitglieder sollten sich künftig nach Neu–St. Nikolai orientieren. 12.000 wurden schließlich bei Eröffnung der Kirche als zugehörig betrachtet, heute zählt die evangelisch-lutherische Gemeinde 4.500 Mitglieder.

Lange war St. Nikolai Bischofskirche, denn Hauptpastor Dr. Hans-Otto Wölber (1913-1989) war 1964 zum Hamburger Landesbischof und für den Zeitraum von 1977 bis 1983 als Bischof der Nordelbischen Evangelisch-Lutherischen Kirche gewählt worden.

Der Bau des neuen dreistöckigen Gemeindehauses von 2002 bis 2003 (Arch.: Carsten Roth) mit einem Saal für 150 Personen und sechs Gruppenräumen, die Kosten beliefen sich auf zwei Mio. Euro, stieß auf Proteste einiger Anwohner. Sie fürchteten „Belästigung durch Lärm und Licht". Ihre Intervention scheiterte, denn die entsprechende Fläche war „für besondere Zwecke: Kirche" ausgewiesen.

Vorgänger des neuen Gemeindehauses war die beeindruckende Villa Abteistr. 38 „um die Ecke" von 1909, umgebaut 1963. Die Architekten Rudolf und William Rzekowski harren noch einer Würdigung. Erster Bewohner des Pracht-Hauses war Ferdinand Lincke, von 1908 bis 1931 Vorstandssprecher der heutigen Commerzbank. Als Eigentümer ist um 1960 Carl Dobbertin aufgeführt, Reeder und im Eisenhandel tätig.

Kokoschkas Mosaik

St. Nikolai ist täglich von 9 Uhr bis 18 Uhr geöffnet. Für manche Touristen gehört sie zum Pflichtprogramm: der bemerkenswerten Architektur und der Kunstwerke wegen. Frei hängt über dem Altar das Kreuzigungsmosaik „Ecce homines" - „So sind Menschen". Oskar Kokoschka (1886-1980), dessen Bilder in der NS–Zeit als „entartete Kunst" beschlagnahmt wurden und der 1938 nach Großbritannien emigrierte, hat die Darstellung des Gekreuzigten und des Kriegsknechtes entworfen, die als Mosaik von dem italienischen Professor Sergio Cicognani (geb. 1927) in Ravenna gefertigt wurde.

Nachdem die Lübecker Kirchenleitung kein Interesse an dem Werk zeigte, kam über den damaligen Präsidenten des Kirchenamtes der Hamburgische Landeskirche, Dr. Dietrich Katzenstein, der Kontakt zu St. Nikolai zustande, das infolge der Zerstörung im 2. Weltkrieg kaum Kunstwerke besaß. Seit Karfreitag 1974 wird das Kokoschka–Mosaik in der Kirche gezeigt; eine Schwarzweiß–Ausführung befindet sich seit 1978 im Turm der St. Nikolai–Ruine am Hopfenmarkt, wo auch der Tafel–Text zu lesen steht: „Tue Deinen Mund auf für die Stummen und für die Sache aller, die verlassen sind" (Sprüche Salomo, Kapitel 31, Vers 8).

Kokoschkas Kreuzigungs–Darstellung ist in der Gemeinde einige Zeit umstritten gewesen, was in einer Veröffentlichung des Kirchenvorstandes auch Ivo von Trotha berichtete: „Der gemeine, gleichgültige und hässliche Kriegsknecht zu Füßen des Gekreuzigten, dessen Antlitz fast einer Visage gleichkommt, beherrscht den Kirchenraum derart, dass die innere Einkehr, die Meditation und das Gebet geradezu behindert, wenn nicht gar unmöglich gemacht werden." Andere meinten, das Mosaik würde das Kruzifix „erschlagen", und anlässlich eines Kokoschka–Abends in St. Nikolai zum 100. Geburtstag des Künstlers schlug ein Gemeindemitglied den Verkauf des Bildnisses vor. Auszug aus einem anderen Brief: „Wir helfen in der Gemeindearbeit gern, jedoch nicht wegen des Bildes, sondern eben trotzdem."

Die Kirchenfenster von Alt-St. Nikolai

Obwohl eine „junge" Kirche, hat St. Nikolai auch historische Kunstwerke zu bieten. Hier fanden die Kirchenfenster zur Johannes-Offenbarung der Glasmalerin Elisabeth Coester (1990-1941), es war 1939 eine ihrer letzten Arbeiten, in der Vorhalle einen Platz. Sie waren ursprünglich für die alte St. Nikolai-Kirche vorgesehen, wurden dort aber wegen des Krieges nicht mehr eingebaut. Vom Hopfenmarkt stammen, jeweils von 1874, die Marmor- Skulptur von Erzbischof Ansgar (ehemals Südfassade) und der Torso Christi vom Hauptaltar.

Den Taufstein hat, ebenso wie die drei Bronze-Reliefs an der Kanzel, das Kruzifix und die Nikolaus-Tür an der Westfassade Fritz Fleer (1921-1997) geschaffen. 1991 erhielt die Gemeinde ein weiteres Kunstwerk, den Druckstock „Vom Heiligen St. Ansgar in Hamburg" bzw. „Rettung" (1965) von HAP Grieshaber (1909-1981), in der hiesigen Universität ehemals unbeachtet, nun an der Nordseite der Kirchenhalle zu sehen.

Über die vielfältigen Aktivitäten der Gemeinde möge man sich vor Ort oder bei www.hauptkirche-st-nikolai.de informieren. Bemerkenswert ist das musikalische Programm. Die Kantorei bestand 2007 ein halbes Jahrhundert. Zur Gemeinde gehört seit 1960 auch der Knabenchor, ehemals beim NDR angesiedelt, bis die Partnerschaft endete, weil der Sender keine Bachkantaten mehr ausstrahlen wollte. U.a. hatten Hans Werner Henze, Carl Orff, Hans Schmidt–Isserstedt und Günther Wand mit den jungen Sängern gearbeitet.

St. Nikolai bezeichnet sich als „Denkmal für den Frieden – Gemeinde für die Stadt". Die Ablehnung des Zweiten Golfkrieges 1990/91 signalisierte eine große weiße Fahne am

Turm. Jene weißen Tücher sah man damals sehr zahlreich in Eppendorf, die meisten wohl im Woldsenweg. Die Ostermärsche 1993 (Friedensgottesdienst), 1994 (Andacht), 1995 und 1999 („Keine Bomben auf Jugoslawien!", Protest gegen den NATO-Einsatz unter Beteiligung der rot-grünen Bundesregierung) begannen jeweils an St. Nikolai.

Ein Tipp für Max Brauer

Das grüne Dreieck in der Nähe, dessen Spitze auf den Klosterstern stößt und das eingerahmt ist von Rothenbaumchaussee, Abteistraße und Harvestehuder Weg, dürfte Älteren noch als Abteipark bekannt sein. Ehemals war es die klösterliche Kiesgrube. Als Anfang der 1950er Jahre der Generalkonsul Venezuelas, Miguel Maria Escalante, den neuen Namen Bolivar Park vorschlug, stimmte Hamburg gern zu: „ Ein außerordentlich glücklicher Gedanke, der die Verbundenheit Hamburgs mit den iberoamerikanischen Republik beweist" (nach der Isolation infolge NS–Zeit und Weltkrieg wollte man wieder „hinaus in die Welt"). Simon Bolivar (1783–1830), der mit seinem Heer im Unabhängigkeitskrieg vom Norden Lateinamerikas gegen

die Spanier zog, war bis dahin in Hamburg „nur" in Form einer Bronzebüste von 1926 im Phönixsaal des Rathauses präsent.

Die für den 24. Juli 1952 vorgesehene Einweihung des Bolivar Park musste abgesagt werden, weil die Frau des Bundespräsidenten, Elly Heuss-Knapp, verstorben war. Am 21. August erfolgte dann der Festakt, bei dem die anwesende Kapelle sehr gefordert wurde, spielte sie doch nicht nur die bundesrepublikanische Hymne, sondern auch noch die Nationalhymnen der sog. Bolivarischen Länder, als da sind: Bolivien, Kolumbien, Ecuador, Panama, Peru und Venezuela. Obacht war auch vom Festredner, Bürgermeister Dr. Max Brauer, gefragt, dem die Staatliche Pressestelle den folgenden Vermerk zugeleitet hatte : „Darf ich bei dieser Gelegenheit die Bitte aussprechen, Herrn Brauer auf eine Besonderheit der Aussprache des Namens Bolivar aufmerksam zu machen? Der Name Bolivar wird auf der zweiten Silbe und nicht auf der ersten Silbe, wie Herr Bürgermeister Brauer es zu tun pflegt, betont. Die Ibero-Amerikaner sind in diesem Punkt sehr eitel und sehr empfindlich und pflegen leicht verachtungsvoll zu lächeln über die „Barbaren" welche die Aussprache missachten."

Bürgermeister Brauer muss seine Aufgabe ausgezeichnet bewältigt haben, findet sich in der entsprechenden Akte doch der Vermerk: „Aussprache des Bürgermeisters war vorbildlich!" Was dann bestimmt auch beim abendlichen „Herrenessen" des Ibero-Amerikanischen Vereins im Hotel „Atlantic" honoriert wurde.

Der Park hat 1960 dann auch ein Denkmal des Simon Bolivar von L. Frizzi bekommen, gewidmet der Freien und Hansestadt von der Republik Venezuela. Das Monument war von den Straßen her nicht einzusehen, weshalb es auf Kosten Venezuelas 1977 an die Ecke Rothenbaumchaussee/Abteistr. versetzt wurde. Zum 230. Geburtstag von Bolivar wurde es zum 24. Juli 2013 durch die Bolivarische Republik Venezuela renoviert.

Der Gestapo – Mord

Der Klosterstern war der Ort, an dem am 5. Januar 1944 der Widerstandskämpfer Walter Bohne von der Geheimen Staatspolizei der Nazis ermordet wurde. Bohne, ein 40jähriger Kommunist und Arbeitersportler, als Schiffszimmerer beschäftigt auf der Peute-Werft, gehörte zur Widerstandsgruppe Bästlein-Jacob-Abshagen. Nach der Freilassung infolge der Bombenangriffe war er untergetaucht und hatte sich mit einer Pistole bewaffnet. Noch kurz vor seinem Tod formulierte er im Dezember 1943 in einem Rundschreiben: „Es (ist) .... klar, dass wir bei dem Geschehen keine unbeteiligten Zuschauer abgeben können. Es geht um unser Leben und um unsere Zukunft. Jeder Tag kostet unzählige Opfer an der Front und in der Heimat. Tatenlos zusehen bedeutet, sich selbst und andere dem Henker auszuliefern."

Die Gestapo hatte den Eppendorfer Spitzel Alfons Pannek in die Gruppe eingeschleust und erfuhr so, dass Bohne am Klosterstern den (bereits festgenommenen) Hans Hornberger treffen sollte. Gestapo-Sekretär Henry Helms ging in Hornbergers Anzug dorthin, begleitet von seinem Assistenten Ernst Litzow. Walter Bohne erkannte die Falle zu spät und wurde beim Feuergefecht von den Gestapo-Männern erschossen. Die DDR hatte in Erinnerung an Walter Bohne, der bereits 1933 bis 1935 zwei Jahre im Zuchthaus inhaftiert war und sich trotzdem zum weiteren Widerstand gegen die NS-Diktatur entschloss, eine Briefmarke herausgegeben.
Vor dem Haus Klosterstern 5 befindet sich seit 2012 ein Stolperstein für ihn. Zwischen der Text-Vorlage und der Schaffung des Gedenksteins gingen allerdings drei Buchstaben der Inschrift verloren: KPD.
Wie geschrieben, der Blick in die Seitenstraße lohnt: Zu den Etagenhäusern im Jungfrauenthal, Etagenhäusern und Reihenvillen in der Oderfelder Str. oder den Einfamilienhäusern von 1913 St. Benedictstr. 2 bis 8.

Bild S. 94 Links
Die Kirchenfenster von Elisabeth Coester von 1939 waren noch für die alte St. Nikolai-Kirche vorgesehen, die 1943 zerstört wurde und als Ruine heute ein Hamburger Mahnmal ist.

Bild S. 94 Rechts
Das Kreuzigungsmosaik „Ecce homines" / „So sind Menschen" von Oskar Kokoschka gilt als bedeutendstes Kunstwerk von St. Nikolai. Das Kruzifix auf dem Altar hat Fritz Fleer geschaffen.

Oben: Sechs Nationalhymnen zur Einweihung: Das Simon Bolivar-Denkmal.

DDR-Briefmarke zur Erinnerung an den 1944 bei einem Feuergefecht mit der Gestapo getöteten Widerstandskämpfer Walter Bohne.

Tagebücher, 1933 bis 1937

„Offenbar nach anfänglichem Unglauben an die Geschehnisse schreibt er für die jungen Töchter zuerst nur ahnend und dann zunehmend gewisser werdend über die Gewalt der Ereignisse."

So kommentiert Frank Mecklenburg, Director of Research des Leo Baeck Institute in New York, die von 1933 bis 1937 verfassten Tagebücher von Kurt F. Rosenberg aus Eppendorf. 2012 wurden sie unter dem Titel „Einer, der nicht mehr dazugehört" von Beate Meyer/Björn Siegel in der Reihe „Beiträge zur Geschichte der deutschen Juden" für die Stiftung Institut für die Geschichte der deutschen Juden Hamburg als Buch herausgegeben.

Bis zur Emigration 1938 war Kurt F. Rosenberg (geb. 12.3.1900) ein Eppendorfer: Aufgewachsen in der Hagedornstr. südlich vom Klosterstern, hatte er die Oberrealschule besucht. Mit Ehefrau Dr. med. Margarethe geb. Levison und der verwitweten Mutter Paula Rosenberg war der Rechtsanwalt dann wohnhaft in der Eppendorferlandstr. 28 (so die damalige Schreibweise).

Um 1937 zog die Familie in die Oderfelder Str. um, hierfür gibt es nun unterschiedliche Angaben. Das erwähnte Buch nennt als Wohnsitz Oderfelder Str. 71; diese Adresse aber gab es nie. Ein Foto im Buch zeigt Haus Nr. 7. Ein Dr. jur. Kurt Rosenberg taucht in den Hamburger Adressbüchern sowohl in der Nr. 7 (dort lebte ebenfalls im 1. Stock die Mutter) als auch in Nr. 17 (2. Stock) auf. 1940 hat das Haus Nr. 17 das Nationalsozialische Fliegerkorps übernommen. Vormals war als Eigentümer Dr. R. Brach aus der Firma Herrenausstattungen Salomon Guttmann genannt.

Kurt F. (Fritz) Rosenberg war alleiniger Syndikus der Vereinigung Hamburger Getreide Importeure. Noch am 6. April 1933 schreibt der Jurist in sein Tagebuch: „In Hamburg – und meine Ansicht über die Mäßigkeit der Hamb. Bevölkerung als Ganze bestätigt sich – soll der Bürgermeister Krogmann die Reichsregierung darauf hingewiesen haben, dass die Rassenprobleme nicht eine solche Bedeutung haben wie möglicherweise in anderen Städten. Wieviele alteingesessene Juden von hoher Kultur leben in Hamburg."

„Zerstampft und zertreten"

1933 verliert der Jude die Zulassung sowohl als Syndikus als auch als Rechtsanwalt und notiert am 1. Mai 1933: „Am 25. April hat man (...) mir die Zulassung zur Rechtsanwaltschaft genommen (...) Das Aufbauwerk einer achtjährigen Arbeit unter Einsetzung meiner ganzen Person ist zerstampft und zertreten (...) Wir haben unsere neun Angestellten gekündigt."

Tagebuch-Eintrag vom 26. April 1936: „Die Einschränkung des jüdischen Lebenskreises wächst. Eine Bestimmung folgt der Nächsten. Jetzt sind die jüdischen Apotheker und Tierärzte betroffen. Und morgen? Und übermorgen? (...) Seit Wochen stecken die Juden die Köpfe zusammen und erzählen sich, dass es nach der im August stattfindenden Olympiade noch schlimmer werde. Weg ohne Ende (...) Über allem steht die immer wiederkehrende Frage: Lohnt es nicht noch? Und dahinter steht die andere Frage: Wohin?"

Kurt F. Rosenberg reist am 8. September 1938 in die Schweiz aus. Tochter Gabriele übernachtet nun in der Claire-Lehmann-Schule (s. a. S. 61), Tochter Thekla bei Großmutter Paula, die damals Eppendorfer Landstr. 46 lebt. Am 14. September kommt die Familie nach, von Le Havre emigriert sie mit dem Dampfer „Manhattan" in die USA, wo Mount Vernon im Staat New York der neue Wohnsitz wird. Kurts Mutter Paula flüchtet 1941 ebenfalls in die USA. Dort ist Frederick Rosenberg, so der neue Vorname, am 1.3.1977 verstorben.

Die Mutter von Ehefrau Margarethe, Aurelie Levison, die nach dem Tod ihres Mannes in eine Wohnung im Woldsenweg 9 einzog, ist 1941 nach Riga deportiert und ermordet worden.

S. 96: Wohnhaus Kurt Rosenberg in der Oderfelder Str. 7, um 1933 (Kurt F. Rosenberg, s. Literatur).

S 97
Porträt von Kurt Rosenberg aus den 1930er Jahren (s. Literatur).

Oben links: Thekla-Maria und Kurt Rosenberg ca. 1935
Unten links: Familienbild um 1933, v.l.: Tochter Thekla-Maria, Mutter Margarethe, deren Mutter Paula, Tochter Gabriele und Vater Kurt Rosenberg (s. Literatur).

Stadtteil-Wahrzeichen: Geschichte und Kunst

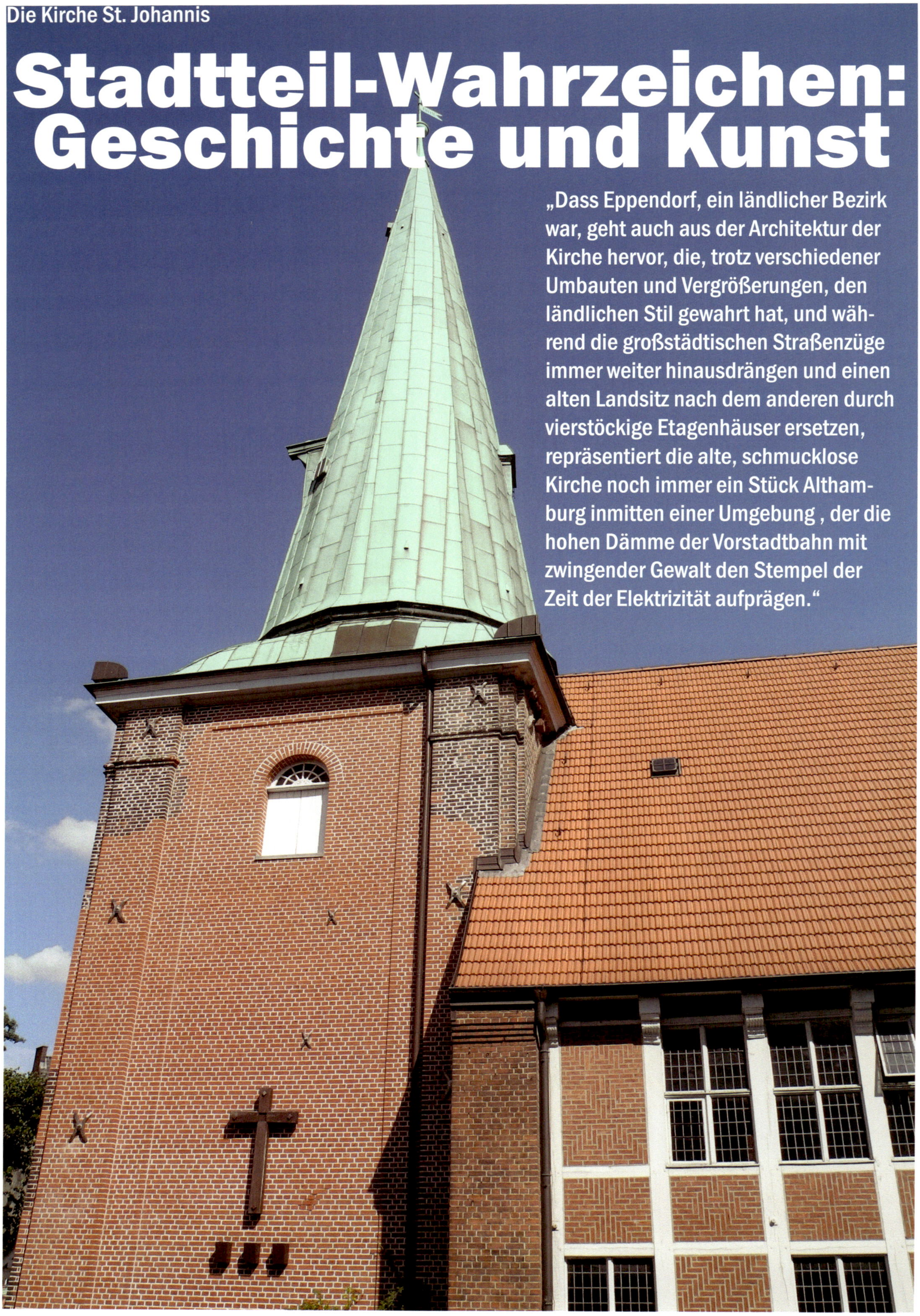

„Dass Eppendorf, ein ländlicher Bezirk war, geht auch aus der Architektur der Kirche hervor, die, trotz verschiedener Umbauten und Vergrößerungen, den ländlichen Stil gewahrt hat, und während die großstädtischen Straßenzüge immer weiter hinausdrängen und einen alten Landsitz nach dem anderen durch vierstöckige Etagenhäuser ersetzen, repräsentiert die alte, schmucklose Kirche noch immer ein Stück Althamburg inmitten einer Umgebung , der die hohen Dämme der Vorstadtbahn mit zwingender Gewalt den Stempel der Zeit der Elektrizität aufprägen."

So war es 1910 im „Hamburger Fremdenblatt" zu lesen und genau genommen hat sich, was die Kirche St. Johannis am Alsterufer angeht, entscheidend nichts verändert: Das nach Johannes dem Täufer benannte Gotteshaus ist einer der letzten Zeugen aus jener Zeit, als Eppendorf noch ein Dorf war. Es ist unbestritten das Wahrzeichen des Stadtteils, weshalb wir auch nicht lange überlegen mussten, welches Bild den Titel dieses Buches schmücken sollte.

Die „Hochzeitskirche"

„Einer der anziehendsten Punkte im Rahmen unseres Alsterbildes", hat der Architekt Julius Faulwasser die Kirche 1903 bezeichnet, und als Landmarke ist sie weithin bekannt - auch als „Hochzeitskirche", denn 100 Trauungen finden hier jährlich statt (1970 waren es noch 200). Das „HA" hat die Beliebtheit von St. Johannis für Eheschließungen 1956 wie folgt erklärt: „Das hat sich nach dem letzten Krieg so ergeben. Die jungen Eheleute wollten wohl von einem ganz und gar heilgebliebenen alten Gotteshaus aus den gemeinsamen Weg ins Leben antreten."

So wurde denn so manche „Promi"-Ehe in St. Johannis geschlossen. 1949 traten die Schauspielerin Cornell Borchers, die später mit Errol Flynn, Rock Hudson und Montgomery Clift drehte, und der britische Ex-Offizier Bruce Cunningham vor den Altar. General a. D. Paul von Lettow-Vorbeck feierte 1955 die Eheschließung von Großnichte Gitta mit. 1959 gaben sich Uwe Seeler und Ilka Buck das Ja-Wort. Aus der „Backpulver-Dynastie" heiratete 1971 August Oetker in Eppendorf.

Ein „Kammermohr" wird getraut

Der erste Schwarze, der in der Eppendorfer Kirche getraut wurde, war 1786 Joseph Heinrich Carl Ambach mit Johanna Richter aus Altona. Die Erklärung: Der Sklavenhändler Heinrich Carl von Schimmelmann, u.a. Herr von Schloss Ahrensburg und auf Gut Wandsbek, hatte den Jungen aus St. Croix in der Karibik als „Kammermohr" nach Deutschland bringen lassen. Auf einem Gemälde von 1773 ist er als solcher neben seinem „Herrn" zu sehen. Der Sklaven-Sohn erhielt einen „Kolonialnamen" (Ambach vermutlich nach dem Bach Wandse) und wurde getauft, sodass er in St. Johannis heiraten konnte (nach: www.freedom-roads.de).

Wenig beliebte „Scheune"

Dass die Kirche überhaupt noch steht, ist ein kleines Wunder. Denn in der Gründerzeit, als mit den Etagenhäusern und ihren neuen Bewohnern ein anderer Geist ins Dorf einzog, war „die Scheune" wenig beliebt. Sie sollte abgerissen und durch einen neugotischen Neubau ersetzt werden, wozu es glücklicherweise nie kam.

Noch in den 1960er Jahren wollten Verkehrsplaner das Bauwerk isolieren, vielleicht sogar ganz niederlegen. Das Alte Pastorat (um 1730, es steht unter Denkmalschutz und kann für Empfänge gemietet werden) sollte abgerissen, die Platanen gefällt, Vorplatz und Auffahrt für Hochzeitskutschen asphaltiert werden. „Wir sind in Hamburg so arm an Baudenkmälern, dass dieses Stück Alt–Eppendorf unbedingt erhalten bleiben muss", verlangte zurecht Dipl.-Ing. Heinz Ruppert von der CDU–Fraktion in der Bezirksversammlung Nord.

Den Haupteingang der Kirche wollte man damals zumauern. Er war erst 1829 angelegt worden; zuvor trat man von der Nordseite in die Kirche ein. Aber letztlich blieb alles so wie es war.

Nun gibt es Leute im Stadtteil, die gehen am Wochenende auf Tour, um dieses oder jenes Dorfkirchlein im Norden zu besichtigen. Ob sie auch schon einmal die Kirche ihres Viertels besucht haben? Denn St. Johannis ist reich an Geschichte und auch Kunstwerken.

1267 und 1984

Erstmals erwähnt wird die Eppendorfer Kirche in einer Urkunde vom 11. Februar 1267. Damals versammelten sich in ihr Ratsherren, weil der Ritter Otto von Barmstede hamburgische Schiffe beraubt hatte. Die Urkunde von Graf Gerhard von Holstein, in der die Kirche benannt ist, legte die Entschädigung fest, die der räuberische Ritter den Hamburgern bezahlen musste. Im Rundbogen im Fachwerk der Außenwand sieht man heute die Jahreszahlen 1267 und 1984 für die erste Erwähnung und die letzte Renovierung.
Baulich existiert diese erste Kirche nicht mehr, abgesehen vom unteren romanischen Teil des Turms, der einen Brand im 14. Jahrhundert überdauerte, ursprünglich vermutlich als Wachtturm für sich stand und später in das Gebäude einbezogen wurde. Er wurde 1751 ummantelt und mit der Haube versehen – deshalb die Jahreszahl am Bauwerk, die viele für das Entstehungsjahr von St. Johannis halten. Die Findlinge des von 1999 bis 2001 restaurierten Turms sind heute vom Kirchenschiff aus sichtbar.

Blick ins Kirchenschiff von St. Johannis: Die vorderen Bänke sind noch im Original erhalten und die Kanzel schuf der Eppendorfer Tischler Ulrich Reese 1781.

Dieses entstand 1622 in seiner heutigen Größe als Fachwerksaal. St. Johannis hat oft gewaltsame Heimsuchungen erlebt, so, als im Dreißigjährigen Krieg 1627 die Kaiserlichen das von Dänen besetzte Eppendorf stürmten und die Kirche plünderten, als 1645 die Schweden einfielen und 1659 Polen im Solde von Dänemark die Kirche ausraubten. 1814 war das Gotteshaus zur sog. Franzosenzeit Lazarett für 700 Kranke und Obdachlose, nachdem der Pesthof vor dem Millerntor zerstört worden war.

St. Johannis zu Eppendorf ist eine der ältesten Gemeinden von Nordelbien und hatte ehemals einen stattlichen Einzugsbereich, zu dem u.a. Harvestehude, Eimsbüttel, Alsterdorf, Ohlsdorf, Langenhorn und Fuhlsbüttel zählten. Aufgrund der in diesem Gebiet ansässigen Großbauern und der später eingetroffenen Landhaus–Besitzer galt die Kirchengemeinde, seit 1530 lutherisch, als reich. Etliche namhafte Eppendorfer Familien waren St. Johannis zugetan, was sich auch in der Präsenz vieler Prominenter wie Knauer, Kümmell, Goerne, Stavenhagen, Troplowitz u.a.m. bei den Wohltätigkeitsfesten in allen Sälen von „Sagebiel" für die Eppendorfer Gemeindepflege ausdrückte. Die Bürgermeister Kellinghusen–Stiftung schenkte ein Altarbild, auch die Bankiersfamilie Münchmeyer (aus Rissen) war der Gemeinde verbunden.

Das Privileg der Bäcker

Die erste grundlegende Renovierung hatte die Kirche 1902–03 durch den erwähnten Architekten Julius Faulwasser erfahren. Die Holzbalkendecke wurde durch ein Tonnengewölbe ersetzt und neues Gestühl eingebaut, wobei die alten Kirchenbänke (1631) der Landherren und begüterten Bauernfamilien in den vordersten Reihen erhalten blieben. Nachdem es ein Privileg der Nonnen aus dem Kloster St. Johannis gewesen war, im Mittelgang der Kirche beigesetzt zu werden, und eine Geste gegenüber dem „Kastengeist", die Eppendorfer Bäckereimeister unter dem Altar zu bestatten, wurden im Zuge der Renovierung die Gebeine der Verstorbenen entfernt und in sechs großen Kisten in das Ohlsdorfer Krematorium gebracht. Man fand damals viele Knochenüberreste im Boden: „Dadurch wurde der schon längst bemerkte eigentümliche Geruch erklärlich, der in der Kirche herrschte."

Architekt Gerhard Langmaack, der Gemeinde jahrzehntelang verbunden, stellte mit der Renovierung von 1961 die Form der alten Dorfkirche weitgehend wieder her. Dabei wurden die von der Familie Schröder – Dr. Carl August Schröder, Senator und Erster Bürgermeister, war zeitweise erster Eppendorfer Kirchspielherr -, um 1914 gestifteten neugotischen bleiverglasten Fenster entfernt, um „zum schlichten ländlichen Fachwerksstil zurückzukehren." Das war nicht unumstritten, denn die Gemeinde hatte sich an die bunten Kirchenfenster gewöhnt.

Was das Fachwerk von St. Johannis betrifft, so sollte man unbedingt einmal um die Kirche herum zur Rückwand gehen. Dr. med. H. F. Th. Gretsel aus dem Schrammsweg hatte in Vorträgen in den 1910er und 1920er Jahren die Bedeutung von Mauer– und Fachwerk von St. Johannis betont und bedauert, „dass die alte Bauernkirche, die in schönstem niedersächsischen Stil erbaut worden ist, durch unverständige Reparaturen mit gotischen Fenstern versehen wurde." Auch rügte er, dass die Außenansicht nur im Winter wahrzunehmen sei: „Warum pflanzt der verehrliche Kirchenvorstand seine Weinstöcke nicht an andern Orten?"

Kunstwerke von St. Johannis

Wer Näheres über die Kunstwerke von St. Johannis erfahren möchte, der lese im Führer von Dr. Karin Schöpflin nach, der in der Kirche ausliegt. Einige seien hier erwähnt. An der linken Wand im Kirchenschiff sind auf Gemälden Samuel Heinicke (s. S. 34) und Johann Heinrich Ludolf,

von 1793 bis 1817 Pastor in Eppendorf, dargestellt. Zwei Evangelistenbilder an der rechten Wand hat 1623 Albrect Bekendorp, d.i. Albrecht Beckendorf, gestiftet. Weitere Gemälde zeigen den Eppendorfer Pastor Hermann Hojer (1577-1650) sowie die Reformatoren Philipp Melanchthon (gestiftet 1625 „als Zierde dieses Gotteshauses") und Martin Luther (Stiftung von 1625).

Die Kanzel hat 1781 der Eppendorfer Tischler Ulrich Reese geschaffen. Der neue Altar, den alten Aufbau hatte Wurmfraß zerstört, wurde von Architekt Paul-Gerhard Scharf entworfen und am 12. November 1989 eingeweiht. Das Kruzifix soll um 1510 im Raum Nürnberg in einer Werkstatt von Veit Stoß oder Tilman Riemenschneider entstanden sein. In der Taufnische steht die Figur von Johannes dem Täufer, Namensgeber der Kirche, Anfang des 16. Jh. in Norddeutschland geschaffen. Die Darstellungen von 1669 an der Chorempore zeigen die fünf klugen und die fünf törichten Jungfrauen, in der Mitte Christus als Weltenrichter. Ebenfalls auf 1669 datiert wird die Bildfolge an der Seitenempore mit 22 Stationen aus dem Leben Jesu.

Die Orgel wurde am 21. Januar 1973 geweiht und hergestellt in den Orgelbauwerksstätten G. F. Steinmeyer & Co. in Oettingen im Ries in Bayerisch-Schwaben. „Die Welt" damals: „Die bayerische Firma hat die alte Eppendorfer Kirche mit einem Meisterwerk ausgerüstet". Regelmäßig finden die Johanniskonzerte statt (Sa, 18 Uhr, meist freier Eintritt) und die Kantorei zählt etwa 30 Mitglieder.

Gedenken: Matrose und Luftschiffer

Eine Tafel im Kircheninnern führt die im 1. Weltkrieg ums Leben gekommenen Mitglieder der Gemeinde auf. Die Toten des 2. Weltkriegs sind in einem Buch festgehalten. An der Wand unter der Orgelempore befand sich ehemals eine Gedenktafel für die im deutsch-französischen Krieg von 1870–71 getöteten deutschen Soldaten. Gegenüber war seit 1912 eine weitere Tafel angebracht, auf der dem am 18. August 1905 bei einem Feuergefecht bei Utete (Deutsch-Ostafrika, heute Tansania) bei einem „Eingeborenenaufstand" („Marine-Rundschau") getöteten Matrosen Willi Gramkau gedacht wurde. Der Sohn des Ohlsdorfer Obergärtners war das einzige Besatzungsmitglied von S.M.S. „Bussard", das damals ums Leben kam.

Die Inschrift ist später um den Namen des Kapitänleutnants Günther Hanne ergänzt worden. Der Sohn des Eppendorfer Pastors Johannes Hanne soll am 9. September 1913 nach dem Start in Fuhlsbüttel als Kommandant des ersten deutschen Marine-Luftschiffs L 1 noch die Kirche überflogen haben, um seine Eltern zu grüßen. Bei Helgoland geriet der Zeppelin in eine Windhose, zerbarst und ging unter. Von der 20-köpfigen Besatzung starben 14 Mann, darunter Günther Hanne. Bei Sanierungsarbeiten wurde die Tafel 1991 entfernt; sie befindet sich heute in einem Nebenraum unter der Empore.

„Einzige öffentliche Zeitanzeige"

Die schöne Turmuhr von St. Johannis aus dem Jahr 1877 musste zeitweise nicht von der Kirchengemeinde, sondern vom Staat instandgehalten werden, da sie noch 1906 „die einzige öffentliche Zeitanzeige für Eppendorf und Winterhude" war. Außerdem bedeutete sie „die letzte öffentliche Uhr in der Stadt" für die Kutscher der Leichenfuhrwerke, die über die Kellinghusenstraße nach Ohlsdorf hinausfuhren. St. Johannis selbst besaß im Kirchhof einen Friedhof, bis das verschwundene Gräberfeld auf dem heutigen Maria-Jonas-Platz angelegt wurde.

Weitere Informationen:
www.johannis-eppendorf.de
Dank des Einsatzes ehrenamtlicher Mitarbeiterinnen und Mitarbeiter der Gemeinde kann die Kirche wie folgt besichtigt werden: Mo-Fr 10.30-12.30, 15.30-17.30, So 15-17 Uhr.

Wolfgang Borchert – und noch viel mehr

Ein Geschenk von Ernst A. Nönnecke an den Stadtteil bedeutete 1994 die Bronzeplastik „Mutter mit Kind“ in der Anlage Eppendorfer Landstraße, die den Anti-Kriegs-Appell von Wolfgang Borchert wiedergib

Die „Viktoria-Lichtspiele" Lokstedter Weg 41

Geboren 1921 Tarpenbekstr. 82, Schüler in der Martinistr. 32: Der Schriftsteller Wolfgang Borchert

„Der Weg zurück ist mir unmöglich": Die Hamburger Autorin Grete Berges (Archiv Wilfried Weinke)

Wolfgang Borchert ist seit dem Geburtsjahr 1921 Eppendorfer gewesen, dann verzog die Familie 1935 nach Winterhude. Es gibt Photos von dem Jungen am Mühlenteich oder mit Pudelmütze in der Nissenstraße. Schüler war er in der Martinistr. 32 und von Ostern 1932 bis Ende 1938 in der Oberrealschule Hegestraße. Konfirmiert worden ist Borchert 1937 in St. Johannis (um drei Jahre darauf die Kirche zu verlassen).

„Ein niedliches kleines Kino"

Es ist wenig bekannt, dass er in der Erzählung „ Der Stiftzahn oder Warum mein Vetter keine Rahmbonbons mehr isst" - ein kleines Stück Eppendorf literarisch verewigt hat: „Es war ein niedliches kleines Kino. Und niedrig. Es roch nach Kindern, Aufregung, Bonbon. Es roch im ganzen Klub nach Rahmbonbon. Das kam davon, weil man vorne neben der Kasse welche kaufen konnte. Für zehn Pfennig fünf Stück. Deswegen roch es nach Rahmbonbon an allen Enden. Aber sonst war es ein niedliches Kino. Und niedrig. Es gingen kaum zweihundert Menschen hinein. Es war ein richtiges kleines Vorstadtkino. Eines von denen, die man gutmütig Flohkiste nennt. Ohne Gehässigkeit. Unser Kino hieß Viktoria-Lichtspiele..."

... und die waren, zeitweise auch „Victoria-Lichtspiele" genannt, nahe der elterlichen Wohnung, Lokstedter Weg Nr. 41. Das Kino mit 300 Plätzen bestand von 1913 bis 1929 und wieder von 1934 bis 1962. Zuletzt war darin eine „Schlecker"-Filiale.

Der Krieg, in den der Buchhändler und (geprüfte) Schauspieler 1941 musste, hat Borcherts schriftstellerische Arbeit wesentlich geprägt. Der Autor kam dabei auch immer wieder mit der NS-Diktatur in Konflikt. An den Folgen eines Leberleidens, das er sich im Krieg zuzog, ist Wolfgang Borchert am 20. November 1947 im Basler Clara-Spital verstorben.

„Draußen vor der Tür", „die bittere Klage eines Heimkehrers", hatte der damalige Nordwestdeutsche Rundfunk (NWDR) am 13. Februar 1947 als Hörspiel gesendet. Einen Tag nach Borcherts Tod wurde das Stück in der Hamburger Kammerspielen uraufgeführt.

„Sag nein!" - Borcherts weithin bekannter Aufruf gegen den Krieg und zur Verweigerung, ist seit der Friedensbewegung der 1980er Jahre (die seinerzeit auch in Eppendorf eine eigene stattliche Demonstration auf die Beine brachte in Richtung Rathausmarkt, wo sich im Oktober 1983 über 400.000 Menschen gegen die Aufrüstung aussprachen) zweimal im Viertel präsent (S. 20, 43).

Taufpate Theodor Storm

Wesentlich kürzer als Borchert hat sich ein anderer Schriftsteller im Stadtteil aufgehalten: Theodor Storm (1817-1888), Verfasser des „Schimmelreiter" aus Husum, hatte damals aber immerhin die Zeit gefunden, zwei Briefe an Ehefrau „ Do" zu schreiben und zu arbeiten. Der 65-jährige war 1883 aus Anlass der Taufe von Kurt, Sohn von Dr. phil. Julius Pollacsek und Frau Caroline, in die Georgstraße 3 (heute Goernestr.) gekommen. Storm war Pollacsek, der eine Literaturagentur besaß und die „Illustrierte Familien-Zeitung" redigierte, beruflich wie freundschaftlich verbunden. Sonderlich wohlgefühlt hat er sich bei der Visite zum Taufakt am 17. Juni in St. Johannis nicht: „Mir war etwas öde", teilt er nachhause mit. Anzüge aus Theodor Storms Briefen:

„Eppendorf, Sonntag 17. Juni 1883. Meine Do, ich sitze am Fenster meiner Stube und schaue, auf den Knien schreibend, mitunter in den Garten hinab, der etwa so groß wie unserer ist, aber, bis auf einen unsichtbar hinten liegenden Gemüse-Streifen, nur aus Rasen und hohen alten Bäumen besteht. Unten in dem wohl reichlich 40 Fuß langen mit schönem Stuck gezierten Wohnzimmer plaudern sie bei einer Zigarre und einem Glase Dalmatiner Rothen respektive Bier. In die Stadt, was man zu Lande für 20, zu Wasser für 10 Pf. hat, werde ich wohl erst morgen fahren.
Eigentlich mag ich nicht hier sein ohne Dich; sonst wäre es recht schön. Dein Mann, Theodor St."

Geschrieben worden ist im Stadtteil und nahebei vor Storm – sehen wir nur das Denkmal für Friedrich von Hagedorn (1708–1754) im Eichenpark bei der Heilwigstraße an (s. S. 62) – und nach Storm. Gelegentlich hilft das Adressbuch weiter, z.B. bei „Frl. O. Jessen-Toska, Schriftstellerin, Eppendorfer Baum". Dann schauen wir in der Staatsbibliothek und bei www.zvab.de nach - und finden nichts. Wäre da noch Unveröffentlichtes zu entdecken?

Reiselustige Autorinnen

Mehr Zeugnisse hinterließ Elisabeth Schucht (1888–1954), die zuletzt in der Heilwigstr. 99 lebte. Sie war als Bildhauerin tätig und mit Käthe Kollwitz befreundet. Nachdem sie 1918 bei einem Verkehrsunfall ein Bein verlor, wandte sie sich der Schriftstellerei zu. Ihr Buch „Gezeichnete. Meine Erlebnisse unter Gefangenen und Strafentlassenen", wurde 1930 vom Rauhen Haus verlegt. Erfolgreich waren ihre Romane wie „Jo liebt einen alten Mann. Berichte eines Herzens" (1934) - ein Titel, der allein in der Nachkriegszeit über 50.000 Stück Auflage erreichte. Der Bestseller von Elisabeth Schucht aber war wohl „Eine Frau fliegt nach Fernost" (1942).

Reiselustig war auch ihre Kollegin Marianne Westerlind (1883-1955), die nach dem 2. Weltkrieg Mecklenburg verließ und Eppendorfer Baum 10 wohnte. „Einst vielgelesene Romanschriftstellerin und Mozart-Biographin" rief das „HA" Westerlind nach, die gelegentlich auch Groschen-

(Archiv Wilfried Weinke)

Heftchen verfasste. „Auf dem Motorrad nach Marokko" (1942 und 1950) hieß ein Reisebericht, ihr Roman „Unsterblicher Mozart" erschien nach 1938 und 1949 noch einmal 1987.

„Die Geschichte spielt in Eppendorf"

Beide Autorinnen mögen heute vergessen sein. So erging es lange Zeit auch Grete Berges (1895-1957), deren Schicksal erst wieder 2013 für die Ausstellung „Wo man Bücher verbrennt.. – Verbrannte Bücher, verbannte und ermordete Autoren Hamburgs" von Wilfried Weinke in der Staatsbibliothek Carl von Ossietzky entdeckt wurde. Berges, die nach der Scheidung mit ihrem Kind bei ihren Eltern Haynstr. 7 lebte, hatte 1932 das positiv besprochene Jugendbuch „Liselott diktiert den Frieden" (Union Deutsche Verlagsgesellschaft Stuttgart) verfasst, widmete es ihrer Tochter und schrieb im Vorwort: „In Hamburg, da bin ich zu Hause. Dort leben wir, meine Tochter und ich, unweit des lieblichen Alsterflusses, in dem schönen grünen Vorort Eppendorf. Darum spielt die Geschichte in Eppendorf." Eine Geschichte, in der Mädchen einen Bund gegen die Bevormundung durch Jungen schließen.

Als Jüdin wurde Grete Berges 1933 von der NORAG (Nordische Rundfunk AG), Vorläufer des heutigen NDR, als Mitarbeiterin entlassen. Als die Eltern 1934/35 in die kleinere Wohnung Loogestieg 4 umzogen, lebte sie in einer Pension und bei einer Freundin. Berges emigrierte im Herbst 1936 nach Dänemark, wollte eigentlich in die USA und erhielt im Sommer 1937 die Aufenthaltsgenehmigung für Schweden. Diese war vor allem dem Einsatz der Schriftstellerin und Nobelpreisträgerin Selma Lagerlöf (Berges: „Die gute Fee von Marbacka") und „Internationella Foyer", einer Hilfsorganisation für Flüchtlinge, zu danken.

Im Exil arbeitete Grete Berges als Journalistin, Übersetzerin und Literaturagentin. Als sie 1953 noch einmal in ihre Heimatstadt zurückkehrte, berichtete das „HA" am 22. Juli unter dem Titel „Wiedersehen mit Hamburg": „Ob ich wieder in der Vaterstadt leben möchte? Der Weg zurück ist mir unmöglich. Trotz allem, was mich anspricht. Die Geister der Vergangenheit lassen sich nicht völlig bannen." Grete Berges verstarb 1957 in Stockholm.

Der Spitzel vom Wendloher Weg

Willi Bredel (1901–1964), Hamburger Arbeiterschriftsteller und späterer DDR–Nationalpreisträger, hat eine Reihe von Romanen über seine Heimatstadt veröffentlicht: „Maschinenfabrik N & K" (=Kampnagel, Winterhude), „Rosenhofstraße" (Schanzenviertel), „Die Prüfung" (KZ Fuhlsbüttel, wo er als Kommunist inhaftiert war). In seinem Hamburg–Band „Unter Türmen und Masten. Geschichte einer Stadt in Geschichten" schreibt er in „Draußen vor der Tür" über Borchert. „Der Bote vom Lesezirkel", eine andere Erzählung, hat die Brüder und Gestapo-Spitzel Alfons Pannek (Wendloher Weg 13) und Georg Pannek (damalige Niendorfer Str. 105/107) zum Thema. Alfons ist als „„Ali" Pannek" auch eine Figur im Roman „Die Patrioten" von Bodo Uhse. Pannek, Kommunist und ehemaliger Spanienkämpfer, war nach einem Selbstmordversuch in der Gestapo-Haft zu Spitzel-Diensten gezwungen worden. 15 Widerstandskämpfer kamen infolge seines Verrats um, mehrere Hundert wurden verhaftet. Das Landgericht Hamburg sprach ihn nach dem Krieg mit der Begründung frei, er habe „nur strafbare Handlungen zur Anzeige gebracht und bei der Wiederergreifung entflohener Häftlinge mitgewirkt."

Engagiert gegen den § 175

Und noch einmal die Heilwigstraße: Im stattlichen Wohnblock Nr. 39 gleich am Isebekkanal waren nach dem Krieg sowohl der Paul Zsolnay-Verlag (Hamburg-Wien), dessen Inhaber aus dem britischen Exil zurückgekehrt war, als auch der Schriftsteller, Afrikaforscher, Völkerkundler, Kunstsammler und senegalesische Generalkonsul Rolf Italiaander, geboren mit dem Familiennamen Niederländer in Leipzig, ansässig. Rolf Italiaander (1913-1991), der später St. Benedictstr. 29 lebte, unternahm bereits als 19-jähriger eine Nordafrika-Radtour und war in Hamburg Mitgründer und über 20 Jahre lang Generalsekretär der Freien Akademie der Künste. Er verfasste das erste Nachkriegs-Theaterstück zum Thema Homosexualität („Das Recht auf sich selbst", Uraufführung 1952 in den Hamburger Kammerspielen) und setzte sich für die Reform des § 175 ein. Gemeinsam mit seinem Partner Hans Ludwig Spegg initiierte er das Museum Rade (seit 1987 in Reinbek, zuvor im Naturpark Oberalster).

Der schreibende Torwart

Einen der schönsten Fußball–Texte, die jemals verfasst wurden, hat uns Walter Jens

(1923-2013) überliefert, der Breitenfelder Str. 56 und Husumer Str. 33 lebte, später Professor und Schriftsteller in Tübingen war. „Vorbei, die Eimsbütteler Tage", sind die Zeilen des ehemaligen Torwarts des Eimsbütteler TV (ETV) betitelt. Es sind Erinnerungen des jungen Jens, der in der Breitenfelder Str. 35 zur Schule ging, an „Heroen, zu denen ich aufsah". Könnte es ein schöneres Kompliment geben, als diesen Satz von Jens: „Wenn ich den letzten Goethe-Vers vergessen habe, werde ich den Eimsbütteler Sturm noch aufzählen können" (man muss dazu wissen, dass jener ETV in den 1930er-Jahren den HSV übertrumpfte).

Eppendorf 1936: „Die Welt in jenem Sommer"

Ähnliche Gedanken wie die Emigrantin beschäftigten Robert Muller. „Zwar lodert noch die Wut in mir über dieses verhasste Hamburg, aber wahr ist auch, dass es keinen Ort gibt, den ich jahrzehntelang so heiß, so (sehn)süchtig geliebt habe" („Zeit"-online 14.1.1994) – „Ich bin durch Eppendorf gegangen. Um irgend etwas zu finden, ich weiß nicht was – um zu trauern, obwohl ich es damals nicht so formuliert hätte. Aber es war eine Art Trauer – und ich habe es jahrelang gemacht, aber ich wusste nicht, dass es mein Wunsch war, in Hamburg zu bleiben" (1991 im Gespräch mit Beate Meyer für die Forschungsstelle zur Zeitgeschichte Hamburg). In einer NDR-Talkshow 1993 mit dem Titel „Heimat, süße Heimat...", angekündigt von Moderator Christian Berg als „deutscher Heimatvertriebener", wurde er gefragt:

„Wie können Sie noch ein Heimatgefühl zu Hamburg haben? Nur wegen der dreizehn Jahre?"
Mullers Antwort: „Das sind ja die wichtigsten dreizehn Jahre des Lebens."

Robert Muller (1925, geboren Beim Andreasbrunnen-1998), ursprünglich: Müller, kannte Eppendorf gut. Vater Robert war Jude und Mutter Margot – R.M.: „Meine Mutter kommt aus wirklich vornehmen Eppendorfer Kreisen" -, besaß eine jüdische Mutter namens Elsa Bandmann (später verheiratete Schickler). Die Familie betrieb ein Spielwaren-Geschäft Fruchtallee 128 in Eimsbüttel, wo sie auch wohnte. Robert besuchte ab 1935 die Oberrealschule Eppendorf. Um die Ecke lebte Großmutter Elsa, die in der heutigen Haynstr. 1 (damals Nr. 3) eine Pension betrieb, in der „hauptsächlich vornehme alte Damen jüdischer Herkunft lebten" (R.M.). Ende 1937 zogen Eltern und Sohn in die Heimatstadt Wien des Vaters um und lebten nach dem sog. Anschluss Österreichs in der Haynstraße bei der Mutter bzw. Schwiegermutter bzw. Oma. Mit dem ersten Kindertransport vom Hamburger Hauptbahnhof nach Großbritannien reiste der junge Robert am 1. Dezember 1938 aus; die Eltern folgten 1939. Zurück blieb seine

Eppendorf 1936: Robert Muller verfasste „Die Welt in jenem Sommer" (Archiv Wilfried Weinke).

Oma Elsa Schickler (geb. 1877): Sie zog von der Haynstraße in den Loogestieg 13 um und lebte zuletzt in einem sog. Judenhaus Haynstr. 5/III. Am 6. Dezember 1941 wurde sie von Hamburg nach Riga deportiert und ermordet.

Hinterlassen hat Robert Muller u.a. den Roman „Die Welt in jenem Sommer", 1959 in Englisch veröffentlicht („The world that summer"), 1960 in Deutsch und 1993 in einer von ihm autorisierten Fassung – es hat sich damals in Eppendorf gut verkauft. Der Erste Bürgermeister Henning Voscherau befand: „Ein politisches, ein wichtiges Buch."
Der Inhalt: Der Junge Hannes Hacker (d.i. R.M.) erlebt die Zeit um die Olympischen Sommerspiele 1936 in Eppendorf zwischen dem Straßenbahn-Depot Falkenried und der Haynstraße. Das Buch wurde 1980 vom NDR fürs Fernsehen verfilmt, der Film erhielt den renommierten Adolf-Grimme-Preis. Im „HA" lehnte der Rezensent Alwin Bellmann (wie er mitteilte, war er ehemals Mitglied im Deutschen Jungvolk) den Film vehement ab: „Dagegen wehre ich mich (...) So war sie nicht, die Welt im sommerlichen Hamburg des Jahres 1936."

Im britischen Exil wurde Robert Muller Journalist. Er war u.a. Berichterstatter bei den Nürnberger Prozessen, Theater-Kritiker der „Daily Mail" und Drehbuch-Autor. „Night Conspirators", „Comeback bei Nacht", war 1962 das erste britische Fernsehspiel, das das DDR-Fernsehen ausstrahlte. Im Jahr darauf kam es ins Theater. Mit Henry Kolarz verfasste Muller das TV-Drehbuch der Serie „Die Gentlemen bitten zur Kasse", 1966 ein „Straßenfeger". Er war Mitarbeiter der siebenteiligen Serie „Exil" nach dem Roman von Lion Feuchtwanger unter der Regie von Egon Günther. Sieben Teile Literatur-Verfilmung, heute undenkbar in der ARD...

Acht Millionen Auflage

Mit mehr als acht Millionen Auflage seiner Sachbücher, damit dürfte Vitus B. Dröscher

Der Eppendorfer Roman-Autor Gerd Fuchs, der 2007 den Italo-Svevo-Preis erhielt (edition nautilus)

(1925-2010), ehemals ansässig am Loogeplatz, wohl der erfolgreichste Eppendorfer Autor sein. Dröscher gilt deshalb auch als einer der erfolgreichsten Autoren der populärwissenschaftlichen Literatur in der Nachkriegszeit. Der studierte Zoologe und Psychologe galt als Naturpublizist, beschäftigte sich intensiv mit der Tierwelt, vermittelte naturkundliches Wissen und setzte sich für die Arterhaltung ein. Jährlich unternahm er drei Weltreisen und außerdem 41 Expeditionen in Schutzgebiete. Bevor SAT 1 inhaltlich darnieder ging, hatte er bei dieser Fernsehanstalt in den 90er Jahren noch eine Sendereihe.

Ein Preisträger

Ebenfalls seit vielen Jahren im Stadtteil ansässig ist Dr. phil. Gerd Fuchs (geb. 1932), ehemals Redakteur von „Die Welt" und „Der Spiegel", danach Schriftsteller. 2007 wurde er mit dem Italo-Svevo-Preis ausgezeichnet. Fuchs hat zahlreiche Bücher verfasst, genannt seien der Roman über den „Schinderhannes" aus dem Hunsrück (2. Aufl., 2003), „Stunde Null" (2005) „Eckermanns Traum. Fünfzehn Szenen aus dem klassischen Weimar" (2005), „Die Auswanderer" (2007), die er von Hamburg nach Ellis Island vor New York begleitet, und die Autobiographie „Heimwege" (2010).

Literarisch tätig war in der Erikastr. 155 der im Stadtteil beliebte Gerlach Fiedler (1925-2010). Er war eigentlich Sprecher (z. B. für „Die drei ???" und als „Krümelmonster" in der „Sesamstraße") und Hörfunk-Regisseur („Abend für junge Hörer", „Opa-die Oldie-Parade"). 2009 veröffentlichte Fiedler „Alles Theater. Erinnerungen".

Polen, UdSSR, CSSR, Hamburg

Den politischen Zeitläufen des 20. Jahrhundert sind oftmals traurige Biografien geschuldet. Gabriel Laub (1928-1998), Abendrothsweg 65, wurde in Polen geboren. Nach dem Überfall auf sein Heimatland floh die Familie vor den Deutschen in die Sowjetunion, von wo sie unter Stalins Regime erst in den Ural und dann nach Samarkand/Usbekistan deportiert wurde. Gabriel Laub arbeitete nach dem Krieg literarisch in Prag, bis er die Tschechoslowakei nach der Niederschlagung der Reform-Bewegung „Prager Frühling" 1968 über Wien nach Hamburg verließ. Die Stadt wurde seine fünfte Heimat, in der er mehr als 30 Bücher veröffentlichte. Im Nachruf bescheinigte ihm „Die Zeit" bzw. Manfred Sack „sein Sprachgefühl war außerordentlich. Ein spottwitziger Denker". „Der Spiegel" schrieb: „Ein allseits anerkannter Satiriker von einigem literarischen Rang."

Dieter E. Zimmer (geb. 1934), lebt hier nicht mehr: Der Journalist, Autor und Übersetzer ist nach Berlin übergesiedelt, doch war der langjährige „Zeit"-Redakteur (seit 1959) und Feuilleton-Chef des Wochenblatts (1973-1977) ehemals in Eppendorf, Erikastr. 81 A, ansässig. 2008 erhielt er den Übersetzerpreis der Heinrich Maria Ledig-Rowohlt-Stiftung; der Stifter ist Halbbruder von Harry Rowohlt, doch dazu später.

„Parteidichter" kontra „Sarotti-Mohr"

Dr. phil. Peter Schütt (geb. 1939) lebte lange Eppendorfer Landstr. 102 und stand im Ruf, ein „Parteidichter" zu sein. Wie etliche Kolleginnen und Kollegen gehörte er der DKP an. Durch Peter Rühmkorf war der Hamburger Student zum späteren „Werkkreis Literatur der Arbeitswelt" gestoßen. Seit 1971 war er sogar Mitglied im Vorstand der DKP, bis er als Anhänger von Gorbatschows Reformen im September 1988 ausgeschlossen wurde und bald darauf die Partei verließ.

Fortan erzählte Schütt allerlei DKP-Interna in der „FAZ" und bei Springer. Er war lutherischer Christ, später Katholik und trat 1990 zum schiitischen Islam über. Seine Autobiografie trägt den Titel: „Von Basbeck am Moor über Moskau nach Mekka" (2009). In jüngerer Zeit gab er eine Anthologie von Stadtpark-Geschichten zu dessen 100-jährigem Jubiläum heraus („... und am siebten Tag schuf Hammonia den Stadtpark"). Peter Schütt verantwortet das Programm „Literatur im Waschhaus" samt Schreibwerkstatt, Wesselyring 45 (www.waschhauslesungen.de). Im Stadtteil in Erinnerung blieb seine Aktion, mit der er die Entfernung einer seiner Ansicht nach rassistischen „Sarotti-Mohr"-Figur vor einem Süßwaren-Laden in der Eppendorfer Landstraße durchsetzte.

Sex 'n' Drugs 'n' Rock'n Roll

Ebenfalls aus der 68er-Bewegung kam Dr. Günter Amendt (1939-2011), der Sozialwissenschaftler und Autor. Als nach dem Attentat auf Rudi Dutschke Demonstranten die Auslieferung der „Bild-Zeitung" in Frankfurt verhindern wollten, wurde das SDS-Mitglied als sog. Rädelsführer mit einer 100.000 DM-Strafe belegt. Das Geld brachten Spender auf; was zuviel war, ging an den Vietcong. Eine Professur von Amendt in Gießen scheiterte am Veto der SPD-Landesregierung – auch eine Art von Berufsverbot.

Günter Amendts Haupt-Themen waren Sexualität, Drogen – und Bob Dylan.
Sein Buch „Sex-Front", von dem seit 1970 über eine halbe Million Exemplare verkauft wurden, galt als das erste für Jugendliche verständliche Aufklärungsbuch. Amendt erfuhr als Drogenexperte internationale Anerkennung.

Der gebürtige Frankfurter lebte in der Geschwister-Scholl-Straße und gehörte zu jenem Kreis, der sich regelmäßig am Nachmittag im Eissalon von „Luigi" an der Eppendorfer Landstraße traf.

Nach einer Radtour und einem Kaffee auf dem Balkon bei Freunden im Grindel-Viertel kam er 2011 bei dem grauenhaften Verkehrsunfall am Eppendorfer Baum mit den befreundeten Sybille Mues und Dietmar Mues ums Leben (s. S. 85). All die Reputation, die er genoss, sein Wirken und seine Freundschaften lassen sich bei www.guenteramendt.de nachlesen.

Der Stadtteilschreiber

Als Stadtteilschreiber für Eppendorf wurde 1979 Uwe Friesel (geb. 1939) berufen, der als Student, Lektor und Hörspieldramaturg längere Zeit in Hamburg lebte. Das Resultat war der 1980 erschienene Band „Die Liebe liegt tiefer, irgendwo. Gespräche mit Künstlern in Eppendorf", gefördert mit einem 9.000 DM-Stipendium der Kulturbehörde. Friesel war 1991 der erste gesamtdeutsche Vorsitzende des Verbands der Schriftsteller (VS) und lebt heute in Salzwedel (www.uwefriesel.de).

Currywurst aus der Neustadt

Bis 1961 im Stadtteil aufgewachsen ist Uwe Timm (geb. 1940), der heute in München und Berlin lebt (www.uwetimm.com). „Die Entstehung der Currywurst" (1993) hat er – zum Ärger der Berliner -, in der Hamburger Neustadt am Großneumarkt verortet. Im Nachgang zu 1968 veröffentlichte Timm Romane wie „Heißer Sommer" (1974), „Kerbels Flucht" (1980) und „Rot" (2001) sowie „Der Freund und Fremde" (2007) zum 1968 in Westberlin von einem Polizisten erschossenen Studenten Benno Ohnesorg. „Morenga" befasst sich mit dem deutschen Kolonialkrieg in Südwest-Afrika. Für „Rennschwein Rudi Rüssel", auch verfilmt, bekam Uwe Timm den Deutschen Jugendliteraturpreis.

Stadtteilname als Pseudonym

Hans Eppendorfer (d. i. Hans-Peter Reichelt, 1942-1999), als Jugendlicher zehn Jahre lang im Gefängnis, begann in der

1979 als Eppendorfer Stadtteilschreiber berufen: Schriftsteller Uwe Friesel

„Sex-Front" wurde über 500.000mal verkauft: Günter Amendt, der 2011 bei dem schrecklichen Verkehrsunfall am Eppendorfer Baum ums Leben gebracht wurde

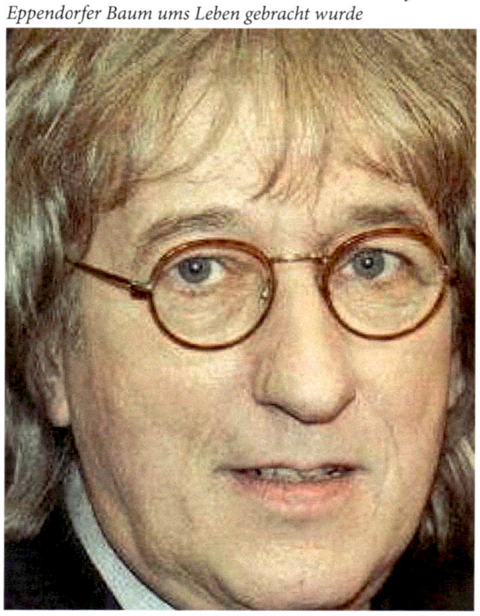

„Reschpekt", befand Gerhard Polt: Harry Rowohlt, bekannt auch aus der Fernsehserie „Lindenstraße" (WDR).

Haft zu schreiben und wurde von Peter Rühmkorf und Ulrike Meinhof gefördert. Als Pseudonym wählte er den Stadtteil, in dem er Woldsenweg 9 lebte. Und war sehr ärgerlich, als dieses nach Erscheinen des Buches „Der Ledermann spricht mit Hubert Fichte" (1977) durch einen Leserbrief enthüllt wurde. Als Stadtteilschreiber von St. Pauli publizierte Eppendorfer „Szenen aus St. Pauli" (1982, 1988), auch schrieb er die Autobiographie „Körper mit Seele" von Domenica Niehoff, einer der berühmtesten Prostituierten der Stadt, die sich später für die Rechte ihrer Kolleginnen einsetzte und als Streetworkerin arbeitete. Mit Dieter Wedel verfasste Hans Eppendorfer das Drehbuch zur Fernsehserie „König von St. Pauli" (1988). Er war einige Jahre Chefredakteur der Schwulen-Zeitschrift „him" und Vorsitzender des Literaturzentrum Hamburg. Peter Kern drehte über den todkranken Schriftsteller 1998 den Film „Hans Eppendorfer - Suche nach Leben." Bestattet wurde er in Ohlsdorf gemeinsam mit einem Falken aus seinem Lieblingsland Ägypten.

Auch Fee Zschocke (geb. 1943), Journalistin und ehemals „stern"-Redakteurin, seit 1976 freie Autorin, war mit Domenica befasst, für das 1981 erschienene Buch „Domenica und die Herbertstraße" (Fotos: Andrej Reiser). Mit „Er oder ich – Männergeschichten" hatte die Eppendorferin 1980 einen Bestseller (220.000 verkaufte Exemplare). Die Katzen-Liebhaberin verfasste 1987 auch „Sieben Leben hat die Katze".

Langjähriger NDR-Fernseh-Redakteur, Moderator von „kulturjournal" und „Bücherjournal", Mitglied des PEN-Zentrum Deutschland, war Paul Kersten (geb. 1943) aus Eppendorf. Sein Prosa-Debüt hieß „Der alltägliche Tod meines Vaters" (1978). 1982 und 2007 erschien „Die toten Schwestern. 12 Kapitel aus der Kindheit" (um 1950).

„Drei bis vier Berufe gleichzeitig"

Die „MoPo" nannte ihn „Lindenstraßen-Star", bezogen auf die langjährige Fernseh-Serie, in der er seit Februar 1995 und Folge 482 mitwirkt. Doch er selbst, Darsteller des „Penner Harry", sagt: „Ich bin auf keinen Fall Schauspieler. Darauf lege ich Wert." Eine Goldene Schallplatte hat er erhalten für 250.000 verkaufte Exemplare von „Pu der Bär" von Alan Alexander Milne und ein Platinhörbuch für 400.000 abgesetzte CDs. „Drei bis vier Berufe" übe er gleichzeitig aus, hat Harry Rowohlt (geb. 1945) mitgeteilt, was zutrifft: Seit 1969 ist er freiberuflicher Übersetzer, er ist Schriftsteller, Kolumnist („Pooh's Corner" in „Die Zeit") und Rezitator, dessen Auftritte Kult-Status besitzen.

Frühaufsteher Rowohlt ist seit vielen Jahren in Eppendorf ansässig: „Parterre im Jugendstilhaus", über dessen Eingang „Salve" steht, teilte die „SZ" mit (und damit ist nicht zu viel verraten, denn derlei Häuser gibt es im Viertel viele). „Die Zeit" nannte ihn „den berühmtesten deutschen Übersetzer" und „Vorlesekünstler", bereits zu seinem 60. Geburtstag wurde 2005 eine Festschrift aufgelegt. Als Harry Rowohlt 2001 mit dem „Göttinger Elch" ausgezeichnet wurde, bestand die Laudatio von Gerhard Polt aus einem Wort: „Reschpekt". Vielfach ist der Autor und Übersetzer ausgezeichnet worden, zweimal auch mit dem Deutschen Jugendliteraturpreis und mit dem Deutschen Hörbuchpreis für die Interpretation von „Auf Schwimmen-zwei-Vögel" seines irischen Lieblingsautors Flann O' Brien.
Geboren wurde Rowohlt als Harry Rupp; seine Mutter Maria Pierenkämper war mit dem Maler Max Rupp verheiratet. Ihre vierte Ehe schloss sie 1957 mit dem Verleger Ernst Rowohlt (der sich ebenfalls zum viertenmal verehelichte), dem Vater von Harry, der fortan mit Familiennamen Rowohlt hieß. Zwar verkaufte der seine Anteile am Verlag, doch ist er deshalb kein Millionär, denn den Nießbrauch (das sind die Nutzungsrechte) erhielt die Mutter. Harry Rowohlt ging bei Suhrkamp/Insel in die Lehre, war Volontär im väterlichen Verlag und arbeitete eine Zeitlang in Greenwich Village in New York bei der legendären Grove Press.

Seine „nicht weggeschmissenen Briefe I und II" („Der Kampf geht weiter", „Gottes Segen und Rot Front") hat Anna Mikula von „Das Buch in Eppendorf" herausgegeben. Seine website www.harryrowohlt.com betreibt der Verlag Kein & Aber aus Zürich.

Exilliteratur und Degeto

Dr. Gabriele Kreis (geb. 1947) aus dem Viertel promovierte zum Thema „Das Bild der Frau in der Exilliteratur". Seit 1980 arbeitet sie als freie Autorin. Für ihre Biografie über die Schriftstellerin Irmgard Keun erhielt sie den Förderpreis der Stadt Hamburg.

Ausgezeichnet mit dem Förderpreis der Stadt Hamburg: Dr. Gabriele Kreis.

Sie ist jetzt als Lektorin und Hörbuch-Regisseurin tätig. Auch verfasst sie Drehbücher für Fernsehfilme, z.B. für den ARD-Film „Mit einem Rutsch ins Glück" (2003), wozu die rowohlt Medienagentur mitteilte: „Romantic Comedy, die alle Degeto-Prämissen erfüllt."

Ulla Hahn und ein Fazit

Das Schlusswort gebührt Dr. Ulla Hahn (geb. 1946). Nicht, weil es bereits zu ihren Lebzeiten ein „Ulla-Hahn-Haus" in ihrem Heimatort Monheim im Rheinland gibt und dort auch einen „Ulla-Hahn-Preis". Auch nicht, weil sie eine renommierte Lyrikerin ist, gefördert ehemals von Marcel Reich-Ranicki. Oder eine erfolgreiche Roman-Autorin, z.B. dank des Bestsellers „Das verborgene Wort" (Deutscher Bücherpreis 2002).
Wir führen Ulla Hahn nun auch nicht an, weil sie ihre Doktorarbeit „Die Entwicklungstendenzen in der westdeutschen und sozialistischen Literatur der Sechziger Jahre" Anfang der 1970er Jahre in Eppendorf zu ende schrieb, wo sie zeitweise Breitenfelder Str. 86 wohnte. Und heute als Harvestehuderin, verheiratet mit Klaus von Dohnanyi, „die gute Wurst von Bauer Bluschke auf dem Isemarkt" schätzt, und in „Alsterlust" (2009) u.a. auch den in diesem Buch erwähnten Friedrich von Hagedorn würdigt.

Nein, Ulla Hahn beschließt dieses Kapitel, weil sie im Gespräch mit dem „HA" 2009 etwas Bemerkenswertes gesagt hat hinsichtlich Hamburgs Vorliebe für „repräsentative Kultur" und der Geringschätzung älterer Autoren: „Sie haben ein Leben lang geschrieben, in die Künstlersozialkasse eingezahlt und dann kommt der Rentenbescheid, der nur allzu oft knapp über Hartz IV liegt."
Insofern ist dieser Beitrag, ohne sie genannt zu haben, auch all den in Eppendorf tätigen freiberuflichen Autorinnen und Autoren von sog. Gebrauchsliteratur, den Übersetzern, Filmautoren, Drehbuch-Verfassern und anderen gewidmet.
Sozusagen: Dem unbekannten Autor!

Dr. Ulla Hahn: Ältere Autoren werden leider gering geschätzt (Deutscher Taschenbuch-Verlag)

Von „Mon Marthe“ zum „Lustspielhaus“

Eppendorfer Kabarett-Anfänge: 19… eröffnete Marthe Friedrichs (re.) d… „Mon Marthe“ (priva…

Politisch-satirisches Kabarett gab es bereits früher in Hamburg: Bis 1943 im „Bronzekeller" in der Neustadt und nach 1951 in Werner Fincks „Mausefalle" in einem Keller am Hauptbahnhof.

Eppendorf nun gestaltete bzw. gestaltet einen wesentlichen Abschnitt für dieses Genre mit. Der begann Ecke Tarpenbekstr. 65/Lokstedter Weg in dem 1902 erbauten Etagenhaus, das schon immer auch eine Gaststätte beherbergte. 1943 war es die von H. Ney, 1955 die von Martha Krüger, 1958 die von Heinz Burmeister und in den 70er Jahren hieß das „Vereinshaus Eppendorf", mit Saal und Kegelbahn.

1974 eröffnete Marthe Friedrichs, die sich als „Epporigine" bezeichnet, die Musikkneipe „Truck Stop". Dort trat, natürlich, „Truck Stop", die Country & Western-Musik-Gruppe auf, auch gab es Folk und Jazz; Hannes Wader, Franz Josef Degenhardt (1931-2011) und Torfrock gastierten.

„Wenn aus den Leuten etwas wird..."

1984 erhielt die Kleinkunstbühne mit 100 Plätzen samt Ausschank den Namen „Mon Marthe" – in Anlehnung an das Pariser Künstlerviertel Montmartre und die Betreiberin. Von nun an hatte das Kabarett Vorrang. Das Programm wies spätere namhafte Akteure auf: Matthias Beltz (1945-2002), Martin Buchholz, Matthias Deutschmann, Thomas Reis, Reiner Kröhnert sowie aus Hamburg „Ernie" Reinhardt (heute Travestie-Künstler Lilo Wanders), die Diseuse Georgette Dee und Cornelius „Corny" Littmann, der inzwischen seine eigenen Etablissements auf dem St. Pauli-Kiez betreibt. Das „HA" 1994: „Die Mischung aus Brettl-Bühne, Literatur-Café und Kneipe gibt als Kulturtreff auch jungen, unbekannten Talenten eine Chance." Was Marthe Friedrichs freute: „Das Schönste ist, wenn man sieht, dass aus den Leuten etwas wird."

Abgesehen von einem einmaligen 10.000 DM-Zuschuss der Kulturbehörde ging Frau Friedrichs leer aus. Der von ihr initiierte „Verein zur Förderung kleiner Bühnen in Hamburg" wurde mit 30.000 DM dotiert.

Als Hausensemble übernahm „Mon Marthe" von 1988 bis 1994 eigenverantwortlich „Alma Hoppe", das sind Jan-Peter Petersen und Nils Loenicker. In ihrer Zeit kamen Hanns Dieter Hüsch (1925-2005), Heinrich Pachl (1943-2012), Georg Schramm, Urban Priol (beide bekannt aus „Neues aus der Anstalt" im ZDF) und Andreas Giebel (ARD-Fernsehserie „München 7") nach Eppendorf.

Seit 1994: Das „Lustspielhaus"

Petersen und Loenicker eröffneten am 25. März 1994 im früheren Gemeindehaus von St. Johannis, Ludolfstr. 53, das „Lustspielhaus". Ein „Kleines Lustspielhaus" hatte es bereits seit 1922 in Hamburg gegeben. 1957 eröffnete in dem, was nach dem Krieg von dem Vergnügungslokal übrig geblieben war, das „Lustspielhaus im Trichter" am Millerntor.

Mit dem Auszug von „Alma Hoppe" verlor „Mon Marthe" einen wesentlichen Teil des Programms. Mit Jahresende 2001 schloss die Kleinkunstbühne an der Tarpenbekstraße, auch, weil es Differenzen mit dem Hausbesitzer über Renovierungen gab. Heute befindet sich in den Räumlichkeiten ein Fotostudio.

Der neue Spielort „Lustspielhaus" mit 350 Plätzen befindet sich in einem historischen Gebäude, entworfen 1927/28 von Otto Wilkening und Hermann Geißler. Die beiden Skulpturen an der Fassade gehen auf Ludwig Kunstmann zurück. Bereits 1936/37 trat im evangelischen Gemeindehaus die Niederdeutsche Bühne auf. Das war auch nach dem Krieg der Fall: Beim Tresen des heutigen „Lustspielhauses" erinnerte noch lange eine gerahmte Ankündigung an die Aufführung von „Jan Maaten". Seit 1983 diente das Gebäude als Probebühne für das Ernst-Deutsch-Theater und später Malersaal des Thalia-Theaters.

Das Hamburger „Lustspielhaus" hat sich als Bühne für politisch-satirisches Kabarett etabliert und feiert 2014 das 20-jährige Jubiläum. Als „Lokalmatadore" sieht man dort u.a. Henning Venske, Hans Scheibner, die 1975 gegründete Gruppe Liederjan, La Le Lu (A-cappella-Comedy) und Michael Ehnert mit Ehefrau Jennifer Maria.

Weitere Informationen: Zur Geschichte von „Mon Marthe" s.a.: http://kabarett-mon-marthe.over-blog.de - „Lustspielhaus": www.almahoppe.de

Kabarett im „Lustspielhaus": 350 Plätze im historischen Gebäude an der Ludolfstraße.

Jüdische Wohltaten im einmaligen Stiftsviertel

Einmalig in Hamburg, vermutlich auch in Deutschland, ist das „Viertel im Viertel“, die Stifte an Tarpenbek-, Schede- und Frickestraße sowie darüber hinaus.
Teils haben sie eine jahrhundertealte Vorgeschichte und sich mit der Stadterweiterung in Eppendorf niedergelassen. Und sehr oft sind sie auch Zeugnisse jüdischen sozialen Engagements.

Diese Zeichnung der Anscharhöhe in der Bauphase wurde 1886 publiziert. V.l.: Wirtschaftsgebäude, Emilienstift, Siechenhaus Emmaus, Kastanienhof und Bethanien (Stiftung Anscharhöhe Hamburg-Eppendorf).

Neorenaissance-„Schloss“ Jenisch-Stift an der Tarpenbekstraße: Es sollte eigentlich noch größer gebaut werden.

„Der Wohltätigkeitssinn ist ein Hauptzug des Hamburgisches Charakters", hieß es 1890 (noch heute gilt Hamburg als deutsche Stiftungshauptstadt). Prof. Jörg Haspel dazu im Stadtführer „Zu Fuß durch Hamburg": „Man vergaß darauf hinzuweisen, dass nur ein verschwindend kleiner Teil der minderbemittelten, aber nicht unbemittelten Bevölkerung in den Genuss der preiswerten Stiftwohnungen gelangen konnte."

Bekannt sein mögen im „Ballungsraum hanseatischer Lebenstätigkeit" (Haspel) vor allem die an der Verkehrs-Trasse Tarpenbekstraße gelegenen Gebäude. Sehr eindrucksvoll im Stil „althanseatischer Bürgerhaus-Architektur" (Baubehörde) wirkt Ecke Tarpenbekstr. 31-31b/Ecke Martinistr. mit Giebelschmuck, Glocke und Uhr das Daniel-Schutte-Stift. Basierend auf einem Testament, war es seit 1892 in der Alfredstraße „älteren hilfsbedürftigen Damen gebildeter Stände" vorbehalten. Daniel Schutte (1798-1886) hatte sich als Kaufmann im chilenischen Valparaiso etabliert, die Ehe mit Bertha (+ 1890) blieb kinderlos. Als Architekten für den Eppendorfer Bau von 1907 wurden die Hamburger Rathaus-Baumeister Martin Haller (1835-1925) und Hermann Geißler (1859-1939) engagiert (www.daniel-schutte-stiftung.de). Der Name Haller dürfte, von wegen gleichnamiger Straße und U 1-Station, bekannt sein. Gemeint ist hier aber nicht der Architekt, sondern sein Vater Nicolaus Ferdinand Haller (1805-1876). Weil der frühere Hamburger Bürgermeister jüdischer Abstammung war, hießen Straße und Haltestelle in der Nazi-Zeit von Oktober 1938 bis 1945 Ostmarkstraße.

Das Mathilden–Stift nebenan (Nr. 33, 1901/02, Arch.: C. D. Müller) grüßt mit „Salve" überm Eingang. Wer genau hinsieht, liest die Aufschrift Bolten Stift. Die Erklärung: beide Bezeichnungen verweisen auf Henriette Mathilde Bolten geb. Büsch (1815-1899), eine Pastorentochter, deren Ehe mit dem bedeutenden Schiffsmakler und Reeder August Bolten (1812-1887) kinderlos blieb.

Der wunderschöne Innenhof

Die Schedestraße um die Ecke weist beiderseits weitere Stifte auf. Die Bürgermeister Joachim vom Kampe und Nicolaus van den Wouwer Gotteswohnungen (Nr. 18-24f) gehen historisch bis auf das Ende des 16. Jahrhundert zurück, wurden aber in Eppendorf natürlich später fertig gestellt: Nr. 24a bis f mit dem wunderschön gestalteten Innenhof 1907 (Arch.: Hermann Behr, 1859-1934, und Alfred Eckmann), Nr. 18 bis 22 im Jahr 1928 (Arch.: das Büro von Ottheinrich Strohmeyer und Wilhelm Giese, 1891-1939. – Anm.: Strohmeyer soll auch künstlerisch tätig gewesen sein: nach Antiquariats-Angaben schuf er Holzschnitte).

Baumeister der Synagoge

Jüdische Stifter hatte das Julius-und-Betty-Rée-Stift auf der anderen Straßenseite (Nr. 27-39). Der jüdische Architekt war 1912/15 Ernst Friedheim (1864-1919), der u.a. 1906 die Hamburger Synagoge (durch die Nazis zerstört) am Grindelhof (mit Semmy Engel) am heutigen Joseph-Carlebach-Platz, 1910 die Erweiterung der Synagoge Emden (zerstört), 1911 die Talmud-Tora-Oberrealschule (Grindelhof 30) und die Turnhalle der Israelitischen Töchterschule hinter Karolinenstr. 35, beide in Hamburg, konzipierte.

Das Senator Erich Soltow Stift Schedestr. 6 aus dem Jahr 1906 – die Ursprünge liegen im Jahr 1630, seinerzeit gewidmet „armen Witwen und Jungfrauen aus den besseren Ständen" - gehört heute zur Gemeinnützigen Wichern Baugesellschaft mbH bzw. Betreuungsgesellschaft; die von 1984 bis 1986 modernisierte Anlage bietet 88 Wohnungen (www.wichernbau.de).

Im Klinkerbau Schedestr. 13-17 von 1929 besteht die „Familie-Beyling-Stiftung". Das „alte" Stiftsgebäude kann man noch Peterstr. 39 in der Hamburger Neustadt entdecken.

Torwächter-Domizil auf der Anscharhöhe. Es steht wie andere Bauten dort auch unter Denkmalschutz.

Blick am 15. Mai 1932 über die Anscharhöhe in Richtung Erikastraße und Mühlenteich (Landesmedienanstalt Hamburg).

„Althanseatische Bürgerhaus-Architektur“ wird dem Daniel-Schutte-Stift von 1907 an der Tarpenbekstraße zugeschrieben.

Die jüdische „Martin und Clara Heimann-Stiftung“, 1903 in der Löwenstr. 79-81 erbaut, war in der NS-Zeit „deutschen Volksgenossen“ vorbehalten.

„Gestiftet A.D. 1579“, so verrät es die Aufschrift im Giebel, sind die „Bürgermeister Albert Hackmann–Gotteswohnungen“ Schedestr. 11, die ein buntes Wappen zeigen und die Aufschrift: „1907 erbaut“. Der Stifter verstarb 1604.

35.000 Eppendorfer qm: Vaterstädtische Stiftung

Schedestr. 4 ist die Vaterstädtische Stiftung 1876 ausgewiesen, deren vier Eppendorfer Häuser neu hergerichtet wurden (www.vaterstaedtische-stiftung.de). Diese Stiftung basierte auf dem „Schillings–Verein“ von 1848 , den der jüdische Bankier John C. Warburg mit anderen Wohltätern begründete: „Als Denkmal der (...) Gleichberechtigung der Juden.“ Das erste Bauwerk von 1851 (Aufschrift: „Stiftung zum Andenken an die bürgerliche Gleichstellung der Israeliten“), in dem je sechs jüdische und christliche Familien lebten, besteht noch Eichholz 43 nahe den St. Pauli-Landungsbrücken. Teil der Vaterstädtischen Stiftung in Eppendorf sind heute auf einem 35.000 qm-Gelände auch die Alfred-und-Otto-Beit-Stiftung Nr. 4 ebenso wie Kämmerer-, Oppenheim- und Brunn-Stift (siehe unten).

Alfred Beit (1853-1906), der als britischer Staatsbürger auf seinem Landsitz Tewin Water in England verstarb, war Protestant, denn seine Eltern traten 1851 in St. Petri vom jüdischen zum protestantischen Glauben über. Er machte sein Vermögen durch Diamantenhandel und die Ausbeutung von Goldvorkommen im Zuge des britischen Kolonialismus in Südafrika und Rhodesien (heute Zimbabwe). Beit war ein überaus großzügiger Mäzen. Er legte gewissermaßen den „Grundstein“ für die spätere Universität Hamburg mit zwei Millionen Goldmark. Die Stadt hat es ihm mit einer „Sackgasse mit Wendehammer“ (Autor Henning Albrecht) hinter dem Wilhelm-Gymnasium in Harvestehude gedankt.

Nach dem Tod ihres ältesten Sohnes Alfred stellten 1909 seine Mutter Laura Beit geb. Hahn (1824-1918), der der Filius 1891 die Villa Mittelweg 113 erbauen ließ, und Alfreds jüngster Bruder Sir Otto Beit (1865-1930), ebenfalls britischer Staatsbürger, jeweils 100.000 Mark „zur Erinnerung und zum dauernden Andenken“ zur Verfügung. So konnte das Haus VIII der „Vaterländischen Stiftung“ mit 34 Wohnungen „für im Haushalt dienende Stände“ realisiert werden. Architekt war Gustav Zinnow (1846-1934), der 1875 Alfreds Schwester Bertha (1851-1907) geheiratet hatte. Gemeinsam mit seinem Schedestraße-Kollegen Hugo Stammann (1831-1909) war er einer der sieben Hamburger Rathaus-Architekten.

Die Stiftung wird „arisiert"

Die „Vaterstädtische Stiftung" ist mit dem 26. Oktober 1938 „arisiert" worden. Die vier jüdischen Vorstandsmitglieder mussten ihre Ämter nieder legen. Diese waren: der ehemalige Rechtsanwalt Dr. Richard Robinow (1867-1945, nach dem November-Pogrom im KZ Sachsenhausen inhaftiert, im Juni 1939 Flucht nach England), der frühere Richter Dr. Paul Wohlwill (1870-1972, er überlebte die NS-Zeit in einer sog. „Mischehe" und kehrte im August 1945 wieder in den Vorstand der Stiftung zurück), der einstige Bankier Carl Solmitz (geb. 1899, im Februar 1939 nach England) und die Sozialarbeiterin Dora Magnus (geb. 1876, 1939 nach England).

Ecke Schedestr. 2/Frickestr. erreicht der Rundgang das Gustav-Kaemmerer-Stift von 1906 (Arch.: wiederum Zinnow/Stammann). Für dieses ehemals namenlose Stift wurden anonym 175.000 Mark an die Vaterstädtische Stiftung gespendet; diese stockte den Betrag um 50.000 M auf. 1937, zum 80. Geburstag von Dr. Gustav Kaemmerer (1857-1942), erhielt das Stift einen Namen. Kaufmann Kaemmerer war von 1925 bis zu seinem Rücktritt 1940 Vorstandsvorsitzender der Vaterstädtischen Stiftung. Vor dem Grundstück hat der „Verein Martini erleben" am 19. April 2013 zwei Bänke platziert.

Unter der Adresse Frickestr. 26 folgt das Julius-Ernst-Oppenheim-Stift (49 Wohneinheiten). Für den Entwurf zeichneten wie beim Kaemmerer-Stift die Rathaus-Architekten Stammann/Zinnow verantwortlich. Die Stiftung aus dem Jahr 1854 ging auf den ursprünglich jüdischen Kaufmann Oppenheim (1805-1872) für Rauch- und Pelzwaren zurück, der sich 1834 mit Ehefrau Johanna hatte taufen lassen. Ein erstes Stiftungs-Gebäude bestand in der Hamburger Altstadt (Schauenburger Str.). und ging 1905 in die Verwaltung der Vaterstädtischen Stiftung über. In Eppendorf wurde 1909 neu gebaut, das baufällige Gebäude in der Altstadt dafür verkauft. Den Eppendorfer Baugrund stellten wie in vielen anderen Fällen auch Senat und Bürgerschaft gratis zur Verfügung.

Die Löwengards in Eppendorf

Das Martin-Brunn-Stift (1897) des jüdischen Kaufmanns, Frickestr. 24 a-c, plante auf einem Gelände von etwa 5.000 qm der Architekt Alfred Löwengard (1856-1929). Von ihm sind eine Reihe von Bauten erhalten geblieben, so das „Kirsten-Haus" (1908) Neuer Wall 44 in der Innenstadt und außerhalb Hamburgs die „Villa Bonn" in Kronberg im Taunus.

Die Löwengards hatten die jüdische Gemeinde verlassen. Sie besaßen eine besondere Beziehung zu Eppendorf: nach dem Tod des Vaters zog die Familie nach Rehhagen 9 (heute Gustav-Leo-Str.) um. Ehefrau Jenny lebte zuletzt Heimhuder Str. 40, wo sie sich in der NS-Zeit am 19. Juli 1942 das Leben nahm. Der evangelische Architekten-Sohn Kurt Löwengard (1895-1940), ein Künstler, hatte sein Wohnatelier Eppendorfer Landstr. 60 (Stolperstein). In der NS-Zeit verfemt, emigrierte er 1939 nach London, wo er verstarb.

Die jüdische Stiftung von Martin Brunn, „paritätisch für Juden und Nicht–Juden", wurde durch das Testament des Stifters von 1891 sowie Nachträge begründet und 1897 bezogen. 1905 wurde sie von der Vaterstädtischen Stiftung übernommen, gewidmet war sie alleinstehenden Frauen und ehemaligen Arbeiterinnen.

Letzter Wohnsitz vor den Morden

Die Verwaltungsgemeinschaft des Brunn-Stifts mit der Vaterstädtischen Stiftung wurde 1938 aufgehoben. Ein Erlass des Reichsministerium des Innern im folgenden Jahr schloss eigentlich Juden als Bewohner an der Frickestr. 24 aus, doch durften sie dort unter Aufsicht des Jüdischen Religionsverbandes bis Juli 1943 noch jüdische Bürger leben. Denn das Stift wurde als eine von drei derartigen Einrichtungen in Hamburg ein sog. „Judenhaus", seine Zimmer waren doppelt und dreifach belegt: statt 58 Menschen lebten dort nun 144 (Juni 1942). Die Ein-Zimmer-Wohnungen, zwölf bis 14 Quadratmeter groß, mussten sich zeitweise zwei bis drei Menschen teilen. 139, nach anderen Angaben 145 Bewohnerinnen und Bewohner wurden von dort deportiert; niemand überlebte.

Vor dem Gebäude befinden sich heute drei Stolpersteine. Lilly Bauer (1881-1941) war 1933 mit Ehemann Moritz (+ 1937) in das Stift eingezogen. 1941 wurde sie nach Minsk deportiert. Zwei weitere sog. Stolpersteine erinnern an Menschen, die zwangsweise in das Martin-Brunn-Stift eingewiesen wurden; es war also nicht ihr letzter freiwilliger Wohnsitz. Erika Levy geb. Bos (1892-1941) aus den Niederlanden lebte dort seit Oktober 1940 mit Ehemann Louis, einem Handelsvertreter (Heirat 1913). 1941 wurden beide nach Riga deportiert und am 26. März 1942 ermordet. Das Ehepaar Dr. Roland (1875-1943) und Nanny Behrend musste 1941 in der Frickestr. 24 einziehen, nachdem die Emigration nach Neuseeland missglückt war. Der Rechtsanwalt, ehemals Abiturient des Wilhelm-Gymnasium, erhielt 1938 Berufsverbot und war nach dem Pogrom im selben Jahr im KZ Sachsenhausen inhaftiert. Nanny starb im Januar 1943 im KZ Theresienstadt, Roland, mit dem sie seit 1908 verheiratet gewesen war, dort im März 1943.

Die letzte Habe wird versteigert

Das im Martin-Brunn-Stift zurückgelassene Eigentum der Juden wurde auf Initiative der Vermögensverwertungsstelle des Oberfinanzpräsidenten versteigert: „Privatpersonen und Firmen bereicherten sich an der letzten Habe der Deportierten" (Angela Schwarz). Das Versteigerungs-Haus Carl F. Schlüter erlöste (ohne Versteigererprovision) aus dem zurück gelassenen Privatbesitz im Brunn-Stift 49.636,25 Reichsmark.

Im Bestand bedroht sind die Gebäude der „Martin und Clara Heimann-Stiftung". Hier das Haus III Martinistr. 83, dessen Portal mit Nymphen geschmückt ist.

Im Oktober 1943 teilte der Obersenatsrat mit: „Auf Anordnung der geheimen Staatspolizei sind die jüdischen Stiftsinsassen des Martin-Brunn-Stifts in der Zeit von Oktober 1941 bis Mitte 1942 aus ihren Wohnungen entfernt worden." Am 3. November desselben Jahres hob die Staatsverwaltung der Hansestadt das Stift auf.

Da die veralteten Wohnungen später zunehmend unvermietbar waren, quartierte man vorübergehend Schwesternschülerinnen und Studentinnen ein. So lebten zeitweise mehr junge als alte Menschen im Stift.

Das Brunn-Stift mit seinen 28 Wohneinheiten wurde 1989 nach Plänen von Dietrich-Michael Wex (jetzt in Pullach, Bayern, tätig) modernisiert.

Frickestr. 22 befindet sich das ELIM Seniorenzentrum Eppendorf des freikirchlichen Diakoniewerks, 1893/94 als „Siechenheim" erbaut und 2011/12 modernisiert.

Die „Koop-Stiftung" ist seit 1894 unter Frickestr. 20 beheimatet. Julius Faulwasser (1855-1944) hatte das Gebäude entworfen, in das zuerst 26 Frauen einzogen. Beiderseits des Eingangs wurden später moderne Anbauten angefügt. Die Stiftung ließ bereits 1611 „Gotteswohnungen" in der heutigen Straße Kurze Mühren errichten. Faulwasser verantwortete in Eppendorf 1902/03 die Renovierung von St. Johannis und 1889 den Neubau von St. Anschar auf der Anscharhöhe (s. u.).

Die Fatima-Kapelle im Garten

An der Martinistr. 42, in Richtung UKE-Terrain, bestand von 1887/88 bis Anfang 1985 das St. Joseph-Stift (auch als St. Josefstift bezeichnet), eine katholische Einrichtung, die heute anderen Zwecken des Diözesanverbandes Hamburg dient. Auf dem Eppendorfer Felde waren Graue Schwestern zur hl. Elisabeth (seit 1968: Kongregation der Schwestern von der hl. Elisabeth) eingezogen. Beim früheren Stift, man sieht sie vom Julius-Reincke-Stieg aus, steht die sog. Fatima-Kapelle (Denkmalschutz), eine Zierde der Gegend und oft fotografiert. Gegenüber dem portugiesischen Marienwallfahrtsort ist das kleine Bauwerk bescheiden ausgefallen, denn Fátima nördlich von Lissabon besitzt den größten Kirchenvorplatz der Welt und die viertgrößte katholische Kathedrale mit 9.000 Plätzen.

Kösterstraße – unbekanntes Eppendorf

Die Suche nach weiteren Stiftsbauten im Stadtteil und in der Nachbarschaft lohnt. Das unbekannteste Stück Eppendorf dürfte dabei bestimmt die Kösterstraße sein. Verkehrsberuhigt und abgelegen von der Tarpenbekstraße, ist sie ein Idyll am Rande der Anscharhöhe und genießt glücklicherweise Denkmalschutz. Sehen Sie einmal nach!

Die Anscharhöhe ist Eppendorfs größte Stiftung. Ihr Gotteshaus hieß ursprünglich Kirche Zum Guten Hirten (1889) und heißt nun St. Anschar.

Die 23 Reihenhäuser gehen auf die „Heinrich und Caroline Köster Testament Stiftung" zurück. Sie besaßen ehemals ein bauliches Pendant in der Kösterallee von Barmbek (im 2. Weltkrieg zerstört). Auch der Hamburger Heinrich Köster (1803-1884) hatte sein Glück in Übersee versucht, war doch für seine Familie infolge der von Napoleon verhängten Kontinentalsperre kein Handel mit England mehr möglich. Der Kaufmann und Reeder hielt sich lange in Nord- und Südamerika auf. Ehefrau Caroline (+ 1894) lernte er auf St. Thomas in der Karibik kennen.

Die bedeutende Rolle der Kösters in Eppendorf ist bislang nicht im Detail erforscht. Der Wohnsitz des Ehepaars lag gegenüber der Kirche St. Johannis, (der beide sehr verbunden waren), etwa an der heutigen Ecke Ludolf-/Kellinghusenstr. An der Kirchentwiete (jetzt Ludolfstr.) vermietete es sehr günstig 16 einstöckige kleine Häuser mit Zwei- und Drei-Zimmer-Wohnungen. Als die Straße verbreitert werden sollte, wünschte sich Heinrich Köster „Wohnungen ganz so wie die, die ich in der Kirchentwiete in Eppendorf (original durch die Familie Knauer erbaut und besessen) besitze". Zu jedem Gebäude gehörten damals auch 175 qm Garten.

Aufgrund der Straßenverbreiterung wollte die Stiftung an die Frickestraße umziehen. Vorgesehen waren dort etwa 80 Gebäude auf 18.000 Quadratmeter. 1901 einigte man sich stattdessen mit der Stadt auf ein Grundstück in Barmbek und das erwähnte in der Kösterstraße. 1901 bis 1906 entstanden dort 23 Häuser für kinderreiche Familien. Die Kaltmieten betrugen 2006 noch fünf bis 6.50 Euro pro qm, doch wurden die Wohnungen 2010 an einen privaten Investor verkauft.

Das Neorenaissance-„Schloss"

Bleiben wir etwas abseits der Tarpenbekstraße, so steht dort unter Nr. 93 das Jenisch-Stift, nämlich „Senator Martin Johann Jenisch wohltätige Stiftung". Diese geht auf dessen Ehefrau Fanny zurück. 1881 vergrößerten Familienangehörige das Vermögen noch einmal um rund fünf Mio. Mark auf das Fünffache. Das „Schloss" im Stil der Neorenaissance imponiert bis heute: es gibt einen entsprechenden Vorplatz und das Torwärterhaus mit Fachwerk, das ebenso wie alle anderen Bauten von 1894/95 unter den Hausnummern 93, 93 a bis 93 e Denkmalschutz genießt. Architekten waren wie im unten beschriebenen Heimann-Stift Krumbhaar/Heubel. Das Jenisch-Stift war wesentlich größer ausgelegt: statt der zwei sollte es neun Gebäude besitzen, doch vernichtete die Inflation nach dem 1. Weltkrieg das gesamte Kapital der Stiftung.

Von der Tarpenbekstraße zweigt die Siemssenstraße ab, unter Nr. 12 besteht dort das Altenwohnheim der Vereinigten Tile Nigel und Johann Bockholt Stiftungen.

Die Stifter-Namen verschwanden

Eine weitere jüdische Stiftung bedeutete die „Martin und Clara Heimann–Stiftung" nahe dem SC Victoria-Stadion in Hoheluft-Ost, deren Gebäude Löwenstr. 79-81 (Haus II, 1903) und Martinistr. 83 (Haus III, 1915) gelegen sind. Architekten waren Hermann Krumbhaar und Eduard Heubel (modernisiert 1981–83 durch Rosenberg/Wex). Diese Namen findet man am Portal Martinistraße, das mit Nymphen geschmückt ist.

Die jüdische Kaufmanns-Familie hatte auch Haus I (1899) an der Breitenfelder Str. erbauen lassen (1943 zerbombt). Das Areal wurde dann 1957 der Soltow–Stiftung überlassen. Breitenfelder Str. 29-33 (1958 erbaut) gehört heute zu Wichernbau (s.o.) und firmiert als „Senator Oskar-Martini-Heim". *

Gewidmet war die Stiftung ursprünglich „Freiwohnungen für hilfsbedürftige Eheleute und alleinstehende Frauen ohne Unterschied der Konfession." Mit dem 25. Februar 1939 verfügte die Hamburger Staatsverwaltung, die „Freiwohnungen" seien ausschließlich „deutschen Volksgenossen" vorbehalten. Ein neuer Vorstand wurde eingesetzt – „4 deutschblütige

Personen" -, und dieser verfügte am 2. August 1939 einen neuen Namen: „Stift Bredenfelde – im Zuge der Arisierung. Der Name ist entnommen aus einer Flurbezeichnung." Möglicherweise erklärt sich daraus das leere Giebelfeld am Gebäude an der Martinistraße.

Nach Kriegsende wurden die Heimann–Wohnungen mit ausgebombten Obdachlosen belegt. Erst ab den 1950er Jahren konnten hier wieder Alte und Bedürftige leben.

Bei Drucklegung gab es Pläne, beide Gebäude zu entkernen und darin frei finanzierte Wohnungen anzubieten. Die Bewohnerinnen und Bewohner sollten ebenso wie die aus der Breitenfelder Straße (s.o.) in einen Neubau am Grandweg in Lokstedt umziehen. Auf der weiträumigen Grünfläche an der Löwenstraße, auf der derzeit noch munter zahlreiche Hasen herum hoppeln, sind drei Neubauten geplant.

650 Menschen leben auf der Anscharhöhe

Die größte Eppendorfer Stiftung bedeutet mit ihrem parkartigen Gelände die Anscharhöhe an der Tarpenbekstraße. 125 Jahre bestand sie 2011, wobei die Gründung auf Emilie Auguste Jenisch (1828–1899) zurückgeht, „eine der wohltätigsten Damen unserer Vaterstadt", „eine Diakonisse ohne Haube". Die kranke, verwachsene und taube Tochter einer Kaufmanns- und Senatoren–Familie hatte 1883 das Emilienstift ermöglicht, das erst in einer Wohnung in der Eppendorfer Landstraße untergebracht war und „etwas für die Rettung der jungen, gefährdeten und des Schutzes bedürftigen konfirmierten Mädchen im Alter von 14–20 Jahren" bewirken sollte.

Am 15. August 1886 wurde die Weihe der Anscharhöhe vorgenommen; Architekt war Martin Haller. Die Bauarbeiter verzichteten freiwillig auf Branntwein und bekamen dafür zweimal täglich gratis Kaffee. Die ersten Einrichtungen waren das Emilienstift „für sittlich gefährdete Mädchen", der „Kastanienhof" für unkonfirmierte Mädchen, das Erholungsheim Bethanien für Diakonissen und das „Siechenhaus Emmaus" für kranke und alte Frauen. 1893 folgten ein Männer-Altenheim, 1903 Töchterpensionat und Trinkerinnen-Asyl.

Im 2. Weltkrieg gab es im Luftkrieg schwere Zerstörungen der Bauten. Vieles ist insbesondere in den 1970er Jahren auf dem ausgedehnten Areal neu entstanden. Von den alten Gebäuden der Anscharhöhe ist ein Teil, wenn auch renoviert und umgebaut, noch erhalten: das Haus Emmaus (1885–86, nun Altenheim), das Max Glage–Haus (1893, vermietet), das ehemalige Waschhaus (1894, Verwaltung), das Haus Bethanien (1886), die Kirche Zum Guten Hirten (jetzt St. Anschar, 1888–89) von Architekt Julius Faulwasser und das Tonerhaus (1892, vermietet). 650 Menschen leben auf der Anscharhöhe, zu der Einrichtungen für Ältere und Behinderte, Wohnungen für sozial Bedürftige und eine Kita gehören. Auch gibt es das „Park-Restaurant Anscharquelle" dort, in dessen Nähe tatsächlich ein munterer Quell sprudelt.

N.B. Die Zeitschrift „Der Eppendorfer" des Eppendorfer Bürgerverein druckt seit einiger Zeit aus alten Ausgaben Aufsätze des verdienten Heimatforschers Helmut Alter nach. In der Ausgabe 07/ Juli-August 2013 betraf dies den Beitrag „Wohnstifte in Eppendorf" vom Mai 1962. Es ist kennzeichnend für die damals herrschende Verdrängung, dass in diesem Text weder die jüdischen Stifter noch die Deportationen aus dem Martin-Brunn-Stift erwähnt werden.

* Oskar Martini, 1884-1980, war Leiter der Wohlfahrtsbehörde. Seit 1.5.1937 war er NSDAP-Mitglied, von Dezember 1939 bis November 1945 Senator. „Er war von der nationalsozialistischen Idee einer geschlossen hinter Hitler stehenden deutschen Volksgemeinschaft bis zum Ende überzeugt" (Uwe Lohalm, in: Hamburg im „Dritten Reich"). In der Entnazifizierung wurde Martini schließlich als „entlastet" eingestuft.

Ein weitgehend unbekanntes Stück Eppendorf: Die Kösterstraße mit den historischen Gebäuden der Köster-Stiftung aus den Jahren 1901 bis 1906, die ursprünglich für kinderreiche Familien gedacht waren.

Es begann mit acht Pavillons

Das UKE - eine Sehenswürdigkeit!

Die bedeutendste Institution im Stadtteil ist das Universitätsklinikum Hamburg-Eppendorf (UKE), für das von 1934 bis 2001 der Name Universitäts-Krankenhaus Eppendorf galt. „Die Welt“ bezeichnete es als „Europas modernste Uni-Klinik“. Man muss nur einmal den Katalog der Staatsbibliothek Carl von Ossietzky in Hamburg durchsehen, um zu erkennen, was dort an zahllosen Publikationen geleistet wird.

Die Lobby des Neuen Klinikum, bis 2009 nach dem Entwurf von Hans Nickl und Christine Nickl-Weller fertig gestellt.

Das UKE ist eine „öffentliche Einrichtung", im Gegensatz zum Landesbetrieb Krankenhäuser (LBK), der von der CDU-Alleinregierung unter Ole von Beust zu großen Teilen an die Asklepios Kliniken Hamburg GmbH veräußert wurde (2004 waren es 49,9 % der Anteile, 2007 folgten weitere 25 %). Das Votum des Volksentscheids „Gesundheit ist keine Ware" (Wahlbeteiligung 64,9 %, 76,8 % der Stimmen gegen einen LBK-Verkauf) wurde ignoriert.

Jährlich werden 86.000 Patienten im UKE stationär versorgt, fast 270.000 ambulant, davon über 110.000 in der Notaufnahme. Das Klinikum zählt über 9.000 Mitarbeiterinnen und Mitarbeiter, davon sind 2.200 Ärztinnen und Ärzte.

Eng mit der Geschichte des Eppendorfer Krankenhaus verknüpft ist die Cholera–Epidemie von 1892, während der 16.956 Menschen erkrankten und 8.605 starben. Der Mediziner und Nobelpreisträger Robert Koch über die Hamburger Wohnverhältnisse als wesentliche Ursache der Epidemie: „In keiner anderen Stadt habe ich solche ungesunden Wohnungen, Pesthöhlen und Brutstätten angetroffen .... Meine Herren, ich vergesse, dass ich in Europa bin!"

Erste Pläne sahen ein neues Krankenhaus in der Innenstadt vor, doch wurde das preiswertere, ländliche Umland von Eppendorf bevorzugt. Die ersten acht Pavillons – wegen der Seuchengefahr hatte man diese Bauweise gewählt –, waren 1885 fertiggestellt. Am 1. März 1889 ist das Allgemeine Krankenhaus Eppendorf eröffnet worden, mit insgesamt 72 Gebäuden (von denen 40 Prozent im 2. Weltkrieg zerstört wurden).

Die Straßennamen der Mediziner

Auf Mediziner des Krankenhauses gehen zahlreiche Eppendorfer Straßennamen zurück: Curschmannstr. (der erste ärztliche Direktor Prof. Dr. Heinrich C.; eine Gedenktafel für ihn befindet sich am Neuen Klinikum); Eisenlohrsweg (Oberarzt Dr. Carl E.); Hans–Much–Weg (Leitender Oberarzt Prof. Dr.); Kümmellstr. (Chirurgie-Prof. und Rektor der Universität Hamburg Hermann K.); Lenhartzstr. (Hermann L., 1901 Direktor des Krankenhauses); Martinistr. (St. Georger Oberarzt Dr. Erich M.; die Büste am Haus Ecke Martini-/Erikastr. ist nach Auskunft von Nachkommen ihm gewidmet); Schedestr. (Oberarzt Prof. Dr. Max Sch.); Schottmüllerstr. (Prof. Dr. Hugo Sch.; s. a. S. 44f); Sudeckstr. (Paul S., Chirurgie-Direktor in Eppendorf). Auch nach Robert Koch, s. o., und Samuel Hahnemann, dem Begründer der Homöopathie, der 1800/01 in Hamburg lebte, sind Straßen benannt.

Das heutige UKE als Sehenswürdigkeit, wie im Titel versprochen? Gewissermaßen knüpft man hier an die Bände „Was nicht im Baedeker steht" aus dem Münchner R. Piper-Verlag aus den 1920er/1930er Jahren an (den Hamburg-Band verfasste 1930 Hans Harbeck, Neuauflage 1997). Denn tatsächlich findet man auf dem Gelände zahlreiche sehenswerte denkmalgeschützte Gebäude und aus jüngerer Zeit bemerkenswerte Neubauten. Für einen Rundgang sollte man sich beim Pförtner am heutigen Haupteingang oder im Foyer des Neuen Klinikums einen Lageplan besorgen.

Das Werk von Zimmermann und Ruppel

Das ehemalige Haupt-Eingangsgebäude wird in diesem Plan mit O 35 bezeichnet. Seine Adresse Martinistr. 52 gilt auch für alle anderen in der Folge genannten historischen Gebäude. Es wurde 1884 fertig gestellt, die Architekten waren Carl Johann Christian (Hans) Zimmermann und Friedrich Ruppel (das traf auch auf die im Folgenden erwähnten Gebäude S 13, S 49, O 27, O 43 zu). Zimmermann (1831-1911) war Leiter des Stadtbauamtes Breslau und amtierte von 1872 bis 1908 als Hamburger Baudirektor (sein Nachfolger war ab 1909 Fritz Schumacher, s.u.). Abgesehen vom UKE, entstanden 1884 bis 1889, war er als Planer in Hamburg für das Museum für Kunst und Gewerbe (1875), das Zentral-Gefängnis in Fuhlsbüttel (1879) und das ehemalige Wilhelmgymnasium (1885), heute Teil der Staatsbibliothek Carl von Ossietzky, verantwortlich. Dr. Ing. Ruppel (1854-1937), erst Bauinspektor, später Baudirektor, wirkte auch an der Planung des Allgemeinen Krankenhauses Barmbek (1913) in Pavillon-Bauweise mit.

Der sieben-Stockwerke-Bunker

Das Gebäude O 31 zur Martinistraße hin war ein Wohnhaus, genannt „Villa Garbrecht", weil darin bis 1968 Verwaltungsdirektor Wilhelm Garbrecht lebte. In den 90er Jahren zogen Studentinnen und Studenten ein, das „HA" nannte das Gebäude daraufhin „die Villa der Medizinstudenten", denn dort hat die Fachschaft Medizin ihren Sitz. Etwas versetzt hinter dem früheren Haupteingang steht in rotem Backstein errichtet das Haus O 27 von 1889, früher der Aufnahmepavillon für die Chirurgie. Unweit davon ist der ehemalige OP-Bunker (1940/41) mit sechs Obergeschossen und einem Stockwerk unter der

Im früheren Reformgarten beim Erikahaus, einem Fritz Schumacher-Bau, soll ein Skulpturenpark entstehen. Im Hintergrund links die Büste für Hermann Lenhartz von 1914.

„Frau mit Kind"-Bauplastiken von Karl Weinberger schmücken die Fassade des Erikahauses.

Büste von Max Schede im Skulpturenpark, 1904 von Albert Hermann Küppers, Neufassung 2007 von Adolf-Friedrich Holstein, nachdem das Original gestohlen wurde.

Erde erhalten, durch einen unterirdischen Gang verbunden mit dem Flachbau des Rettungsbunkers an der Martinistraße. Möglicherweise sind beide Bunker – es gab 26 auf dem UKE-Gelände –, demnächst wieder bei öffentlichen Führungen zugänglich.
Man möge bei www.hamburgerunterwelten.de nachsehen.

Gegenüber von O 27 liegt das frühere Operationshaus (O 36), um 1889 erbaut wie auch die roten Backstein-Pavillons, teils verziert, O 43 und O 49.

Museum im „Schumacher-Haus"

Einen ersten architektonischen Höhepunkt auf dem UKE-Gelände bedeutet das stattliche „Schumacher-Haus" (N 30). Ein Denkmal von Prof. Dr. med. Adolf-Friedrich Holstein, einem emeritierten Anatom, zeigt den damaligen Hamburger Oberbaudirektor bei der Arbeit über einen Entwurf gebeugt. Den Backsteinbau, dem Nebeneingang Fricke-/Schedestr. nahe, plante man seit 1911. Der Grundstein wurde 1913 gelegt und noch im 1. Weltkrieg 1915 der Rohbau fertig gestellt. Der Bau währte bis 1926.
Das damalige Theoretische Institut besitzt zwei Eingänge, da die Pathologie abgetrennt war. Seit 30. Oktober 2013 ist das „Schumacher-Haus" noch stärker in den Blickpunkt der Öffentlichkeit gerückt, wurde dort doch die Dauerausstellung „Die Geburt der modernen Medizin" des Medizinhistorischen Museums des UKE eröffnet (www.uke.de.medizinhistorisches-institut, Mi, Fr, Sa 14-18, So 12-18, Führungen Fr 17 Uhr). Besichtigt werden können auch der in Deutschland einzigartige Sektionssaal und eine der ersten Röntgenröhren weltweit.

Im Foyer des Pathologie-Trakts zeigt eine Büste Eugen Fraenkel (1853-1925), einen Eppendorfer Pathologen und Bakteriologen, der den Gasbrandbazillus entdeckte. Er und seine Frau hatten den jüdischen Glauben abgelegt, die Kinder waren evangelisch getauft. Ehefrau Marie kam 1944 im KZ Theresienstadt um; Tochter Margarete im selben Jahr im KZ Auschwitz-Birkenau; Sohn Max, ebenfalls Arzt, nahm sich 1938 das Leben.

Zu den bemerkenswerten Neubauten auf dem Gelände gehören der Campus Forschung (N 27) von 2007 der weltweit engagierten Architekten (Meinhard von) Gerkan, (Volkwin) Marg und Partner, und der Campus Lehre (N 55) mit seiner Rotklinker-Fassade, konzipiert von „LRW Architekten und Stadtplaner" (dies sind Karin Loosen, Rudolf Rüschoff und Thomas Winkler, alle Hamburg).

„Candidates of humanity"

Dazwischen, Gebäude-Bezeichnung N 45, liegt das Studiengebäude "Rothe-Geussenhainer-Haus". Gewürdigt wird mit der Bezeichnung ein Teil der nach 1945 mit dem Oberbegriff „Weiße Rose Hamburg" bezeichneten Opposition gegen die NS-Diktatur, zu der auch eine Gruppe um Rudolf Degkwitz (1889-1973) gehörte, seit 1932 Chefarzt der Kinderklinik des UKE. Dem Andenken an die Widerstands-Gruppe „Weiße Rose" München gelten im Stadtteil die Straßen-Benennungen Geschwister-Scholl-Str. (Hans und Sophie) und Christoph-Probst-Weg (seit 2003). Sophie Scholl, Hans Scholl und Christoph Probst wurden im Gefängnis München-Stadelheim enthauptet.

Der erwähnte Rudolf Degkwitz wurde 1944 vom Volksgerichtshof Berlin wegen „Wehrkraftzersetzung" zu sieben Jahren Zuchthaus verurteilt. Bei der Räumung des Zuchthauses Celle am 8. April 1945 gelang ihm die Flucht. Er wurde im Juni 1945 zum Leiter der Hamburger Gesundheitsbehörde berufen und arbeitete wieder am UKE. Als er sich vehement gegen die Rehabilitierung ehemaliger Nationalsozialisten u.a. in der Universität Hamburg wandte, geriet er in Konflikt mit SPD-Schulsenator Heinrich Landahl. Als Reichstagsabgeordneter der Deutschen Staats-Partei (DStP) hatte Landahl 1933 Hitlers Ermächtigungsgesetz zugestimmt. Resigniert siedelte Rudolf Degkwitz in die USA über und kehrte erst kurz vor seinem Tod in sein Heimatland zurück.

Was die Namensgeber des „Rothe-Geussenhainer-Haus" betrifft: Die Geheime Staatspolizei der Nationalsozialisten hatte 1943 die Widerstands-Gruppe der „Candidates of humanity" in Eppendorf entdeckt.

Margaretha (Greta) Rothe (1919-1945), gebürtige Hamburgerin und seit 1939 Medizinstudentin, verteilte Streuzettel mit Hinweisen auf ausländische Rundfunksender und Flugblätter der Münchner „Weißen Rose". Nach der Verhaftung erkrankte sie und verstarb am 15. April 1945 in Leipzig. Nach ihr ist das Gymnasium Langenfort 5 in Hamburg benannt.

Das ehemalige Haupteingangs-Gebäude des UKE, damals (1884 eingeweiht) und heute, Martinistr. 52.

Der Hamburger Medizinstudent Frederick Geussenhainer (1912-1945) wurde verhaftet, aber weder angeklagt noch verurteilt. Vom KZ Neuengamme deportierten ihn die Nazis 1944 in das KZ Mauthausen in Österreich. Im April 1945 verhungerte Frederick Geussenhainer in einem Außenlager.

Mutter und Kind am „Erika-Haus"

Der zweite Fritz Schumacher-Bau auf dem UKE-Gelände, das „Erika-Haus" mit seinen drei Flügeln (W 29) - der Südflügel ist 1943 bei einem Bombenangriff zerstört worden und wurde neu erbaut -, liegt etwas entfernt von der bisherigen Route. Es wurde 1912 bis 1914 für den Schwesternverein der Hamburgischen Staatskrankenanstalten erstellt (Gedenktafel im Eingangsbereich). Seine Vorläufer hatte der Bau in einer Villa in der damaligen Erica-Str. 1 (Abriss 1958, später Krankenschwestern-Hochhaus Schottmüllerstr.) und auf dem UKE-Gelände (Abriss 2005). Über die Restaurierung des jetzigen „Erika-Hauses" berichtet ausführlich Prof. Adolf-Friedrich Holstein im Buch „Das Erikahaus im Universitäts Klinikum" (2006). Holstein feiert den früheren Speisesaal, heute „der Große Saal" im ersten Obergeschoss mit fünf hohen Rundbogenfenstern mit Ornamentglas als „den großartigsten Raum im „Erika-Haus"". Der Zentralbau ist mit orangenen, gelben, roten und grünen Farben ausgemalt; für die Farbgestaltung war ehemals Otto Fischer-Trachau (1878-1958) verantwortlich. Die Hauptfront schmücken zwei „Frau mit Kind"-Bauplastiken von Karl Weinberger (1885-1953), seit 1911 in Hamburg ansässig, sowie fünf Kartuschen, von denen eine einen jungen Herkules, der zwei Schlangen würgt, als Symbol des Arztes zeigt. Im früheren Reformgarten soll ein Skulpturenpark entstehen. Dort findet man nun bereits u.a. die Büsten von Hermann Lenhartz (Max Lange, Leipzig, 1914) und Max Schede (Albert Hermann Küppers, Bonn, 1904). Letztere ist nicht das Original, denn dieses wurde aus einem UKE-Lagerraum gestohlen. Die Neufassung hat Adolf-Friedrich Holstein 2007 geschaffen.

188 Mio. €-Projekt Neues Klinikum

Richtung Ausgang passiert man das Neue Klinikum (O 10, Arch.: Nickl & Partner, München), auf dessen Dach sich auch ein Hubschrauber-Landeplatz befindet. Das 188 Mio.-Euro-Projekt mit seinen 3.500 Räumen, realisiert von Oktober 2005 bis Januar 2009, beschrieben die Architekten Hans Nickl und Christine Nickl-Weller wie folgt: Es galt „die Balance zwischen der historischen Ordnung eines „Krankenhauses im Park" und der ökonomischen Notwendigkeit der Zentralisierung von Nutzungen durch die Auflösung der großen Baumasse in einzelne Pavillons und deren Organisation in einem „Reißverschlusssystem" herzustellen."
Das Münchner Architektur-Büro gilt als erfahren im Krankenhaus-Bau, genannt seien das Klinikum Weiden/Oberpfalz (2004), das Klinikum der Johann Wolfgang Goethe-Universität in Frankfurt/Main (2007), die Kinderklinik des Universitäts-Klinikum Heidelberg und das Krankenhaus Yinkou in China (beide 2008).

Daneben war bei Drucklegung das Gesundheitszentrum „Spectrum am UKE" (Arch.: G. P. Wirth, Nürnberg) im Bau, das ab 2014 für ärztliche Praxen, medizinische Dienstleistungen, Einzelhandel und Gastronomie vorgesehen ist.

Bevor man das Gelände verlässt, fällt linker Hand noch eine schöne Villa samt Turm, Portal mit Säulen, Terrasse und Wintergarten ins Auge. Das Brauerhaus (1889) war Wohnhaus des ärztlichen Direktors Prof. Dr. Ludolph Brauer (1865-1937), der 1930/31 auch als Rektor der Hamburger Universität amtierte. Es steht heute ebenfalls unter Denkmalschutz. Geht man die Martinistraße rechts vom Haupteingang weiter, blickt man vor dem neuen Hotel auf einen weiteren historischen Backsteinbau (W 34). Was dort einmal war, berichtet die Schrift über dem Eingang: Anstalt für Augenkranke.

Pianomusik im Foyer

Das erwähnte „Neue Klinikum" übrigens mutet beim ersten Augenschein wie ein überdimensionales luxuriöses Hotel samt Foyer und Rezeption an. Was die Gastronomie angeht, liegt man da gar nicht so falsch. Das „Caffé Dalluci" im 3. Obergeschoss, es hat eine Dependance im Vorfeld des Hauptgebäudes, bewirtet nicht nur Gäste (Mo-Fr 7.30-18, Sa-So 11-18 Uhr), sondern setzt auch eine Pianistin oder einen Pianisten zur Unterhaltung ein (Mo-Fr 15-16 Uhr). Dies geschieht in Zusammenarbeit mit der Hochschule für Musik und Theater Hamburg. Im Foyer des „Neuen Klinikum" findet außerdem viermal im Jahr die UKE-Konzertreihe „Musik-Mensch-Medizin" statt (der Eintritt ist frei, eine Anmeldung nicht erforderlich).

Im 4. Obergeschoss des Neubaus serviert „Pizza Mia" Mo-Fr 11.30 bis 19 Uhr (es gibt auch Salate). Vor dem Hauptbau findet man das „Mesa Restaurant". Currywurst, Krakauer u.a. bietet ein Imbiss gegenüber dem Gebäude W 14 (Mo-Fr 8-16 Uhr). Das „Café Osterfeld" im Foyer der Klinik für Psychatrie und Psychotherapie (Mo-Do 9-17, Fr 9-15.30 Uhr) betreibt www.osterkuss.de, das Menschen mit psychischer Behinderung beschäftigt und auch einen „Flammkuchen-Service" (Mo-Fr 11-14 Uhr) anbietet.

Abschließend sei erwähnt, dass das UKE ehrenamtliche Mitarbeiter sucht. Siehe www.uke.de, Kontakt: e-mail ehrenamt@uke.de, Tel. 74 10 55 24 6, 74 10 56 13 8.

In Zusammenarbeit mit der Hochschule für Musik und Theater gibt es Montag bis Freitag am Nachmittag Gratis-Piano-Musik im Foyer des Neuen Klinikum des UKE.

„Kleine Revolution“ an der Martinistraße

„Für Eppendorf ist diese Entscheidung eine kleine Revolution, sind doch in den letzten Jahren gerade hier ausschließlich Eigentumswohnungen gebaut worden, die sich Menschen mit kleinem und mittleren Einkommen nicht leisten können (...) Damit löst der Hamburger Senat an dieser Stelle das Versprechen ein, städtische Grundstücke nicht mehr nach dem Höchstgebotverfahren, sondern nach Konzeptqualität zu vergeben.“
(Newsletter „MARTINIerLEBEN“, November 2012).

Das St. Joseph-Stift bestand bis 1985 Martinistr. 42. Nahebei sieht man am Julius-Reincke-Stieg die sog. Fatima-Kapelle. Gegenüber dem portugiesischen Wallfahrtsort ist sie bescheiden ausgefallen.

Oben genannter Verein, gegründet 2006, im Internet auffindbar unter www.martinierleben.de (die seltsame Schreibweise der obigen Quelle übernehmen wir fortan nicht), jubilierte mit Jahresende 2012 zurecht. Denn bei der Ausschreibung der Finanzbehörde unter dem Titel „Leben am Eppendorfer Park“ kam nicht ein Investor, der Luxuswohnungen plante, zum Zug, sondern die Wohnungsbaugenossenschaft Bauverein der Elbgemeinden, der mit dem eingetragenen Verein „Martini erleben“ („Generationen gemeinsam in Eppendorf“) kooperierte.

In dem leerstehenden Krankenhaus an der Martinistr. 42, 1888 erbaut (Arch.: J. B. Heyn) und unter Denkmalschutz, werden ab 2015 etwa 90 genossenschaftliche Wohnungen eingerichtet – Anfangs-Kaltmiete 6 bis 8,50 €, dazu eine Wohn-Pflegegemeinschaft. Geplant ist am Rande des Viertels außerdem noch „ein Zentrum für Soziales und Kultur“ unter Einbindung von Kulturhaus, Stadtteilarchiv, Hamburgische Brücke und crazyartists e.V.. Die Hamburgische Brücke hat sich der Betreuung und Pflege von Demenz-Kranken sowie der Beratung für deren Angehörige verschrieben. crazyartists, Initiator ist der Theater- und Sozialtherapeut im Zentrum für Psychosoziale Medizin im UKE, Peter Lanzoni, veranstaltet Kunstprojekte für Menschen mit und ohne psychische Erkrankungen und seelisch Belastete.

Bevor all das zum Tragen kam, veranstaltete im Juni 2013 www.kunstklinik-bethanien.de dort eine zweitägige Ausstellung.

Abrissobjekt, anno 1903

Gegenüber dem historischen Krankenhaus tat sich seit 2012 eine große Baugrube auf. Das Schwesternheim Bethanien von 1903, eines der charakteristischen Gebäude im sog. Stiftsviertel von Eppendorf, wurde vom Hamburger Denkmalschutz als „nicht denkmalwürdig“ eingestuft und fiel dem Abriss anheim. Damit verschwand auch die Verbindungsbrücke über die Martinistraße zwischen Krankenhaus und Schwesternheim, die viele bestimmt noch in Erinnerung haben.

Das neue Projekt an diesem Ort soll bis 2014 fertig gestellt sein und nennt sich „Bethanien-Höfe“. Geplant sind ein Mutterhaus für Diakonissen, 123 Plätze für vollstationäres Pflegewohnen, 68 Wohnungen für betreutes Wohnungen sowie eine öffentliche Gaststätte.

Das Krankenhaus des Bethanien-Vereins wurde 1892 nahe dem heutigen UKE erbaut (Eben-Ezer-Kirche Hamburg-Eppendorf).

Das 1888 erbaute Bethanien-Haus wird zukünftig 90 genossenschaftliche Wohnungen beherbergen.

Weil der Denkmalschutz das Schwesternheim von 1903 als „nicht denkmalwürdig“ befand, tat sich 2013 eine große Baugrube auf. Entstehen werden dort bis 2014 die „Bethanien-Höfe“.

Eppendorf von A – Z

Gastronomie und Bootsvermietung: Das „Café Isekai" am Isebekkanal.

Alsterschifffahrt:

Die Alsterkreuzfahrt ist von Ende März bis Ende September auf der Strecke Jungfernstieg bis Winterhuder Fährhaus unterwegs. Bei der Rückfahrt Eppendorf-naher Halt an der Streekbrücke, sonst immer an der Krugkoppelbrücke. Die Alsterrundfahrt (ohne Halt an den genannten Stationen) verkehrt auch im Winter. (www.alstertouristik.de).

Andere Eppendorfs:

Gleich fünfmal gibt es Eppendorf in Deutschland außerhalb Hamburgs. In Hilter am Teutoburger Wald, Landkreis Osnabrück; der Gemeinde-Teil zählt 296 Bewohner. Als Ortsteil von Haltern am See am nördlichen Rund des Ruhrgebiets. Als Bochum-Wattenscheid-Eppendorf mit ca. 14.000 Einwohnern (www.wattenscheid-eppendorf.de). Als Witzmannsberg-Eppendorf im Landkreis Passau in Niederbayern. Und schließlich im Erzgebirge in Sachsen, mit Gemeindeteilen insgesamt 4.360 Bewohner, 20 km östlich von Chemnitz, Geburtsort von Heiner Müller (1929-1995), einem der wichtigsten deutschen Dramatiker der zweiten Hälfte des 20. Jahrhunderts (Heiner-Müller-Schule).

Bootsverleih:

Goldfisch, Isekai 1, Tel. 41 35 75 75, www.goldfisch.de/bootsverleih, tgl. 10-20 Uhr - Nach 22 Jahren Existenz schloss im September 1999 der Bootsverleih Dornheim, weil am Isekai 1 Eigentumswohnungen errichtet wurden.

Gondoliera, c/o Bootshaus Barmeier, Eppendorfer Landstr. 180 (Hayns Park), Tel. 490 09 34, 01 71 – 281 24 47, www.gondel.de, März-Dez. Ina Mierig ist Deutschlands einzige Gondoliera, ihr Boot stammt aus Venedig.

Bootshaus Silwar, Eppendorfer Landstr. 148 b (Hayns Park), Tel. 47 62 07, www.bootshaus-silwar.com, tgl. 10 Uhr bis Dämmerung.

Waldemar Wielengowski, Isekai Ö 13, Tel. 47 34 61, www.cafe-isekai.de, tgl. 10-22 Uhr, früher Bootshaus Osterndorff.

G. Wüstenberg, Deelbögenkamp 3, Tel. 51 77 01, www.kanuverleih-bootslagerung.de, Apri-Okt. je nach Wetterlage, 10-20 Uhr.

Bücherhalle:

Eppendorf, ein Stadtteil mit vielen Schulen, Kindern, Jugendlichen und Senioren – aber ohne Bücherhalle.
Sie wurde am 1. Juni 1927 im 2. Stock der Badeanstalt Goernestr. 21, dem heutigen Holthusen–Bad, eröffnet – deshalb auch die lesenden Kinder überm Portal. Zum erstenmal in Deutschland soll dort die belehrende Literatur frei zugänglich aufgestellt worden sein. Von September 1943 bis 1945 war die Bibliothek im Museum für Völkerkunde an der Rothenbaumchaussee untergebracht, weil die Wasserwerke den bisherigen Raum in Eppendorf beanspruchten. Es folgte von November 1945 bis 1963 in sehr engen Verhältnissen das Provisorium in der Oberschule Hegestraße.

1963 endlich wurde der Neubau Lenhartzstr. 28 fertig gestellt, der als vorbildliche Bücherhalle galt: jährlich wurden 70.000 Besucherinnen und Besucher sowie 184.000 Ausleihen registriert.

Anfang 1996 allerdings wurde die Schließung infolge von Sparmaßnahmen der Kulturbehörde angekündigt. Die politisch Verantwortlichen hießen Henning Voscherau (1. Bürgermeister, SPD), Christina Weiss (Kultursenatorin, parteilos) und Hella Schwemer-Martienßen (Direktorin der Hamburger Öffentlichen Bücherhallen bis heute). Ihre Vorgängerin, Prof. Birgit Dankert, war mit der Beseitigung von acht Bücherhallen nicht einverstanden und legte ihr Amt 1997 nach vier Monaten nieder. Trotz breiter Proteste, es gab z.B. eine eindrucksvolle Demonstration von Schülerinnen und Schülern durchs Viertel, wurde die Bücherhalle Eppendorf nach 70 Jahren Existenz abgeschafft.

Seit 1998 besteht die nächste Ausleihmöglichkeit im Einkaufszentrum „Forum Winterhude" hinter der Alster. Die einstige Eppendorfer Bücherhalle dient heute als Kundenzentrum des Bezirksamtes Nord.

Bürgerhäuschen:

Das Toilettenhäuschen von 1903 bei der Bus-Haltestelle „Eppendorfer Park" (Martinistr. 49 B) war 2000 eigentlich für den Abriss vorgesehen. Für den Erhalt setzte sich der Verein Bürgerhäuschen e.V. seit 2002 ein. Das historische Gebäude genießt heute Denkmalschutz. Was dort stattfindet, erfährt man unter www.bh-eppendorf. de.

Taucht nie in Kreuzworträtseln auf: Das Eppendorfer Moor ist das größte innerstädtische Moor Europas.

Eppendorfer Bürgerverein:

Der heute etwa 500 Mitglieder zählende Eppendorfer Bürgerverein (EBV) wurde 1875 in der Wirtschaft „Zur Friedenseiche" von 25 Männern gegründet und gab sich 1893 den heutigen Namen. Nach Kriegsende strebte er vor allem „den Zusammenschluss des Mittelstandes" an. Die erste Nachkriegs-Mitgliederversammlung fand am 17.4.1947 im Café Nobiling, Eppendorfer Landstr. 36, statt. Um 1960 besaß der Verein noch eine Jugendgruppe. Er hat verschiedentlich Festivitäten im Viertel veranstaltet (Frühlingsfeste, Laternenumzüge, der erste 1986, etc.).

Während Dr. Karl-Bernhard Wirth von 1986 bis 1998 Vorsitzender war, positionierte sich der EBV des öfteren politisch. So hieß es in den „Kommunalpolitischen Forderungen 1986-1990": „Den unbeschränkten Zustrom von Asylanten und deren Einweisung (...) in unseren Stadtteil lehnen wir wegen der damit verbundenen Veränderung der Infrastruktur und Überfremdung unseres Eppendorfs ab." Im „Wahlaufruf und eine kleine Hilfe zur Wahl" 1990 wurden zwar „deutschstämmige Rückwanderer" begrüßt, erneut aber forderte man, „der ungeheuren Zuwanderung von Asylanten und Wirtschaftsflüchtlingen einen Riegel vorzuschieben". Auch wandte man sich gegen „Randgruppen (Homosexuelle, Lesben, Rauschgiftfixer)". In „Der Eppendorfer", 1995/4, rückte man vom Standpunkt zur Zuwanderung ab: „Wir nehmen gern jeden Ausländer bei uns auf, wenn er sich für unser Eppendorf entschieden hat."

Kommunalpolitisch setzte sich der Verein erfolgreich für den Erhalt des Postamtes Eppendorf ein. Das Knauer-Denkmal wurde dank EBV-Initiative 1984 Eppendorfer Landstr. 46 postiert; geplant war ursprünglich ein Brunnen. Auch begleitete man 1994 wohlwollend die Aufstellung des „Sag nein!"-Denkmals, einem Geschenk von Ernst A. Nönnecke, an der Landstraße. Zum 850 Jahre-Jubiläum von Eppendorf wurden acht Hinweistafeln an bedeutenden Gebäuden gestiftet und ein Granitfindling mit Inschrift hinter St. Johannis. Monatlich gibt der EBV die Zeitschrift „Der Eppendorfer" heraus (www.der-eppendorfer.de).
Kontakt: Geschäftsstelle, Schedestr. 2, 1. Mi. i. Monat 17-18.30 Uhr, sonst Tel. 46 96 11 06, http://ebv.info-eppendorf.de

Eppendorfer Moor:

Trotz des Namens: Es befindet sich in Groß-Borstel, zwischen Alsterkrugchaussee und Flughafen nahe der Grenze zu Eppendorf. Das größte innerstädtische Moor Europas ist seit 1982 Naturschutzgebiet und wird vom Landesverband Hamburg des Naturschutzbund Deutschland (NABU) betreut.

Das Areal war das traditionelle Torfabbaugebiet für die Eppendorfer. Dies änderte sich, als es 1829 an den Staat Hamburg ging und 1867 ein Schießplatz für die 76er eingerichtet wurde. Infolge der Entwässerung bildete sich kein Torf mehr, was zu einigen Protesten führte. Auch meinte der Eppendorfer Bürgerverein 1896, die Passanten auf der 1829/30 angelegten Alsterkrugchaussee seien durch den Schießplatz, an den der Straßenname Kugelfang erinnert, gefährdet.

1903/04 wurde das Moor der Öffentlichkeit zugänglich gemacht. Bald darauf gab es Pläne, dort eine Villenkolonie zu errichten. Das „Hamburger Fremdenblatt" dazu: „Es wäre eine Versündigung an der Volksgesundheit, wenn das Moor verschwände." Zumal Hamburg bereits den Ruf genieße, „fast nur für materielle aber fast gar nicht für ideale Interessen Geld übrig zu haben."

Im Eppendorfer Moor gibt es heute 320 Pflanzen-, 641 Schmetterling-, 35 Brutvogel-, 8 Libellen- und 4 Amphibienarten.

Schwungvolle Eppendorfer U-Bahn-Brücken-Architektur.

Soviel Natur ist nirgends sonst nahe dem Stadtteil! Empfohlen seien auch die vogelkundlichen Führungen des NABU „Was singt denn da?“ (April und Mai).

Fußball-Bundesliga:

Zwei Bundesligaspieler brachte Eppendorf hervor. Einmal Uwe Seeler, Idol und Legende (siehe S. 75). Und dann Thorsten Schlumberger (geb. 1960), der beim TSV 08 Hamburg und Eppendorfer SV begann. Den früheren Jugend-Nationalspieler nahm Trainer Kuno Klötzer beim Wechsel vom HSV zu Hertha BSC Berlin 1979 mit. Schlumberger blieb in Berlin bei Tennis Borussia und Blau-Weiß 90 Berlin. 1995 musste er seine Laufbahn beim SV Wilhelmshaven infolge einer schweren Knieverletzung beenden. Schlumberger arbeitet heute als Physiotherapeut in Berlin-Schmargendorf.

Fußball-Klub:

Wer am Wochenende auf der Suche nach einem Amateurfußball-Spiel durch den Stadtteil wandert, tut dies vergebens. Fußball gespielt wird „drüben“ in Groß-Borstel, allerdings auch unter dem Namen Eppendorf.

Die Freie Turn- und Sportvereinigung Eppendorf von 1908 gründete sich im Nachbar-Stadtteil Lokstedt im „Lindenpark“ am Siemersplatz. Als Arbeitersportverein wurde sie 1933 von den Nazis verboten. Der DFB-Verein im Stadtteil war seit 1925 der Eppendorfer SV, der auf einem Grand-Platz beim Kellinghusen-Bahnhof begann und als Vereinslokal „Borchers“ hatte. In den 30er Jahren zog er zum Sportplatz Brödermannsweg nach Groß-Borstel um. Dort standen allerdings von 1942 bis 1960 Wohnbaracken für Ausgebombte, ein Spielbetrieb war nicht möglich. Ein weiterer Klub führte Eppendorf im Namen: Die Eppendorf-Groß-Borsteler Spielvereinigung von 1911. Nach Kriegsende gab es Überlegungen, einen Eppendorfer Groß-Verein zu gründen. Erst einmal fusionierten 1946 der Eppendorfer SV und die wieder zugelassenen Arbeitersportler von 08 zum Eppendorfer SV 08, dessen Treffpunkt bis 1963 nach wie vor „Borchers“ war. 1969 schlossen sich der Eppendorfer SV 08 und der SV Groß-Borstel 1911 zur Turn- und Sportvereinigung Eppendorf/Groß-Borstel 08 zusammen. Spielstätten sind der Brödermannsweg 33 und der Weg beim Jäger 20. www.tsv08.de

Galerien:

In der Heilwigstraße zuhause, seit 1985 unter Nr. 64 im Jugendstilhaus, ist die 2012 erweiterte namhafte Galerie Vera Munro. Diese wurde 1977 gegründet und ist auf moderne Kunst, insbesondere Avantgardekunst, spezialisiert. Di-Fr 9-18, Sa 11-14 Uhr (www.veramunro.com).

Die Galerie von Loeper, Eppendorfer Landstr. 44, hat Di und Do 13-19 und Sa 12-15 Uhr geöffnet. Gabriele von Loeper veranstaltete 1969 die erste Ausstellung. Zu sehen sind Malerei, Zeichnungen und Skulpturen von 1945 bis heute (www.galerie-vonloeper.de).

Heilwigstr. 101 residierte seit 1964 die Galerie des Unternehmers Arthur Boskamp (1919-2000), s.a. www.arthurboskamp-stiftung.de.

Kurzfristig existierte die Galerie Latinierie Klosterstern 8, ehe die Fachbuchhandlung Sautter + Lackmann einzog (1992 Galerie Lilli Bock).

Nach vierjährigem Spanien-Aufenthalt zog der Bühnenbildner und Maler Claus Sauernheimer im Dezember 1967 Ecke Eppendorfer Marktplatz/Heinickestr. 1 in die „Petite Galerie Chez Klaus“ ein (später führte er die „Amigo-Bar“ in Eppendorf. 1973 kam der Künstler bei einem Autounfall ums Leben).

Eppendorfer Marktplatz 15 nutzte der gleichnamige Antiquar fünf hintere Räume als „Galerie Siegismund Schmidt“.

Die Galerie Herold war seit 1978 am Loogeplatz 1, 1993 zog Rainer Herold nach Colonnaden 5 um, wo auch Helmut und Loki Schmidt zum Kundenkreis zählten. Die Jugendstilvilla Loogeplatz 1 kaufte 1980 Hans Barlach (geb. 1955) als Sitz der Nachlassverwaltung des Bildhauers Ernst Barlach. Ende 1982 eröffnete er dort eine Galerie, die sich ab November 1984 als „Galerie Farbbad mit Café“, später „Bad-Galerie-Café“, in den Umkleideräumen des Holthusenbad befand (überregional bekannt wurde Barlach später als Teilhaber des Suhrkamp-Verlages).

Im Holthusenbad, genannt „Kelle“, bestanden früher auch das Standesamt und die Bücherei von Eppendorf.

Um 1991 betrieb Schauspieler Kay Sabban (1952-1992) Erikastr. 50 die „Galerie Obelisk".
In der 1. Etage Abendrothsweg 54 bot 2003 die „First Floor Gallery" Kunst an.

Im Oktober 2008 stellte Barbara Vogt erstmals in der Hegestr. 8 aus (jetzt Mittelweg 166).

Lehmweg 46 findet sich die Galerie Eppendorf (www.galerie-hoheluft).

Im November 2013 eröffnete die Galerie „Stolen Streetart", Eppendorfer Landstr. 99, www.stolen-streetart.de

Garten de l'Aigle:

Eher unbekannt ist dieses Naturdenkmal (Zugang über Lokstedter Weg 102, Führungen des Stadtteilarchivs). Dr. jur. Friedrich Alexander de l' Aigle erwarb 1888 das Grundstück. Tochter Alma de l' Aigle (1889-1959) war Reformpädagogin, Malerin und Rosen-Liebhaberin. Sie verfasste die Bücher „Begegnung mit Rosen" (1937) und „Ein Garten" (1948). Seit 1988 ist ein Drittel des früheren Gartens als Naturdenkmal ausgewiesen.

Gustav-Leo-Straße:

Bis 1947 hieß dieser Straßenzug Rehhagen, seitdem ist er dem von 1923 bis 1933 amtierenden Hamburger Oberbaudirektor Dr. Ing. e.h. Gustav Leo (1868-1944) gewidmet. Leo wurde mit 65 Jahren in den Ruhestand versetzt. 1944 wurde er wegen „staatsfeindlicher Betätigung in Wort und Schrift im Rahmen eines Widerstandszirkels und Abhören von Feindsendern in Gemeinschaft mit einem französischen Hausgenossen" verhaftet. Als ihm im KZ Fuhlsbüttel in Hamburg Medikamente gegen sein Herzleiden verweigert wurden, verstarb Dr. Gustav Leo.

Holthusenbad:

Nach der Beseitigung von Eppendorfs Flussbadeanstalt infolge der Alsterkanalisierung entstand 1912–14 die damalige „Warmbadeanstalt Goernestraße" (Nr. 21) nach dem Entwurf von Fritz Schumacher, die 1948 zum 100-jährigen Jubiläum der Hamburger Wasserwerke nach deren langjährigen Direktor sowie Senator Gottfried Holthusen (1848-1920) „Holthusenbad" benannt wurde. Das eine Million–RM-Projekt war vielbeachtet, zumal zu seiner Zeit in Hamburg nur noch die Badeanstalten Schweinemarkt (1855), Hohe Weide (1895), Lübecker Tor (1904), Barmbek (1908) und Hammerbrook (1912) existierten. De r Senat besichtigte am 31. Juli 1914 das neue Bad, doch musste die Eröffnung aufgeschoben werden, denn am Tag darauf begann der 1. Weltkrieg.

Der Badebetrieb war nach Geschlechtern getrennt: Deshalb die beiden bis heute erhaltenen Schwimmhallen im „Kelle" (Volksmund: „Kellinghusenbad"). Auch die Kassenhalle war durch Gitter für Frauen und Männer getrennt. Die Tür in der Mitte des Eingangs führte damals zu den Obergeschossen, in denen das Standesamt und die Bücherei untergebracht waren.

Das Freibecken, „Gartenbad Eppendorf" genannt, eröffnete am 10. Mai 1937 als „erstes Hamburger Freibad mit erwärmtem, keimfreiem Wasser" - „die Hamburger Wasserwerke gaben allen deutschen Städten ein Vorbild", hieß es in der Presse. Zur Einweihung startete die SS–Sportgemeinschaft Stettin einen Rekordversuch im 4x100 m–Rückenkraulen; außerdem ging auch der Silbermedaillen-Gewinner der Olympischen Spiele 1936, Erwin Sietas (1910-1989) vom HSC, ins Wasser. Schwimm-Wettkämpfe und Wasserball-Spiele fanden noch in der Nachkriegszeit mit zahlreichen Zuschauern statt.

1984 wurde die Saunaanlage umgebaut, am 18.10.1986 erstmals das Wellenbad in Betrieb genommen („Kelle mit Welle"). Im November 1989 kam die „Therme" hinzu (wohlgemerkt kein Thermalbad, denn in Eppendorf sprudeln keine Heilquellen), und bis zur Neueröffnung 2005 investierte Bäderland Hamburg 2.8 Mio. Euro in das denkmalgeschützte Gebäude. An dem befindet sich eine der Tafeln, die der Bürgerverein 1990 zu 850 Jahren Eppendorf stiftete. - www.baederland.de/bad/holthusenbad.php

Isemarkt:

Mit 700 Meter Länge unter dem Viadukt der Hochbahn in der Isestraße und 350 Händlern ist dies der größte aller Hamburger Wochenmärkte. Am 8. Mai 1949 gab es einen Probelauf, seit 23. August desselben Jahres gibt es den Markt offiziell. Die „taz" 1991: „Der Eppendorfer Isemarkt ist anders als andere Wochenmärkte in Hamburg. Während man auf anderen Märkten den Platz umkreisen kann, Preise vergleichen, Verkaufsabsichten fassen und wieder verwerfen, wird man auf diesem Markt von einem Ende zum anderen geschoben." Das alles mag zutreffen, aber fest steht auch: Wer den Isemarkt kennt, geht wieder und wieder hin. – Isestr. 1-73, Di und Fr 8.30-14 Uhr. www.isemarkt.com

Kellinghusenstraße, U-Bahnhof:

Hier verkehren U 1 und U 3 sowie im Schnitt täglich 60.000 Fahrgäste. Seit 2012 ist der Bahnhof barrierefrei. Die Ringlinie (heute U 3) eröffnete am 10.

Eigentlich schon in Harvestehude, aber was soll's? – Der Isemarkt, größter Hamburger Wochenmarkt, wird zu Eppendorf gezählt.

Mai 1912, ab 2. Juni 1929 folgte die Linie Richtung Jungfernstieg (jetzt U 1).

Architekten waren Ludwig Raabe (1862-1931) und Otto Wöhlecke (1872-1920), die u.a. auch die St. Pauli-Landungsbrücken (1908) und das Eingangsgebäude des Alten Elbtunnel (1911) planten. Auf Walther Puritz geht die Verbindungsbrücke über den Bahnsteigen zurück (1926-31).

Eine lange Geschichte weist das Kulturhaus Eppendorf auf.

Kirchen und Religionsgemeinschaften:

Hauptkirche St. Nikolai, ev.-luth., Harvestehuder Weg 118/Klosterstern, www.hauptkirche-stnikolai.de, siehe S. 92ff
St. Johannis, evangelisch-lutherisch, Ludolfstr. 66, www.johannis-eppendorf.de Siehe S. 98fff

St. Martinius, ev.-luth., Martinistr. 33, www.st-martinus-eppendorf.de - 1949 eine von 43 Bartning-Notkirchen (nach Architekt Otto Bartning), als es nach Kriegsende darum ging, „schnell und einfach" Gotteshäuser zu errichten. Architekt war Dr. theol. h.c. Gerhard Langmaack (1898-1986).

St. Anschar, ev.-luth., Tarpenbekstr. 107, www.stanscharhamburg.de - Als das Gotteshaus auf der Anscharhöhe 1889 nach dem Entwurf von Carl Julius Faulwasser (1855-1944) fertig gestellt wurde, trug es den Namen „Kirche zum guten Hirten". 1909 durch Brandstiftung zerstört, angeblich durch einen enttäuschten Dieb. Wiederaufbau. 1952 und 1969 Renovierung durch Gerhard Langmaack und Dieter Langmaack.

St. Markus, ev.-luth., Heider Str. 1, www.st-markus-hh.de - Weil der dichtbevölkerte Distrikt Hoheluft keine eigene Kirche besaß, wurde die St. Markus-Gemeinde 1905 von **St. Johannis** in Eppendorf abgetrennt. Bereits 1899 entstand der neugotische Kirchenbau nach dem Entwurf von Hugo Groothoff. Bei den Bombenangriffen 1943 wurde er weitgehend zerstört. Danach fanden die Gottesdienste in der Eben-Ezer-Kirche statt. 1949 als Bartning-Notkirche (s. oben) wieder eingeweiht (Architekt: Gerhard Langmaack). Der 1952 fertig gestellte Turm wurde von ursprünglich 50 m Höhe auf 26 m reduziert.
Eben-Ezer-Kirche, ev.-methodistisch, Abendrothsweg 43/Löwenstr., www.atlas.emk.de - „Die Kirche im Wohnhaus". Methodistische Diakonissen zogen 1893 ins Krankenhaus Bethanien an der Martinistr. ein. Von 1897 bis 1903 (Zerstörung durch Brand) war das Gebäude Eppendorfer Baum 8 der Ort für Gottesdienste. Die ins Eckhaus integrierte Kirche eröffnete 1907 (Bleiglasfenster 1951/52, Wiederherstellung Architekten Bernhard Hopp & Rudolf Jäger, Weihe am 17. Januar 1954).
Neuapostolische Kirche, Abendrothsweg 18/Curschmannstr., www.nak-norddeutschland.de - 1922 gegründete Gemeinde. Am Ort der heutigen Kirche befand sich nach dem 2. Weltkrieg ein Wasserbecken, das der Eigentümer an den Schwimmverein „Stern" vermietet hatte. Weil die Behörden meinten, dieses würde für Löschzwecke bei einem weiteren Krieg verwendet werden, verzögerte sich der Kirchenbau. 1956 wurde die Neuapostolische Kirche mit mehr als 1.000 Plätzen eingeweiht (Architekt: Theodor Hirte). Renovierung 1972.

Kulturhaus:

1980 initiierte der SPD–Politiker Dieter Iseler den „Förderverein Kulturhaus", was den „Eppendorfer Bürgerverein" erboste: „Der Initiator ist Mitglied des Bürgervereins! Hätte es sich nicht angeboten, dass Herr Iseler seine Pläne mit uns gemeinsam diskutiert und entwickelt hätte? Stattdessen gründet er den besagten Förderverein, der unserem EBV Konkur-

renz machen soll."
Über all diese Bedenken hat sich das heutige Kulturhaus Eppendorf, ein gemeinnütziger Verein, längst etabliert. Nach Provisorien (mobiler Bauwagen, Kulturladen Erikastr. 82 und Wolfgang-Borchert-Schule) ist man 1989 in der Martinistr. 40, heute Julius-Reincke-Stieg 13 a, heimisch geworden. Man versteht sich als „soziokulturelles Zentrum, generationsübergreifend und mit den Schwerpunkten Kultur selber machen." Es gibt ein monatliches Kulturprogramm, auch für Kinder. Eigentümer des Gebäudes ist der Bauverein der Elbgemeinden.

Kontakt: Kulturhaus Eppendorf, Julius-Reincke-Stieg 13 a, Tel. 48 15 48, www.kulturhaus-eppendorf.de - Das Bistro ist Mo-Fr ab 19 Uhr und Sa-So bei Veranstaltungen geöffnet.

Vielen Bürgern ist das Gebäude abseits der Martinistraße als ehemalige Polizeiwache 45 (1935–1984, Umzug in die Troplowitzstr.) bekannt. Das Grundstück war 1896 vom Senat an den „Verein für die Zufluchtsstätte in Hamburg" übergeben worden, der dort ab 1897 „obdachlose und sittlich gefährdete Frauen und Mädchen" unterbrachte. Architekt des Baus war Hugo Groothoff (1851-1918), in der Umgegend für die Kirche St. Markus (1899) Hoheluft-Ost und die heutige Kindertagesstätte Schedestr. 16 (1900) verantwortlich. 1921 übernahm das zwei Jahre zuvor eingerichtete Staatliche Pflegeamt von Kripo und Sittenpolizei für „Kontrollmädchen" (Prostituierte) die Einrichtung. Als sie 1933 geschlossen wurde, zog die HJ ein.

Zuletzt war hier ab 1984 die sog. Ausländerpolizei (FD 624), die am 17. August 1986 mit Brandsätzen der sog. „Revolutionären Zellen" angegriffen wurde (Parolen: „Gegen Razzien", „Gegen Abschiebung"). Die Bundesanwaltschaft musste ihre Ermittlungen in diesem Fall 1988 ergebnislos einstellen.

Looge:

Die ehemals sumpfige Wiese hat Loogeplatz, Loogestieg und Loogestraße den Namen gegeben. In die Annalen der örtlichen Geschichte ist sie eingegangen, als 1825 der Eppendorfer Albert (III.) Timmermann (1779–1836) gegenüber dem ersten Patron des Klosters St. Johannis, Bürgermeister Wilhelm Amsinck, auf die Weidegerechtigkeit auf der „Lohge" beharrte. Timmermann: „Die nachgeschriebene Benutzung der Freyweide der sog. Lohge ist vorzüglich den kleinen Eignern, welche gar keine Kuhweide haben, und unvermögend sind, dergleichen zu pachten, nach meiner Ansicht ganz unentbehrlich. Die Erfahrung hat leider gelehrt, dass Eppendorf durch die vielen Ausweisungen von den Gemeindeplätzen zu den Gartenbesitzern ungemein an Freyweiden verloren, so das es sich nur noch dieser einzigen, der Lohge, zu erfreuen hat. Hart wird es sein, wenn auch diese sparsame Freyweide noch geschmälert werden könnte."

Lottogewinn:

Malermeister Günther „Gummi" Storbeck war Stammgast im „Bierbrunnen" (später „Suppenkeller", „Sport-Eck") an der Tarpenbekstraße und hatte am 15. Dezember 1979 etwas zu feiern: Den Gewinn von 446.000 DM im Lotto. Er erfüllte sich einen Herzenswunsch und gründete die Eppendorfer SG, bei der er mit 54 Jahren selbst im Tor stand und bis in die Fußball-Bezirksliga aufstieg. Nach einem Pokalsieg 1981 über den SC Victoria löste Storbeck sein Versprechen ein und ritt auf einem Esel durch Eppendorf. Der spätere HSV-Zeugwart verstarb 2004 im Alter von 77 Jahren.

Öko-Wochenmarkt:

Do 11-18.30, Sa 10-15 Uhr, auf dem Marie-Jonas-Platz.

Ronald Mc Donald-Haus:

Hier können während der Behandlung schwerkranker Kinder im UKE gleichzeitig bis zu zwölf Familien wohnen. Für die Belegung ist das UKE zuständig. Seit August 1997 war die Einrichtung der Fast food-Kette für mehr als 3.500 Familien ein Zuhause auf Zeit. - Robert-Koch-Str. 20, www.mcdonalds-kinderhilfe.org

Schulen:

Marie-Beschütz-Schule, Schottmüllerstr. 23, www.marie-beschuetz-schule.de: 1910 in der damaligen Erikastraße 21 (Jungen) und 23 (Mädchen) gegründet. Im 1. Weltkrieg 1916 Reserve-Lazarett III, nach Kriegsende Polizeikaserne. Ab 1.10.1919 wieder Schule. 1938/39 Schule Schottmüllerstraße. 1957 Volksschule. 1964–66 Umbau. Seit 1.8.2000 Grundschule. Schulbücherei, Natur- und Mitmachmuseum, Schulgarten. Nach dem Schulentwicklungsplan 2016 Umzug auf das Gelände der früheren Wolfgang-Borchert-Schule. S. a. S. 45f.

Grundschule Knauerstraße, Knauerstr. 22, www.schuleknauerstrasse.hamburg.de: 1891 im damaligen Kirchenfußweg 22 als Knabenschule begründet. Die erste Schule im Dorf, das Küsterhaus bei St. Johannis, war im Jahr zuvor abgerissen worden. 1950 1.200 Schüler in 27 Klassen. Anbau 1953 oder 1955, Sporthalle 1957 (inzwischen renoviert), weiterer Neubau 1972. Soccerfeld 2008 durch Uwe Seeler, früher Eppendorf, eingeweiht. Siehe auch S. 74.

Gymnasium Eppendorf, Hegestr. 35, www.gymnasium-eppendorf.de: 1904 Vor- und Realschule für Jungen. 1910 Oberrealschule. 1912 Erste Reifeprüfung. 1938 Oberschule für Jungen. 1972 Gymnasium für Jungen. Seit 1971 koedukativ. Heute achtstufiges Gymnasium. Das Gebäude steht unter Denkmalschutz. 800 Schülerinnen und Schüler. Ehemalige der Schule (315 Mitglieder): http://hegemalige.de

Stadtteilschule Eppendorf/Grundschule Löwenstr: Der Komplex Breitenfelder Str. 35/Löwenstr. 58 wurde 1912 als Knabenschule eröffnet (Arch.: Fritz Schumacher). Im 1. Weltkrieg Lazarett des Krankenhauses Eppendorf. Ab 1919 Reformschule mit koedukativem Unterricht. Der Anteil jüdischer Kinder bei den Einschulungen 1929 und 1930 betrug 50 Prozent. In der NS-Zeit Doppelvolksschule für Jungen und Mädchen, ab 1939 für Jungen, 1943 Fremdnutzung. Nach Kriegsende Sitz des Ortsamtes Eppendorf sowie Grund-, Haupt- und Realschule. 1965 Auflösung der Doppelschule mit der Schule Löwenstraße. 1967 Übernahme der Schüler und Lehrer der Schule Lehmweg 14 (1898 Volksschule). Haupt- und Realschule, seit 1989–90 Gesamtschule Eppendorf, heute Stadtteilschule.

Die Gesamtschule nutzte seit 1993 auch den imposanten Fritz Höger-Bau (1926-28) Curschmannstr. 39/Breitenfelder Str., seit 2009 unter Denkmalschutz. Als in der Curschmannstr. 1940 im 2. Weltkrieg ein Reserve-Lazarett eingerichtet wurde, war die Schule Hegestraße das Ausweichquartier. Als Gymnasium 1988 geschlossen. Die Gesamtschule wurde ersetzt durch die Stadtteilschule Eppendorf. http://stadtteilschule-eppendorf.de

Die Schulgebäude Löwenstr. 58 wurden 1912 von Albert Erbe konzipiert. Nach 1945 firmierte die Einrichtung als „Schule Lehmweg 14". Seit 1989 Teil der Gesamtschule. Jetzt Grundschule Löwenstraße. http://grundschule-loewenstrasse.de

St. Nikolai-Schule, Robert-Koch-Str. 15, www.stnikolaischule.de -

Handelsschule/Berufliche Schule Eppendorf, Kellinghusenstr. 11, www.hh13.hamburg.de : 1891 entstand die Schule Schrammsweg für Mädchen. 1926/27 Umbau nach Plänen von Oberbaurat Hans Schmidt (1867-1937) und Baurat Dr. Hacker zur Gewerbeschule (ab 1927/28). 1959 eröffnet als Staatliche Handelsschule.

Wolfgang–Borchert–Schule: 1900 „Erikaschule" für Mädchen. 1938 Mittelschule. Ab 1939 auch für Jungen. Im 2. Weltkrieg Kriegsgefangenenlager und Arbeitslager. 1964 Zusammenschluss mit der Schule Martinistraße. 1969 nach Wolfgang Borchert benannt. S. a. S. 45f.

Stadtteilarchiv:
In einem Nebengebäude des Kulturhaus Eppendorf (s.o.) befindet sich das Stadtteilarchiv. - Kontakt: Tel. 480 47 87, Mo 15.30-18 Uhr und n.V., www.stadtteilarchiv-eppendorf.de

Standesamt:
In dem 1960er Jahre-Bau Robert-Koch-Str. 17 können seit 2013 auch Barmbekerinnen und Barmbeker heiraten, denn ihr Standesamt wurde abgeschafft.

Im Rückblick gibt es einige sog. „Promi"-Ehen zu melden. Am 1. Juli 1954 heirateten die weltberühmte Opernsängerin Anneliese Rothenberger (1926-2010), die an der New Yorker „Met" und der Mailänder „Scala" auftrat, und der Journalist Gerd Dieberitz, gleichzeitig ihr Manager. Die Ehe währte bis zum Tod von Dieberitz 1999.

René Kollo (geb. 1937), erst Schlager-, später Opernsänger, horchte gemeinsam mit der französischen Ballett-Tänzerin der Hamburgischen Staatsoper, Béatrice Bouquet, dem Eppendorfer Standesbeamten zu. Die Ehe bestand bis 2006.

1981 heirateten Heidi Mahler (geb. 1944), Publikumsliebling des „Ohnsorg-Theater", Tochter des dortigen Intendanten Hans Mahler und der Schauspielerin Heidi Kabel, und Jürgen Pooch (1943-1998), ebenfalls am „Ohnsorg" engagiert. Die Ehe bestand bis 1985.

Subbühne:
Der Luftschutzbunker Tarpenbekstr. 68/ Ernst-Thälmann-Platz wurde 1940 als 20 Meter langer Zwei-Röhren-Bunker für 100 Personen fertiggestellt. Nach Kriegsende Altwaren-Handel, 1960-62 Jazz-Partykeller, bis 1990 vom Zivilschutz beansprucht. 1995 Programm „Subbühne – Ein anderes Mahnmal für Wolfgang Borchert", von Gerd Stange und Michael Batz. Jetzt betreut vom Stadtteilarchiv Eppendorf (Führungen).

Terrasse Marienweg:
Es gibt im Viertel etliche Wohnhöfe und Hinterhäuser. Die bedeutendsten sind im Schrammsweg hinter den Vorderhäusern Nr. 17–21 am sog. Marienweg unter den Hausnummern 19 a–e gelegen, ein Projekt von Architekt Christian Muxfeldt (dem oftmaligen Ruppert–Partner), entstanden 1892–94. Denkmalschützer Jörg Haspel beschreibt sie als "eine der ältesten, als geschlossene Einheit projektierte Wohnanlage in Eppendorf, die an die Vorstadtreihenvillen erinnert". Die gründerzeitliche Wohnhofallee, eine Sackgasse ohne Durchgangsverkehr, ist ein noch weitgehend unentdecktes Idyll. Zu beachten sind in dem mit Rotdorn und Baumallee bestandenen „Dorf" in der Stadt auch die aufwendigen Fassadenteile. Bauherr Muxfeldt, der Schrammsweg 20 lebte, hatte den Wohnhof per Annoncen anpreisen lassen: „Sehr behaglicher und freundlicher Eindruck", als „Kapitalanlage" empfohlen. Aufgrund einer Nachbarschaftsbeschwerde von 1897 weiß man, dass die Mieter hier einstmals auch Hühner hielten.

Übernachten (in Eppendorf und Umgegend):
Best Western Premier Alsterkrug–Hotel, Alsterkrugchaussee 277, Tel. 51 30 30, www.alsterkrug-hotel.de - Neubau am Ort des 1258 nachgewiesenen Ausschanks (Krug). An das frühere Ausflugslokal erinnert architektonisch der markante Turm. 61 Zimmer. Vier Sterne.

Dorint, Martinistr. 72, Tel. 57 01 50 0, http://hotel-hamburg-eppendorf.dorint.com - Neubau beim UKE, 15.9.2011 eröffnet, 195 Zimmer. Vier Sterne.

Romantik Hotel Smolka, Isestr. 98, Tel. 40 48 09 80, www.hotel-smolka.de - 37 Zimmer. Vier Sterne.

Motel Hamburg, Hoheluftchaussee 117-119, Tel. 420 41 41, www.motel-hamburg.de - 34 Zimmer. – Seit 2008 Teil eines denkmalgeschützten Ensemble: Ein Motel inmitten der Stadt, 1958 nach US-Vorbild fertig gestellt.

Entrée Hotel Hamburg-Groß-Borstel, Borsteler Chaussee 168, Tel. 55 77 88 0, http://entree-hotels.de/hamburg-gross-borstel/de, 20 Zimmer.

The Ivy House, Klosteralle 70-72, Tel. 42 32 92 00, www.vondeska-townhouses.de, 19 Zimmer - Möbliertes Apartment-Hotel im historischem Stadthaus.

Appartementhaus am UKE, Geschwister-Scholl-Str. 147, Tel. 46 77 39 97, www.appartementhaus-am-uke.de, 19 Zimmer

Bed and Breakfast to be, Klosterallee 67, Tel. 01 72 – 43 85 810, www.bedandbreakfasttobe.de, 4 Zimmer

In den ersten Auflagen des Buches 1990 wurden noch andere Adressen erwähnt. Das **Hotel Abtei,** Abteistr. 14, schloss zum 26.5.2013. Das Hotel **„Hubertus"**, Lokstedter Steindamm 86, firmiert inzwischen als „Funny Gentleman Nightclub". Die Pensionen **„Am Nonnenstieg"** (Nonnenstieg 11), **„O. Bergunde"** (Eppendorfer Baum 5) und **„Klosterstern"** (Eppendorfer Baum 13) gibt es nicht mehr., ebenso wie das **Hotel-Garni Schaub**
Ecke Erikastr./Martinistr..

Uhrenmuseum:
Hentschel Hamburg Uhrenmanufaktur, Geschwister-Scholl-Str. 119, kleines Uhrenmuseum und Gläserne Manufaktur, Mi-Fr 14-20, Sa 10-15 Uhr, www.hentschel-hamburg.de

Wahlen:
(Ergebnisse über 5.0 %, ohne Briefwahl):
Bundestagswahl 22.9.2013, Eppendorf: Erststimmen: Dirk Fischer (CDU) 3.304 = 35,7 %, Christian Carstensen (SPD) 3.273 = 35,3 %, Anja Hajduk (Grüne) 1.409 = 15,2 %, Herbert Schulz (Linke) 498 = 5,4 %. - Zweitstimmen: CDU 32,2 %, SPD 30,4 %, Grüne 16,3 %, Linke 7,3 %, FDP 6.7 %

Erfolgreichste Ergebnisse der Parteien (Zweitstimmen), ab 5 %, Wahllokal, Wahlkreis-Bezirk: CDU 44,3 %, Robert-Koch-Str. 15, Wahl-Bezirk 40 403 - SPD 37,3, Erikastr. 41, 40 304 - Grüne 22,6, Erikastr. 41, 40 508 - FDP 11,1, Robert-Koch-Str. 15, 40 403 - Linke 10,0, Tarpenbekstr. 107, 40 505 - AfD je 5,1, Robert-Koch-Str. 15, 40 305 und 40 403

Bürgerschaftswahl 20.2.2011, Wahlkreis 8 Eppendorf-Winterhude: SPD 41 %, CDU 22,9 %, Grüne 20,5 %, FDP 8,1 %, Linke 5,8 %

Bezirksversammlungswahl 20.2.2011, Wahlkreis 8 Eppendorf-Winterhude: SPD 38,9 %, CDU 22,8 %, Grüne 21,1 %, FDP 9,4 %, Linke 6,1 %

StadtRAD-Leihstationen:
Öffentliches Fahrrad-Leihsystem, seit 2009 im Auftrag der Stadt von der Bahntochter DB Rent betrieben. Leihstationen: Kellinghusenstr./Loogeplatz, Kümmellstr./Robert-Koch-Str., Martinistr./ Haupteingang UKE, Eppendorfer Baum/ Isestr., Löwenstr./Eppendorfer Weg

Website:
Sie ging ursprünglich auf die Interessengemeinschaft Eppendorf zurück, die nicht mehr besteht, und wird heute kommerziell betrieben: www.info-eppendorf.de

Zwangsarbeiter-Lager
Bis zu eine halbe Million Männer, Frauen und Kinder wurden von 1939 bis 1945 als Zwangsarbeiter in der Hamburger Kriegswirtschaft eingesetzt. Auch in Eppendorf und seinem Umfeld bestanden diese Zwangsarbeiter-Lager. Die folgenden Angaben beruhen auf der wissenschaftlichen Arbeit von Dr. Friederike Littmann. Siehe auch www.zwangsarbeit-in-hamburg.de (die entsprechende CD-Rom der Landeszentrale für politische Bildung ist leider vergriffen).

Alsterkrugchaussee 56: Lager mit eigener Küche. Dort angesiedelte Firmen: Tengelmann, Keksfabrik Schmitz-Scholl, Yachtbauerei Wüstenberg.

Alsterkrugchaussee 72: Dortige Firmen Obstsaftkellerei Dr. Heinz Roehrich und ein Südfrüchte-Import.

Arnold-Heise-Str. o. Nr. (früher Godeffroystr. 44): Lager für sowjetische Arbeiterinnen in der ehemaligen Pension Petersen.

Eppendorfer Baum 35/37: Lager für Zwangsarbeiterinnen im 1. Stock der „Harvestehuder Lichtspiele", eingesetzt von der Hammonia-Metallwarenfabrik Friedrich Rost und in der Fischindustrie.

Eppendorfer Landstr. 39: 52 Arbeitskräfte im Logenhaus (Guttemplerhaus).

Erikastr. 41 (später Wolfgang-Borchert-Schule): 346 Zwangsarbeiter aus Frankreich, Polen und Dänemark im 1. Stock, für die Innung des Bauhandwerks tätig.

Hudtwalckerstr. 5/7: Wahrscheinlich Militär-Internierten-Lager, im Großen Saal des „Winterhuder Fährhaus".

Ludolfstr. 50: Durchgangs-Lager für ausländische Arbeiterinnen, Einsatz in der Metallindustrie.

Martinistr. 52: Zehn sowjetische Kriegsgefangene wurden im UKE in der Wäscherei und für Gartenarbeiten eingesetzt.

Martinistr. o. Nr.: 300 französische dienstverpflichtete Zivilarbeiter.

Meenkwiese: 113 Kriegsgefangene im Freibad Lattenkamp.

Schottmüllerstr. 23 (heutige Marie-Beschütz-Schule): Firmenlager von Blohm & Voss, 250 Menschen.

Tarpenbekstr. o. Nr.: Ukrainer-Lager Anscharhöhe, 90 Arbeitskräfte.

Eppendorfer Statistik

Fläche des Stadtteils 2,7 qkm

Bevölkerung
23.219 Einwohner, davon 13.205 Frauen (54.7 %)
65 Jahre und älter 3.998 (17.2 %) (Gesamt-Hamburg/HH 19 %)
Unter 18 Jahre 3.045 (13.1 %) (HH 15.6 %)
Ausländer 1.795 (7.7 %) (HH 13.6 %)
Bewohner mit Migrationshintergrund 4.272 (18.4 %) (HH 29.6. %)

Einpersonenhaushalte 61,5 % (HH 53.1 %)
Haushalte mit Kindern 14 % (HH 17.5 %)
Alleinerziehende in Haushalten 4,2 % (HH 5.4 %)

Einwohnerzahlen der benachbarten Stadtteile:
Winterhude 49.258, Lokstedt 25.673, Harvestehude 16.538, Alsterdorf 13.511, Hoheluft-Ost 9.270, Groß-Borstel 7.917.

Soziale Struktur
Einkünfte je Steuerpflichtigen (Angaben von 2004) 45.310 € (HH 32.505 €)
Sozialversicherungspflichtig Beschäftigte 15 bis unter 65 Jahre 8.906 (53.8 %) (HH 51.5 %)
Arbeitslose 15 bis unter 65 Jahre (Juni 2011) 512 (3.1 %) (HH 6.1 %)
Hartz IV-Empfänger 703 (3 %) (HH 11 %)

Wohnverhältnisse
1.555 Wohngebäude, 13.254 Wohnungen, davon 5.1 % Sozialwohnungen.
Durchschnittliche Wohnungsgröße 76,2 qm (HH 72,4 qm), Wohnfläche je Einwohner 43,5 qm (HH 37 qm).

Grundstückspreise je qm 675 € (HH 336 €)
Immobilienpreis Ein- und Zweifamilienhäuser je qm 4.865 € (HH 2.371 €)
Eigentumswohnungen je qm 2.976 € (HH 2.391 €)

Infrastruktur des Stadtteils
12 Kindergärten, 3 Grundschulen, 2 weiterführende Schulen (Schülerinnen und Schüler in Gymnasien 76.4 %) (HH 45.9 %).
142 niedergelassene Ärzte, 11 Apotheken.
165 Handwerksbetriebe.

Verkehr
8.106 private Pkw, das sind 349 Pkw je 1.000 der Bevölkerung.
Darunter mit Schadstoffklasse 4 und höher 90.4 %

Restaurant „Zum alten Landhaus"
Hamburg-Eppendorf
Wilhelm Rothbart

Die Dame fährt nicht mehr zur Stadt,
weil es auch Kaufhaus Dittmer hat.

Dittmer
Des Kaufhaus a. d. Friedenseiche
Eppendorfer Landstraße 108-110

Das gute deutsche Buch hält ständig vorrätig
Pg. Kurt Heymann, Buchhandlung
Hamburg 20, Eppendorferbaum 34
Nicht vorh. Bücher und Zeitschriften werden schnellstens evtl. innerh. 2 Stunden beschafft

Bier- und Club-Lokal
August Scharfenberg
Eppendorferlandstraße 95
Versammlungslokal der N. S. D. A. P

Stehbierhalle „Zur Post"
Eppendorfer Landstraße 72
H. ECKEL
Verkehrslokal der N. S. D. A. P.
Tel.: 52 56 42

Pg. Carl Dames
Haus für Papier- und Bürobedarf
Luxus-Papiere / Füllfederhalter
Hamburg 20, Eppendorferbaum 27
Fernruf: 52 67 30

Feine Fleisch- und Wurstwaren
ff. Aufschnitt, gekochter und Holst. Katenschinken
Spezialität: sämtl. Sorten Hausmacher-Wurstwaren
PETER MÖLLER, HAMBURG 30, LEHMWEG 56
Prima Wiener Würstchen und Thür. Bratwurst
Lieferung auch frei Haus Fernsprecher: 53 13 24

Markenräder und Zubehörteile
Spez.: Das Urania S. A. Rad
nur streng reell im
Fahrradhaus „Matthiesen"
Hamburg 30, Lehmweg 34

Restaurant Hoicks Eck
Inhaber: R. Jenzen
Verkehrslokal der N. S. D. A. P.
Tel. 52 60 34 Martinistraße 7

Albert Ordnung
Wildbret
und
Tafelgeflügel
Hamburg 20
Eppendorferlandstr. 54
52 56 40

Ernst Tegen
Milch
Butter
Eier
Erikastraße 71

Stahlwaren, Rasier-Artikel, Galanteriewaren, Parfümerie Bilderrahmen, Taschenlampen, Fahrtenmesser, Porträts Postkarten, Fahnen und Abzeichen etc. der nation. Bewegung Schachfiguren, Schachbretter u. Pläne, Nähkästen, Spielkarten, Gesellschaftsspiele, Spielwaren; Spez.: Erzgebirgische Kleinkunst, J. F. Schreibers Modellierbogen, Elastolin-Bleisoldaten alles bei
Pg. Gustav Kügler, Hamburg 20
Ludolfstraße 40

Wilhelm Helm, Schuhwarenhaus
Hamburg 20, Eppendorfer Landstr. 98, Tel.: 52 92 86
Luxus-Schuhe Orthopädische
Berufs-Schuhe Massanfertigung
in großer Auswahl und jeder Preislage
Reparatur-Werkstatt

Kolonialwaren
Konserven, Weine und Spirituosen
Spezialität: Kaffee, Tee u. Schokoladen
Max G. Siggelkow
Hamburg 20, Eppendorferbaum 26, Fernsprecher: 53 34 15

FRITZ STEGER
BAUKLEMPNEREI — INSTALLATION
WASSER- GAS- LICHT- KRAFT- RUNDFUNK-ANLAGEN
HAMBURG 20, EPPENDORFERBAUM 26
FERNRUF 53 34 01

Georg Schulz gegr. 1880
FeineLederwaren - Koffer - Schulutensilien
Koppelzeug für S.A., S.S. u. Amtswalter
Erikastraße 79 c

C. Piel, Inh. M. Scharnberg
Gemüse, Konserven, in- u. ausländische Früchte
Auf Wunsch wird vorgefragt, für prompte Lieferung wird Sorge getragen
Hamburg 20, Schrammsweg 10
Fernsprecher: 52 64 53

Nähmaschinen und Fahrräder
Rob. Simon Feinmechaniker
Spezialität für Nähmaschinen — Sämtliche Reparaturen sowie Akkuladen — Schleifen von Rasiermessern, Scheren usw.
Hamburg 20 Fernsprecher: 53 25 76 Erikastraße 44

Spezialgeschäft für feinste
Meierei - Produkte
HUGO HARMS
Martinistraße 16 Telefon: 52 86 44
Täglich frischer Schlagrahm — Lieferung frei Haus

Versammlungslokal der NSDAP.
HERMANN SCHMIDT
Restaurant und Weinhandlung
Klublokal 150 Personen fassend - Doppelkegelbahn (Meyer Patent) Bier in Krügen
Hamburg 20, Tarpenbeckstr., 65, Tel. 52 54 02

Restaurant Oskar Kloss
Verkehrslokal der N. S. D. A. P.
Tel. 52 64 95 Eppendorferlandstr. 141

Kaffee - Tee - Schokoladen
Pg. Ernst Hoffmann
Lockstedterweg 10

Photohaus Eppendorf
Pasche & Stulb, Eppendorferlandstr. 84
Erstes und ältestes Spezialgeschäft Eppendorfs
Entwickeln, Kopieren u. Vergrößern im eigenen Laboratorium. Telefon: 52 64 70

Kauft Blumen beim Fachmann
Blumenhaus Otto Webs
Eppendorfer Landstraße 112 bei der Friedenseiche
Tel. 52 65 89
Werkstätte für sämtliche Blumenbinderei

Lebensmittel
Gute Qualitäten Niedrigste Preise
P. Jungnitsch
Hamburg 20 Fernsprecher: 52 57 96 Im Tale 14

Massage und Heilgymnastik
Pg. Käthe Bade staatl. geprüft
Breitenfelderstr. 70 Tel. 530668
Zu erreichen von 2–4 Uhr

„Hamburger Keglerheim"
Inh. W. Groth Ww.
Verkehrslokal der N. S. D. A. P.
Eppendorferlandstraße 112 Telefon: 52 60 38
Verbandskegelbahn nach Bundesvorschrift

Kohlenhandlung
Kalus & Co. Inh.: Pg. R. Kalus Ruf 53 06 18
Lager: Reinckeplatz
Zweigverkaufsst.: Goernestraße 11
Wohnung: Lockstedterweg 106

Dein Radio stets in Ordnung ist, warst Du bei Mellek - der Radio-Spezialist
Eppendorferbaum 43, Tel. 53 15 84
Reparaturen in eigener Spezialwerkstatt!

Blumenzwiebeln
Vogelfutter
Düngemittel
Zoologische Artikel
Karl Plate jr.
Samenhandlung
Ericastraße 62

Kauft Eure
Fische
Räucherwaren
Marinaden u.
Fischkonserven
bei
Willmann & Schultz
Goernestr. 1 - Tel. 52 47 21
Spez.
Lebende Ia Holsteiner Karpfen u. Schleie

Restaurant „Zum alten Storchennest"
Inh.: Pg. Paul O. Jakusz
Lokal der Ortsgruppe „Eppendorf-Mitte"
Ludolfstr. 8, Tel.: 52 63 02

Zur alten Eppendorfer Grenze
Carl Rehders
Ludolfstraße 43
Clubzimmer für 20-30 Personen frei

August Borchers
Destillation - Weinhandlung
Hamburg-Eppendorf
Niendorferstr. 1-3 52 47 03

So präsentierte sich die Eppendorfer Geschäftswelt in den Jahren 1933-1934; die Anzeigen sind dem NSDAP-Mitteilungsblatt des Stadtteils, betitelt „Die braune Wacht" entnommen. Einige der Geschäfte bestehen bis heute, auch einige Lokale, wenn auch unter anderem Namen. „Zur alten Eppendorfer Grenze" heißt heute „Trattoria Campo da Franco", „Hoicks Eck" war die „Martini-Pizzeria" (abgerissen). „Borchers" besteht nach wie vor, „Zum alten Storchennest" dagegen nicht mehr.

Vom „Gnomenkeller“bis „Balutschistan“

Vier Eppendorfer Lokalrunden

Lokale und Restaurants gab es in Eppendorf schon immer sehr zahlreich, weshalb wir einmal die entsprechenden Adressen für die Jahre 1907, 1950, 1991 und 2013 zusammengestellt haben, Und für 1991 auch nachträglich vermerkt haben, was aus den Gaststätten wurde – eine Art „gastronomischer Archäologie“.

Vergangenheit ist inzwischen „Die Palette“, Erikastraße 47. Anstelle der Kneipe besteht heute ein Teehaus mit veganer Küche.

Früher waren die Lokale dabei meist nur unter den Namen der Besitzer registriert.
Zitate in Anführungszeichen sind Angaben der Inhaber oder Auszüge aus Kritiken.

1907

Eppendorfer Landstraße

Nr. 2	G. Lange
Nr. 6	Julius Grysa
Nr. 6	K. Rembold
Nr. 9	August Oehrlein/ Hansa – Brauerei
Nr. 10	H. Omar (Kellerwirtschaft)
Nr. 74	Carl Brandt
Nr. 80	H. Claasen
Nr. 88	Konditorei Johannsen
Nr. 95	W. Peters
Nr. 97	J.M.F. Embcke
Nr. 105	W.w. Röper, „Schinkenkrug“
Nr. 106	E. Clasen
Nr. 109	A. Bregartner
Nr. 112	J. Baumann
Nr. 119	W.w. Otte Gosch, „Schinkenkrug“
Nr. 122	P. Timm
Nr. 133	J.F.C. Tanger
Nr. 141	Ferdinand Junge
Nr. 145	W. Tomfort
Nr. 159	H.Bernhard

Eppendorfer Baum

Nr. 1	Conditorei Schramm
Nr. 12	A. Meixner
Nr. 20	Chr. Ruess
Nr. 21	J.H. Maack
Nr. 24	M. Schirmer
Nr. 30	W. Völsch
Nr. 33	Fr. Eikmann
Nr. 34 – 36	August Tscharntke
Nr. 37	Siegfried Simon/ Restaurant Strathmann
Nr. 38	J. Kohl
Nr. 47	H. Wriedt
Nr. 50	M. Wagner

Niendorfer Str.

(heute Geschwister–Scholl–Straße):

Nr. 18	J. Petersen
Nr. 44	Frau Gutschow
Nr. 47	A. Brandt
Nr. 60	Wilhelm Haydt
Nr. 78	Fr. Schwarz
Nr. 126	J. Nagel
Nr. 137	Club- und Ballhaus Kröplin
Nr. 138	H. Krehein

Lehmweg

Nr. 6	J.F. Baumann
Nr. 26	C. Sager
Nr. 30	Gustav Behrends
Nr. 35	F. Barnowski
Nr. 34	P. Ehrke
Nr. 35	F. Barnowsi
Nr. 40	C. Rieg
Nr. 44	C. Schultz
Nr. 47	F. Kowalski
Nr. 58	G. Buckendahl

Außerdem

L.H.W. Albrecht, Ludolfstr. 43
H.Barkowsky, Großlerstr. 60 (das Stück zwischen Hoheluftchaussee und Eppendorfer Baum, heute: Eppendorfer Weg)
Frau D.Becker, Goßlerstr. 27
O. Borgstedt, Curschmannstr. 1
G. Brabandt, Eppendorfer Markt 15
Wwe. Burmeister, Goßlerstr.71
A. Dunst, Schrammweg
D. M. Freidhoff, Lockstedter Weg 28 *
J. Fromhein, Hegestr. 5
A. Gleissberg, Breitenfelderstr. 26
Fr. Kay, Löwenstr. 39
H. Köpke, Martinistr. 5
W. Lüth, Heilwigstr. 33
A. D. Meyer, Ericastr. 76 *
J.H.H. Müller, Isequai 5 *
P. Möller, Ludolfstr. 18
Adolf Gruber, Goßlerstr. 21
C Hagen, Eppendorfer Marktplatz 21
Chr. Hansen, Goßlerstr. 52
J.H. Harder, Hegestr. 30
J. Hass, Schrammsweg 30
J. Heid, Goßlerstr. 66
G. Heissler, Löwenstr. 22
F. Moick, Martinistr. 7
A. Pawelka, Löwenstr. 51
C.F.W. Prüssing, Ericastr. 56 *
H. Quade, Martinistr. 5
D Rehders, Breitenfelderstr. 11
Ferdinand Rode, Hegestr. 21
A. Rönneburg, Ericastr. 79b *
P. Schmidt, Lockstedterweg 20 *
F. Steffens, Hegestr. 1
W. Voss, Ludolfstr. 43
A. Wagner, Breitenfelderstr. 12
W. Wagner, Breitenfelderstr. 7
W. Wendt, Goßlerstr. 42
C Witt, Ericastr. 52 *

** damalige Schreibweise*

1950

Eppendorfer Landstr.

Nr. 1 Restaurant Ehrich
Nr. 1 Albert Baßler
Nr. 6 Therese Schmidt
Nr. 10 A. Hilmer
Nr. 39 H. Renk
Nr. 60 E. Kopplin, Speiselokal Nr. 1 der Straße
Nr. 74 H. Eckel
Nr. 80 F. Barthold
Nr. 85 "Mensa" Schoelkopf
Nr. 88 Café Lindtner
Nr. 95 „Zum Landsknecht"
Nr. 97 „Zum alten Landhaus"
Nr. 105 „Zur Kogge"
Nr. 114 „Zur Friedenseiche"
Nr. 133 R. Fedder
Nr. 145 F. Tomfort
Nr. 165 „Zur weißen Ecke"

Eppendorfer Baum

Nr. 12 C. Zingelmann
Nr. 19 E. Häcker
Nr. 24 „Erholung"
Nr. 38 „Gnomenkeller" A. Geese
Nr. 47 Restaurant Wriedt

Geschwister-Scholl-Str.

Nr. 1/3 A. und W. Borchers
Nr. 44 H. Heidorn
Nr. 78 Frau Kapahnke
Nr. 126 R. Bergmann
Nr. 155 H.-H. Behr
Nr. 158 A. Otte

Außerdem

P. Ahrens, Ericastr. 47
F. Albrecht, Isestr. 77
Wwe. Börnsen, Abendrothsweg 55
O. Börn, Falkenried 78
Braemer, Falkenried 54
N. Brodersen, Lehmweg 47
Frau M. Dencker, Eppendorfer Weg 193
C. Dietz, Lokstedter Weg 20
A.. Dunst, Schrammsweg 28
„Zum Eppendorfer Moor", Borsteler Chaussee 15
A. Grabbert, Lokstedter Steindamm 51
„Hinrichs Eck", Ericastr. 76
„Zum Hopfengarten", Tarpenbekstr. 61
Wwe. Jens, Falkenried 63
R. Jenzen, Martinistr. 7
F. Jung, Martinistr. 5
P. Klein, Breitenfelderstr. 30
J. Kleinfeld, Tarpenbekstr. 55
Frau E. Knoche, Falkenried 36
Otto Luth, Lehmweg 6
B. Meyer, Lehmweg 58
F. Müller, Martinistr. 89
F. Neuber, Isestr. 1
H. Ney, Tarpenbekstr. 65
Emmy Ohl, Heinickestr. 9
Fritz Rackow, Ludolfstr. 43
Wwe. Rann, Lehmweg 30
A. Schrader, Hudtwalckerstr. 30
Friedel Schwenk, Martinistr. 5
E. Seemann, Isestr. 145
M. Siegmund Wwe., Frickestr. 46
H. Steenkamp, Goernestr. 19
W. Ströh, Hegestr. 41
W. Stüve, Lokstedter Weg 45
Hans Tegen, Lenhartzstr. 6
Ella Thomas, Ericastr. 76
E. Zetzsche, Eppendorfer Weg 260
„Zum alten Storchennest", Ludolfstr. 6
O. Hoff (Mittagstisch), Knauerstr. 17
Restaurant Jakob Fetzer, Eppendorfer Weg 287
Café Frehse, Lehmweg 44
Central-Hotel Smolka mit Weinrestaurant, Isestr. 98

Wo sich heute das rote Klinkerhaus („Optiker Carl") befindet, war bis 1912 Ecke Eppendorfer Landstr./Haynstr. das Tanzlokal „Harmonie", des öfteren Schauplatz von Schlägereien zwischen einheimischen Dörflern und 76er-Soldaten, die der „Kökschenball" der Küchenhilfen und Köchinnen anzog.

(mit Anmerkungen von 2013: was wurde daraus?)

1991

Ein Eppendorfer Traditions-Lokal ist „Borchers".

Charakteristik der damaligen Restaurants: Auszüge aus dem Eppendorf-Buch von 1991. - Veränderungen in kursiver Schrift angefügt.

„ach was", Lenhartzstr. 16 a. Eröffnete am 15. August 1991, früher: „Im Club", „Simon". Der neue Besitzer leitete von 1984 bis 1991 das „Nebenan". – ***Jetzt kein Lokal mehr, sondern eine Musikschule.***

„Alex", Eppendorfer Marktplatz 12. Deutsch-französische Tageskarte. Inhaber und Küchenchef seit 1982: Axel Habelmann. Gründerzeit-Einrichtung. – ***Später „Alltheklich", 2013: „Okzident".***

„Anna e Sebastiano", Lehmweg 30. "Ein vielgepriesenes Mekka für italophile Gourmets aus allen Teilen der Stadt und des Landes." – ***Heute Restaurant „Jus"***.

„Balutschistan", Eppendorfer Landstr. 103. Pakistanisches Restaurant. Zuvor „American Billard". - ***Besteht seit 1989***.

„Bei Fiete", Martinistr. 30 – ***Besteht weiter, u.a. Sportsbar.***

„Bei Melizza", Eppendorfer Weg 237. Besitzerin Melizza Duhnke. – ***Nun „Café Tempo" (portugiesisch).***

„Bella Sicilia", Martinistr. 13 – Später „Aldi"-Filiale, „World of Video", ***heute Bio-Frischemarkt.***

"Bierkrug", Tarpenbekstr. 55 – ***Besteht weiter.***

"Bistro Le Canard", Martinistr. 11. "Ein Dorado für Entenfreaks..." - ***Das Spitzen-Restaurant von Josef Viehhauser (geb. 1950) mit einem Michelin-Stern zog 1989 an die Elbchaussee um. In Eppendorf folgte von 1993 bis 1998 (Abriss des Hauses) das Restaurant „Österreich" von Starkoch Manfred Stocker (1966-2006).***

„Borchers", Café und Destillation, Geschwister-Scholl-Str. 1-3. Eine Eppendorfer Institution. Gegründet von August Borchers, blieb die Speise- und Schankwirtschaft bis 1972 in Familienbesitz. Sie wurde Szene- und Künstler-Kneipe, seit anderthalb Jahren unter der Leitung von Uwe Bergmann. – ***Besteht noch.***

„Brahmsstuben", Ludolfstr. 43. Eppendorfer Traditionslokal im denkmalgeschützten Haus. Den Namen „Brahmsstuben" brachte Fritz Rackow nach Eppendorf mit, als sein „Brahmskeller" infolge des Unilever-Neubaus am Valentinskamp schließen musste. ***Seit zehn Jahren unter Leitung von Rudolf Klingbiel. – Dann „La Fonte", 2013 Trattoria.***

„Breiten-Eck", Breitenfelder Str. 30. Seit 1910, als das Haus erbaut wurde, befindet sich hier ein Lokal, unter dem Namen „Breiten-Eck" seit 1973. – ***Heute ein Kinderladen.***

„Brospieker", Goernestr. 1. Im Oktober 1980 eröffnet, Untertitel: „Haus der Ammerländer Gastlichkeit". In den Räumlichkeiten waren früher ein Luftschutzkeller, eine Schlachterei, ein Imbiss und dann eine Gaststätte. – ***Weiter am alten Ort.***

„Brücke", Restaurant und Caféhaus, Innocentiastr. 82/Ecke Isestr.. Ehemals ein jugoslawischer Imbiss. Von 23-2 Uhr Bar („das Licht wird gedämmt, die Musik lauter gedreht und einige Tische werden entfernt"). – ***Besteht noch.***

„Café am Klosterstern", Konditorei H.-W. Lassen, Eppendorfer Baum 5. Seit 1952 unter dem Namen „Konditorei Krüger" bekannt, Café seit 1981. Spezialitäten: Baumkuchen, Butterkuchen in Tortenform. ***Heute ein Laden***

„Café Antik", Eppendorfer Weg 281. Eröffnete 1987 in einem früheren Blumenladen. – ***Jetzt „Casero".***

„Café Leinpfad", Ecke Hudtwalcker Str./Alsterschiff-Anleger „Winterhuder Fährhaus". Am 1. Juli 1991 eröffnet. – ***Besteht nach wie vor.***

„Café und Konditorei Lindtner", Eppendorfer Landstr. 88. Eine Eppendorfer Institution. Im Café-Innern mit der Holzvertäfelung Ambiente der 50er Jahre. Gründer war Hermann Lindtner, der aus einem Landgasthof in Langenbek bei Harburg stammte. 1939 eröffnete er mit Frau Alwine beim Meßberghof in der Innenstadt sein erstes Geschäft und übernahm im Sommer 1944 die Konditorei Johannsen im Etagenhaus an der Eppendorfer Landstraße. Zum Betrieb gehört auch das bekannte „Privathotel Lindtner" in Hamburg-Heimfeld, 1950 auf der Ruine des „Brunnental" errichtet. – ***Weiterhin ein Eppendorfer Klassiker.***

„Café Konditorei Schaub", Erikastr. 37. - Bodo Schaub kaufte die Konditorei Ecke Martinistr. 12 1964 und eröffnete dort 1967 das Hotel Schaub. Wegen Steuerschulden schloss das Finanzamt 2009 das Café und Hotel. ***z.ZT. Leerstand.***

„Café Wichtig", Erikastr. 50. – Zuletzt „Curry Queen", ***Ende 2013 nach sechs Jahren geschlossen***

„Casa de Aragon", Eppendorfer Weg 240. Spanische Küche der Region Aragon/Saragossa. 1964 eröffnet, hieß vorher „Taverna Saloniki". – ***Feiert 2014 das 50-jährige Jubiläum.***

„Casa Mia", Eppendorfer Landstr. 6. Italienische Küche. Seit 1972, Inhaber G. Lach. War früher eine Kneipe. – Heute „Ghandi".

„Casa Nova", Eppendorfer Weg 287. Italienische Spezialitäten seit 1987. Vorher „Mc Donald Club" und „Trumpf". – ***Jetzt „Poletto Winebar".***

„Casa Siciliana", Eppendorfer Landstr. 97. Italienisches Restaurant. Feiert 1991 das 20-jährige Bestehen. – ***2013 „Tre Castagne".***

„Champus", Lehmweg 48. 1986 eröffnet, zuvor ein Laden. Reichhaltiges Champagner-Angebot. – ***Heute „Rheinländer".***

„China-Garden", Lehmweg 35/Ecke Löwenstr.. Vorher wechselnde Lokal-Namen, zuletzt „Bogart". Seit 1989 ein chinesisches Restaurant. – ***Bis heute, Beiname: „Xia Xing".***

„China-Imbiß Choon Yun Wu", Geschwister-Scholl-Str. 29. 1991 im renovierten Lokal eröffnet. – ***Später „Suppenspaß" und Bäckerei.***

China-Restaurant „King Du", Eppendorfer Landstr. 10. Spezialitäten der Hongkonger Region. 1976 eröffnet. – ***2013 „Chez Bernard".***

„Die Eisluke", Martinistr. 30. Seit 1978 kioskähnlicher Verkauf auch von kleinen Gerichten. Inhaber Heinz Rode, der von 1958 bis 1978 die gleichnamige Gaststätte Geschwister-Scholl-Str. 78 führte (Abriss 1978, obwohl noch ein Mietvertrag bis 1988 bestand). – ***Nun Praxis.***

„Die Glocke", Klosterallee 65. Über Eppendorf hinaus bekanntes Lokal, besteht unter derselben Leitung seit 1977. – ***Wird fortgeführt.***

Disco „Zorba the Buddha", Eppendorfer Marktplatz/Heinickestr. 2. – Die „Bhagwan-Disco", der „Party-Tempel Atisha", ***schloss mit Ende des Mietvertrages Silvester 2005.***

„El Palto", Woldsenweg 1. Früher "Pierrot", von der chilenischen Besitzerin im Mai 1991 übernommen. – ***Hieß später „Pünktchen", „Gastspiel", „Prinsessan", heute „Tonata".***

„Eppendorfer Grillkate", Lehmweg 49. 1977 von Reinhard Kettner in einem früheren Laden eröffnet. – ***Jetzt vietnamesisches Restaurant.***

„Europa Eis", Eppendorfer Landstr. 65. Italienische Eisspezialitäten, 1982 eröffnet. – Die Verlängerung des Pachtvertrages von Luigi wurde 2009 abgelehnt, danach „Eisdiele Livotto", September 2011 Schließung. ***Heute Ladengeschäft.***

„Fricke 46", Frickestr. 42. Lokal mit Gründerzeit-Einrichtung. Das Rückbüffet stammt aus einer Apotheke aus dem Alten Land. Kneipenbänke und Lampen original Jahrhundertwende. Seit 1974 unter derselben Leitung (Inhaber: Axel Habelmann). – ***Besteht weiter.***

„Frosch", Falkenried 95. Der Ex-Bundesliga-Fußballer des 1. FC Kaiserslautern und FC St. Pauli, Walter „Froschi" Frosch, eröffnete 1984 die gemütliche Kneipe mit dem großen Tresen. – ***Umwandlung in Wohnungen.***

Gasthaus „Frankeneck", Goernestr. 19. Seit 1969, süddeutsche Küche seit 1975, Inhaberin: Dagmar Pürstner. – ***Nun „Geo".***

„Gaststätte Wachsmann", Eppendorfer Weg 260. Altbekanntes Eppendorfer Lokal, Inhaberin: Ingeborg Havemeister. – ***Daraus wurde „Neumeier", die Sushi-Bar „Tenno" und schließlich eine Modeboutique.***

„Goldener Anker", Knauerstr. 17. Eröffnet in den 60er Jahren, seit 1971 unter Leitung von Hans-Joachim Otto. Muschel- und Fischgerichte. – ***Heute Souterrain eines Wohnhauses.***

„Golden Temple", Eppendorfer Baum 34. Vegetarische internationale Gerichte, seit 14 Jahren. – Später „Fleur de Piment", marokkanisches Tages-Café, ***jetzt ein Pyjama-Laden.***

„Grill-Imbiss", im U-Bahnhof Eppendorfer Baum. – ***2013 geschlossen.***

„Hallo", Wendloher Weg 11. Seit 1911 ein Lokal, früher bewirtet von Heini Behrens, „dem Wirt mit dem Silberbart" und Frau Martha, Inhaber jetzt E. Koch. – ***Kein Lokal mehr, Wohnraum.***

„Hellas Stube", Eppendorfer Weg 247. Seit 1980 griechisches Restaurant. – ***Gibt es weiterhin.***

„Herzog", Eppendorfer Landstr. 31. „in-Lokal", seit 1984 am Ort des früheren „Café Kaputt". Inhaberin Christa Herzog. – Bis 2013 „Greeni", ***Jetzt „Bistro Uno".***

„Il Posto", Eppendorfer Landstr. 36. Sehr beliebtes italienisches Restaurant, Besitzer Vitantonio Papagna eröffnete es 1982 in einem früheren Friseurladen. Papagna war seit 1974 Inhaber des „Il buco" nebenan (später u.a. „Remix"). – ***Heute „Morellino".***

„Imbiss-Oase", Tarpenbekstr. 49. – 2013 „Bistro Italia".

„Irene's Eiscafé", Eppendorfer Marktplatz 2. Seit 1974, vorher seit 1950 „Eiscafé Hübsch". – ***Nun „Eppendorfer Eiscafé".***

„Isestraße 147", Isestr. 147. Das langjährige Lokal besteht seit 1981 unter derselben Leitung. – ***2013 „Positano Osteria".***

„Jablonsky", Heinickestr. 1. – Hieß danach „Champansky", „Bar de Luxe", ***heute „Kopp's Bar".***

„Jever Pesel am Park", Eppendorfer Landstr. 58. Eine Eppendorfer Institution mit gutbürgerlicher deutscher Küche und entsprechendem Interieur. Seit 1969 hieß das Lokal „Pesel am Park", der Zusatz kam später hinzu. - Als sich die Miete verdoppelte, schlossen Willi und Dörte Klein nach über 17 Jahren im Sommer 1993 das gutbürgerliche Lokal. ***Heute findet man dort ein Sonnenstudio.***

„Joh. Matz Brauhaus", Eppendorfer Landstr. 61. Lokalität in 500 qm großer Brauereihalle im Stil der Jahrhundertwende. „Matz Pilsner naturtrüb" aus der Hausbrauerei. - Die Eröffnung verzögerte sich infolge von Auflagen des Umweltbehörde von Oktober 1988 auf März 1991. Später Leerstand, zeitweise „Karstadt"-Dependance, ***heute Arztpraxis.***

Blick vom Bäckerei-Café zur Ecke Eppendorfer Landstr. 36/Loogestieg, wo ehemals das „Café Nobiling" bestand.

„Josty", Isestr. 77. Besteht seit 15 Jahren. Die Speisekarte bietet Hausmannskost. – ***Inzwischen Restaurant „Tiefenthal".***

„Jugoslavia-Grill 60", Ludolfstr. 60. Vormals "Zum Eppendorfer" und „Zum Moravia Pils". - Nachfolger: „Arena di Verona" ***und jetzt ein Steakhaus.***

„Karstadt-Restaurant", Eppendorfer Landstr. 77. SB-Restaurant. – „Karstadt" Eppendorf schloss 2007, s.a. S. 19f.

„Kartoffelkiste", Heinickestr. 3. Der Badener Jürgen Dapp eröffnete in dem Bistro, das ehemals „Kaktus" hieß, im Oktober 1991. – Hieß später „Oriental Lounge", „Bar Cuba", ***heißt jetzt „Bar-Lounge le mirage".***

„Klopstock", Bier & Speiselokal, Eppendorfer Landstr. 165. Früher „Dorfschänke" (um 1910) und „Weiße Ecke". Hamburger Spezialitäten. War früher ein beliebter Ausspann der Kutscher (Wasserhahn an der Außenwand). – ***2013 geschlossen. Neueröffnung: „Restaurant Punker".***

„Klosterstuben", Klosterallee 89. Schon seit vielen Jahren ein Lokal, seit 1987 unter den jetzigen Besitzern. – ***Besteht noch.***

„Konditorei-Café Jaeger", Geschwister-Scholl-Str. 32. Von 1906 bis 1983 als „Konditorei Nüsslein" ein Begriff in Eppendorf. Seit 1983 unter Leitung von Paul Jaeger. ***– Jetzt ein Laden.***
Konditorei Michael Gantert, Eppendorfer Weg 250. Seit 1954. Spezialitäten: „Früchte der Saison", „Schwarzwälder Kirschtorte". – ***Blieb erhalten.***

„Kutscherkneipe", Lehmweg 58. Eppendorfer Traditionslokal, ehemals für Pferdekutscher. Seit 1973 unter diesem Namen, Inhaberin seit 1978 Frau Gläs-ser, die für anwesende Prominenz auch als Astrologin fungiert. – ***2013 „Ristorante Italiano".***

„La Casita", Eppendorfer Weg 278. Das italienische Spezialitäten-Restaurant von Inhaber "Pierro" besteht im neunten Jahr und war vorher ein Haus weiter. Die Prominenz hinterlässt ihre Autogrammbildkarten beim Eingang. – ***Jetzt „Reizküche".***

„La Gondola", Ristorante-Pizzeria, Eppendorfer Landstr. 123. – Hieß zuletzt "El Corte. Die Frisierbar", Friseur und Tapas. ***2012 geschlossen.***

„La Scala", Falkenried 54. Das Restaurant am Ort eines früheren türkischen Lokals besteht seit 1985. Spezialitäten aus Italien. – ***Weiter dort.***

„Legendär", Lehmweg 44. In den Räumlichkeiten der legendären „Onkel Pö's Carnegie Hall", seit 1986, Inhaber Norberto C. Appel. – ***Die „Schweinske"-Filiale schloss 2013, nun „mama Trattoria".***

„Leroy", Bistro-Bar, Eppendorfer Baum 41. - Keine andere Eppendorfer Lokalität dürfte eine solche Fluktuation erlebt haben wie hier im „Untergrund": ab 13.3.1989 Diskothek „Ruine", später „Leroy", „Papageno", „Trattoria Grotta Italia", Restaurant „Köhler", „ Montecristo" Bar-Lounge, „La comida" (mexikanisch), „Der Poker-König" – ***und nun ein Second Hand-Shop.***

„Lotusblüte", Löwenstr. 22/Ecke Eppendorfer Weg. Nordchinesische Küche seit 1974. – Weiter in Betrieb.
„Mario Ganzoni Traiteur", Eppendorfer Landstr. 61, Klosterhofpassage. Seit 1985 Tageskarte mit italienischen Gerichten. – ***2013 „Bar Italia".***

„Martini-Pizzeria", Martinistr. 7. Die erste „Martini-Pizzeria" gab es 1954 vis-a-vis der Oper, ehe man 1979 aus Platzgründen nach Eppendorf wechselte, wo sich das italienische Restaurant mit Garten bestens etablierte. - Sie soll Hamburgs älteste Pizzeria gewesen sein, bis sie im September 1998 schließen musste. Denn das markante Eckgebäude Martinistr./Schottmüllerstr. wurde abgerissen und bis 2002 durch einen Neubau ersetzt, den das „HA" damals „Luxusbau" nannte und 2004 „das Geisterhaus von Eppendorf" (wegen Leerstandes).s.a. S. 29: Chicago Meatpackers. Das Nachfolge-Restaurant „Martini Cinque" bestand gegenüber, Martinistr. 5, von 2000 bis 2007 ***Jetzt Chicago Meatpackers.***

„Mc Donald", Eppendorfer Landstr. 95. – "Flax's", ***heute Sushi-Bar.***

„Mezzanotte", Robert-Koch-Str. 36. – In die Räume, in denen oft die „Players Night" stattfand, als das Rothenbaum-Tennis-Turnier noch Bedeutung hatte, zog „Da Mario" ein.

Als der „Brahmskeller“ in der Neustadt schließen musste, erhielt das denkmalgeschützte Haus an der Ludolfstraße den Namen „Brahmsstuben“.

„Mon Marthe“, Kabarett und Bistro, Tarpenbekstr. 65. Eine Sonderstellung in Eppendorfs Gastronomie nimmt das Lokal von Marthe Friedrichs, seit 1975 Besitzerin, ein: Einerseits Bistro mit großem Tresen, wo man sich bei gedämpfter Musik unterhalten kann, andererseits vor allem politisches Kabarett im hinteren 100 Plätze-Saal. „Wir lieben Satire und leben von der Gastronomie“, ist das Motto. Im Keller befindet sich eine Doppelkegelbahn. – Die letzte Aufführung im „Kabarett Mon Marthe“ fand am 31. Dezember 2001 statt. Siehe auch S. 108f. ***Umgewandelt in ein Fotostudio.***

„Mr. Wong“, Martinistr. 13-17, chinesisches Restaurant, Eröffnung 1.11.1991 eröffnet. – ***Geschlossen, Leerstand.***

„Müller-Lüdenscheidt“, Eppendorfer Landstr. 157. – ***Aus der Kneipe wurde eine Zahnarztpraxis.***

„Odysseus“, Geschwister-Scholl-Str. 126. Südländisches Spezialitäten-Restaurant, seit 1987. – ***Abriss, Neubau Wohnhaus.***

„old-fashion-bar“ („The Rum & Whisky Trader of Hamburg“), Eppendorfer Weg 211. Älteste Bar am Platze, seit 1968. Über 20 Jahre Cocktail-Bar mit old-fashion-Einrichtung. – 2001 „ZWO 11 Bar“, 2011 „Bar Eberhardts“, heute „The Boilerman Bar“. ***Ein Teil wurde umgewandelt in „Pizzeria Al Volo“.***

„Palette“, Erikastr. 47. Schankwirtschaft seit etwa 1900. Seit 1978 „die Szenekneipe mit dem besonderen Flair“, Inhaber Peter Gurschler. – 2012 nach Mieterhöhung geschlossen. ***Umbau, anstelle einer Kneipe nun Teehaus mit veganer Küche; der Gegensatz könnte kaum größer sein...***

„Pentagon / Harry's Bar“, Tarpenbekstr. 62. – ***Geschlossen.***

"Petit Café", Hegestr. 29. – ***Besteht auch 2013 noch.***

« Piazza », Eppendorfer Marktplatz 21. Im Alt-Eppendorfer Haus von Schlachter Faupel (Baujahr 1904) werden italienische Speisen angeboten. Das „Piazza“ eröffnete 1971 und war auch zuvor schon ein Lokal. – ***Heute „EntFlammbar“.***

„Portofino“, Eppendorfer Weg 270. Italienische Küche. – ***Darauf folgten „Mangal“ (türkisch) und „Unzertrennlich“.***

„Portugal“, Loogestieg 3, zuvor „Friederike Looge“. Das portugiesische Restaurant feierte im Juni 1991 zehnjähriges Bestehen. - Später „Isis“ mit ägyptischer Küche. Zuletzt „Sushi Yui“, sehr beliebt, von Yoshiyoki Nashimoto. 2012 geschlossen, ***2013 Umwandlung in Wohnraum.***

„Quartier“, Klosterallee 100. Seit 1986 in dem markanten Bau am Isebekkanal. Zuvor war hier das italienische Restaurant „La Capanna“ - „Die Hütte“. Inhaber Hans Joachim Otto. – ***Ehemals „Bereuthers“, nun „Wilder Kaiser“.***

„Hotel Smolka“, Isestr. 98. Das Restaurant besteht wie das Hotel seit 1948. – ***Restaurant geschlossen, Hotel und Bar bestehen weiterhin.***

Restaurant-Kneipe „Diehl“, Erikastr. 81 a. 1991 neu eröffnetes Restaurant von Jörg Diehl aus Südhessen. Seit 15 Jahren gibt es hier ein Lokal, früher „Svea's Café“, „Tango“, „Uhle“, „Hoppla“. – Später lange „Sushi Dorasi“, ***heute argentinisches Steakhaus.***

Ristorante „Il Gabbiano“, Eppendorfer Landstr. 145. Italienisches Restaurant von Antje und Sergio Ballardin im früheren "Haus Tomfort". - Das spätere Restaurant „Poletto“ wurde Silvester 2010 geschlossen, weil das Gebäude von um 1890 abgerissen und durch eine sog. Stadtvilla ersetzt wurde.

„Ristorante-Pizzeria Napoli“, Geschwister-Scholl-Str. 155. – ***Jetzt „Ellena's Back Bistro“.***

„Rocco Restaurante-Pizzeria“, Eppendorfer Landstr. 74. Im Januar 1991 eröffnet, vorher "Carpo". – ***2013 „Da Franco“.***

„Rohna/Athena“, „das Original Griechische Restaurant“, Abendrothsweg 55/ Ecke Kremperstr.. – ***Zeitweise Leerstand, heute „Hirsch“.***

„Saidal Restaurant“, Schrammsweg 10. Begründet 1977, Inhaber M. I. Kassem. Weithin bekannt für afghanische Spezialitäten und vegetarische Speisen. – ***Jetzt „Köpke“.***
„SAKI“, Eppendorfer Weg 210. Vormals seit 1978 „Taverne Lefkos Pirgos“, wurde das renovierte Restaurant 1987 unter dem Kosenamen des Besitzers eröffnet. Das Angebot unterscheidet sich von dem gängiger griechischer Lokale. – ***Heute „Magris Antipasti“.***

„SAM BRERO'S", Curschmannstr. 9. Ehemals griechisches Restaurant und Diskothek, seit 27.8.1987 ein mexikanisches Lokal. Gilt als „bester Mexikaner Hamburgs". – ***2013 „Starters".***

„Schramme 10", Schrammsweg 10. Unter dieser Adresse gab es bereits in den 50er Jahren ein Lokal, das ein Gemüseladen ablöste, ehe 1971/ 72 unter dem Namen „Schikane" von Udo Ulrich eröffnet wurde. Dieser änderte die Bezeichnung am 25.4.1975 in „Schramme 10". Der „Renner unter Eppendorfs Szene – Kneipen" wurde unter Besitzer Dieter Heimberg (ab 1980) sehr lebhaft. Seit Jahresbeginn 1989 ist Johannes „Hannes" Makivic Besitzer, der hier bereits am Eröffnungstag als Kellner begann, nur vier Jahre „außer Haus" war und die Atmosphäre des Lokals wesentlich mitprägte. ***– Weiter in Betrieb.***

„Schüttler´s Bier-Cocktailbar", Ludolfstr. 41. Ehemals „A+B", jetzt Cocktailbar „in Candlelight-Atmosphäre". Inhaber: Enrico Schüttler. – ***Nun Lieferservice „Pizza Max".***

„Schultheiss-Klause", Falkenried 78. Seit nunmehr 24 Jahren unter derselben Leitung. – ***Kein Lokal mehr, Wohnungen.***

„Sellmer", Fischrestaurant, Ludolfstr. 50. „Fisch-gerichte mal traditionell, mal zeitgemäß leicht, immer dem Eigengeschmack des Fisches verpflichtet". Inhaber: Dieter Pauly. - „Sellmer" war „eine der besten Adressen für Fisch und Meeresfrüchte, aber auch für gutbürgerliche Küche" urteilte „Die Welt". 1951 begann Hermann Sellmer in der Große Elbstr. (heute: Restaurant Fischereihafen), 1976 kam man nach Eppendorf. Als die Versicherungsgesellschaft „Neue Leben" die Miete erhöhte, musste das Restaurant im Mai 2004 schließen. Mobiliar und Schild „Sellmer Das Fischrestaurant" blieben noch viele Jahre. ***Im Hof werden seit 2012 Wohnungen und eine Tiefgarage errichtet, ins ehemalige Restaurant sollen Läden einziehen.***

„Shikara", Indisches Restaurant, Eppendorfer Marktplatz 8. – Hieß vorher „Kärntner Häusl", ein sehr beliebtes österreichisches Restaurant. Es wurde in der Nacht von 7. auf 8. September 1987 durch Brandstiftung zerstört, als der oder die Täter Postermöbel und Stofflappen mit Benzin tränkten und anzündeten. ***Heute „Shukria".***

„Six Pence", Eppendorfer Landstr. 80. Das Lokal besteht seit 1971 und feierte 1991 das 20jährige Bestehen. Internationale Küche. – ***Nach „Sol" zog 2012 „Cornelia Poletto" ein.***

„Sol de Espana", Hegestr. 14. Spanisches Restaurant. Eröffnete im Oktober 1991. – 2007 ***Neubau an diesem Ort.***

„Taverne Alexandroupolis", Lokstedter Weg 37. Früher Schlachterei, Eiscafé, seit 1981 griechisches Restaurant. Ab 1986 unter Leitung von Anna und Panos Pantis. – ***2013 „Zum Griechen".***

„Taverne bei Mano", Eppendorfer Weg 264. Griechisches Restaurant, seit 1974 unter dem Namen „bei Niko", seit 1980 „bei Mano". Inhaber Emanuel Matsakos. – Später Café, jugoslawische Küche, ***heute „Loewen".***

„Taverne Saloniki", Lehmweg 50. Das griechische Restaurant besteht seit 20 Jahren und wird seit 1978 von Joannis Panagiotidis und Frau geleitet. - Später als „Café Aman" sehr erfolgreich, ***jetzt ein Laden.***

„Taverne bei Tassos", Erikastraße 74. Griechische Spezialitäten. Inhaber Sakis Kouzinas. – ***2013 „Taverna Symposion".***

„Vario", Restaurant, Eppendorfer Weg 280. Anfang 1991 eröffnet, vorher ein griechisches Lokal. – ***Heute eine Trattoria.***

„Vümpf", Eppendorfer Weg 276. Besteht seit 1981unter diesem Namen, vorher ebenfalls ein Lokal. – ***Blieb erhalten.***

„Winzel Eck", Lokstedter Weg 46. Seit 50 Jahren ein Lokal, früher „Stüve`s Eck". Kleine bulgarische Spezialitäten. Wirt Masko Kounev leitet die Band „Hitparaders": Auftritte u.a. im Peter Maffay – Film „Der Joker", ZDF-„Traumschiff" - Serie, NDR-Talkshow. – ***Heute „Soul Mate Bistro-Bar".***

„Wir", Lehmweg 47. Gemütliche Kneipe mit gutem Service. Besteht seit 1984, vorheriger Name: „Holste". – Eine der letzten gut frequentierten Kneipen Eppendorfs wurde geschlossen. ***Jetzt Reisebüro.***

„Woodstock", Erikastraße 95 a. „Oldies ohne Ende". – Kein Lokal mehr, sondern ein Design-Laden.

„Yakamoz", Schrammsweg 28. "Feine türkische Küche". Im Juni 1989 eröffnet. Terrasse. – Darauf folgte „Il Trullo", ***Abriss des Gebäudes, Neubau von Wohnungen.***

„Zum alten Storchennest", Ludolfstr. 6-8. Eppendorfer Traditionslokal, bereits 1950 im Hamburger Adressbuch genannt. – ***Ende der 90er Jahre (?) in Wohnungen umgewandelt.***

„Zum Bootshaus", Isekai 12 ö. Die Vereinsgaststätte der „Wassersport – Abteilung Sportvereinigung Polizei Hamburg 1920 e.V." (WASP) ist öffentlich zugänglich. Terrasse am Isebekkanal (das ö hinter der Hausnummer bedeutet: öffentlicher Grund). – ***Besteht weiter.***

„Zum Finken", Gaststätte, Curschmannstr. 13. Im 1955 neu erbauten Haus eröffnet; der Name rührt vom früheren Besitzer Fink. Ältester "Königs-Pilsener"-Ausschank Hamburgs.
Zweimal jährlich „Bayerische Woche". Inhaber Karlheinz Kreuzer. – ***2013 Laden und Friseursalon.***

„Zum neuen Grenzhaus", Geschwister–Scholl–Str. 158. – ***Abriss, Neubau Wohnhaus.***

„Zum schwarzen Diamanten" (mit „Margarethen-Stuben"), Hegestr. 1. 1992 feiert das Lokal seinen 100. Geburtstag. Nachdem es zuletzt „Hege-Eck" hieß, haben es die Besitzer Prezel mit Jahresbeginn 1991 unter dem alten Namen eröffnet, der daher rührt, dass gegenüber an der Stelle derTankstelle am Kanalufer einst ein großer Kohlenhof war. Der Wirt, der das Lokal bis 1937/38 führte, hatte den schönen Namen der Schankwirtschaft dann mitgenommen.
Im „Schwarzen Diamanten" gibt's im stilgerechten Ambiente „Essen wie bei Muttern". – ***Jetzt „Schröder".***

„Zur Alten Mühle", Eppendorfer Landstr. 176. – ***Eppendorfer Traditionslokal.***

Eppendorfer Lokalrunde 2013

Aufgeführt sind Restaurants und Cafés. Bäckereien samt Kaffee zum Mitnehmen müssen wir nicht nennen, denn es sind derer so viele in Eppendorf. Wo es Mittagstisch gibt, steht ganz am Ende der Aufstellung, ebenso die Bars und die Eisdielen.

Abendrothsweg

Restaurant Hirsch - Abendrothsweg 55/ Ecke Kremper Str., Tel. 28 07 671, www.restaurant-hirsch.com, tgl. ab 15 Uhr – Umzug aus Winterhude (Dorotheenstr. 33) nach Eppendorf. „Feine Speisen, Kaffee und Kuchen, Weine, Drinks, Musik".

La Caffèteria - Abendrothsweg 54/Ecke Meldorfer Str., Tel. 46 77 75 33, www.la-caffeteria.de, Mo-Fr 10-23, Sa-So, Fei 10-19 Uhr – Früher „Café Tempo". Ganztägig Frühstück, warme Küche 12-22.30 Uhr. Pasta, Quiche, Suppen, Kuchen – Alles hausgemacht.

Deelbögenkamp

Café/Bistro Wüstenberg – Deelbögenkamp 3, Abzweig von der Straße Deelböge zur Alster, Bus-Haltestelle Orchideenstieg, Tel. 51 77 01, www.kanuverleih-bootslagerung.de, im Winter geschlossen –Seit 1918 sind Werft und Bootsvermietung an der Alster oberhalb des Alsterlaufs von Eppendorf aus ansässig. SB-Café und –Bistro mit Snacks, Eis u.a.m..

Eppendorfer Baum

engelke Pasta Olio Vino – Eppendorfer Baum 20, Tel. 63 94 58 57, www.engelke-hamburg.de, Mo-Sa 10-20 Uhr – Seit Juli 2006, „Klassiker" u.a. gemischte Blattsalate, Antipasti, hausgemachte Pasta (auch Vollkornpasta).

Maral, mediterran, Restaurant, Bar, Café – Eppendorfer Baum 22 (U-Bahn-Station), Tel. 46 16 99, www.restaurant-maral.de, Mo-Sa 12-1, So 18-24 Uhr – Der Restaurant-Pavillon entstand 1965-67 und beherbergte ehemals einen „Wienerwald"-Betrieb. „Maral" gibt es seit dem 9. Juni 2003. Tages-, Wochen-, Sushi-Karten. Sommerterrasse am Isebekkanal.

Eppendorfer Landstraße

Balutschistan, pakistanisch – Eppendorfer Landstr. 103, Tel. 47 28 53, tgl. 16-24 Uhr – Bio-Lebensmittel, keine Geschmacksverstärker und Konservierungsstoffe.

Bar Italia – Eppendorfer Landstr. 61 (Zugang durch die Klosterhof-Passage)/ Robert-Koch-Str. 36, Tel. 42 91 65 90, www.bar-italia.net, Mo-Sa 12-16 Mittagstisch, 17-22 Uhr Abendkarte, Fr-Sa 19-22 Uhr
Jazz-Konzerte – Veranstalter von "Friday-Night-in-Eppendorf-Konzerten" (Jazz) auf dem Marie-Jonas-Platz. In der Nachfolge von Mario Ganzoni Traiteur.

Barmeier's Garten Café - Eppendorfer Landstr. 180 (Meenkwiese, am Zufluss des Mühlenteich in die Alster), im Bootshaus Barmeier, Tel. 51 77 07, www.bootshaus-barmeier.de, Sa-So.

Chez Bernard, La cuisine du marché – Eppendorfer Landstr. 10, Tel. 46 77 32 27, www.chezbernard-restaurant.de, Di-Fr 17-24, Sa-So 18-24 Uhr. – Seit 2005 kocht hier Bernard Fitoussi, tgl. neue Tageskarte.

Poletto, Restaurant mit Feinkostladen – Eppendorfer Landstr. 80, Tel. 48 02 15 9, www.poletto.de, tgl. 11.30-21 Uhr, Tagesspezialitäten 12-15, 18-21 Uhr,
1. Do. i. Monat 5-Gänge-Überraschungs-Menü (reservieren) – Nach dem Abriss des Gebäudes Eppendorfer Landstr. 145, wo das Restaurant seit 2000 bestand, zog die „Fernsehköchin" Cornelia Poletto (geb. 1971) zum 1. Juni 2011 ins Zentrum des Stadtteils um (zuletzt befand sich dort die Eckkneipe „Sol"). Einige Plätze im Freien. Kochschule Goernestr. 7.

Da Franco, Ristorante - Eppendorfer Landstr. 74, Tel. 47 69 68, www.dafranco.de, Mo-Fr 12-15, 18-24, Sa-So, Fei 17.30-24 Uhr.

Bistro Uno - Eppendorfer Landstr. 31, Tel. 46 86 37 87, www.bistrouno.de, tgl. 11-23 Uhr. – Seit Oktober 2013 Pizza, Pasta (auch glutenfrei), Croques, Antipasti, Salate. Auch Außer Haus. – ***Vorher „Greeni".***

Ghandi, indisch-biologische Spezialitäten – Eppendorfer Landstr. 6, Tel. 46 00 78 86, www.ghandi-restaurant.de, Mo-Fr 11.30-23, Sa-So 12-23 Uhr –
Auch Außenplätze.

Restaurant Punker - Eppendorfer Landstr. 165 / Ecke Schubackstr. (Höhe Hayns Park), Tel. 47 66 70, Mo 18-23, Di-Fr 12-15, 18-23, Sa 18-24, So 12-23, Küchenschluss 22.30 Uhr – Oktober 2013 in der Nachfolge des „Klopstock" eröffnet, das am 30.6.2013 schloss und einen ausgezeichneten Ruf für Hamburger Spezialitäten und „Bratkartoffel-Gerichte" genoss. Jetzt gehobene deutsche Küche. Tages- und Wochenkarte.

Café Lindtner - Eppendorfer Landstr. 88, Tel. 480 60 00, www.konditorei-lindtner.de, Mo-Sa 8.30-20, So 10-19 Uhr. –
Der Hamburger Café-Klassiker mit Terrasse, überregional bekannt.

Mario, Ristorante-Pizzeria – Eppendorfer Landst. 61 (Klosterhof-Passage)/Robert-Koch-Str. 36, Tel. 46 85 86 51, www.larancio.de, Mo-Sa ab 12 Uhr – Das beliebte Lokal von Mario Fagone hieß erst „L'Arancio". Tageskarte, Catering, bis 22 Uhr Plätze im Freien.

Die Pizzeria – Eppendorfer Landstr. 165, Tel. 46 77 65 66, www.diepizzeria.eu, tgl. 12-24 Uhr, von Okt.-April ist eine Reservierung empfohlen. – Sonst auch Plätze im Freien, auch außer Haus-Mitnahme und Bringservice.

Morellino, italienisches Restaurant – Eppendorfer Landstr. 36, Tel. 48 02 21 6, www.ristorante-morellino.de,
Di-Fr 12-15, 18-23, Sa-So 12.30-23 Uhr
– Viel gelobt, etwas teurer, Promis unter Kronleuchtern, Plätze im Freien.

Petite Gourmande - Eppendorfer Landstr. 54, Tel. 46 77 60 06, www.leonidas-alsterschokolade.de, tgl. 10-19 Uhr. –
Auch kleine Gerichte.
Als vierte Hamburger Filiale am 31.8.2013 eröffnet. – ***Vorher fünf Jahre lang „Lekkerbies".***

Café Silwar Bucht - Eppendorfer Landstr. 148 b, Hayns Park, im Bootshaus Silwar, Tel. 47 62 07, www.bootshaus-silwar.com - Kaffee, Cocktails, Partylocation.
Mi 20 Uhr Jazz Jam Session.

Sushi Circle – Eppendorfer Landstr. 95, Tel. 46 96 77 65, www.sushi-circle.de, Mo-Sa 11-23, So/Fei 17-23 Uhr – Wo einmal „Mc Donalds" war und eine Art Steak-House, besteht nun eine von 24 bundesweiten Filialen. So, 13 Uhr, Kurse für Sushi.

Tassajara, vegetarisch – Eppendorfer Landstr. 4, Tel. 48 38 01, 48 38 90, www.tassajara.de, Mo-Sa 11.30-24 (Küche bis 23), Mittagstisch 11.30-16 Uhr – Seit 1976, Nachfolger von „Golden Temple" und „Goldene Oase", ehemals Eppendorfer Baum 34. Außenplätze.

Tre Castagne, Ristorante – Eppendorfer Landstr. 97/Ecke Martinistr., Tel. 46 37 27, tgl. 12-1 Uhr – bei Drucklegung vorübergehend geschlossen.

Zur alten Mühle, Restaurant, Biergarten – Eppendorfer Landstr. 176, Tel. 51 78 20, www.zuraltenmuehle-eppendorf.de, Mo-Fr, So ab 12, Sa ab 14, Mittagstisch 12-15, Brunch So ab 12 Uhr (reservieren) – Traditionslokal am Hayns Park mit Wintergarten, vielen Außenplätzen. U.a. Fischkarte, Matjes-Saison.

Eppendorfer Marktplatz

EntFlammbar, Café und Cocktail-Lounge – Eppendorfer Marktplatz 21, Tel. 46 86 33 88, www.entflammbar.com, Mo, Mi-Fr ab 17, Sa-So ab 14 Uhr – U.a. 15 verschiedene Flammkuchen.

Okzident, libanesisch – Eppendorfer Marktplatz 12, Tel. 46 77 63 37, www.okzident-hh.de/eppendorf, Mo-Sa 18-24 (Küche bis 22 Uhr) – Das Restaurant aus dem Museum für Völkerkunde besitzt nun eine Filiale in Eppendorf. Vorher „Alex", „Alltheklich".

Shukria Restaurant, indische Spezialitäten – Eppendorfer Marktplatz 8, Tel. 48 01 14 7, tgl. 12-23 Uhr - Lange Jahre als „Shikara" bekannt, nach Besitzerwechsel nun der neue Name „Dankeschön". Dieselbe Küche beliefert auch den Imbiss „Shukria Quick" (Speisen zum Mitnehmen) um die Ecke, Heinickestr. 1.

Eppendorfer Weg

Casa de Aragon, spanische Küche der Region Aragon/Saragossa. - Eppendorfer Weg 240, Tel. 42 02 90 3, www.casadearagon.de, tgl. 17.30-23.30 Uhr – Seit 1964 eine feste Größe in der Restaurant-Szene in bzw. um Eppendorf, die Beliebtheit ist ungebrochen.

Casero, italienisch – Eppendorfer Weg 281, Tel. 48 09 69 96, www.casero-hamburg.de, Mo-Di 10-19, Mi-Sa 10-23, So 10-19 Uhr - Casero bedeutet hausgemacht; einige Plätze im Freien.

Come prima, italienisches Restaurant – Eppendorfer Weg 210, Tel. 42 02 59 9, www.come-prima.de, Mo-Sa 18-24 Uhr – Seit 1993 vor Ort, Tageskarte wechselt wöchentlich.

EATaliano, Antipasti Pasta Bar – Eppendorfer Weg 244/Ecke Falkenried, Tel. 42 10 85 81, www.eataliano-antipastabar.de, tgl. 12-23 Uhr – 2010 im Neubau eröffnet. Bruschette, Insalate, Formaggi. Plätze im Freien.

Hellas-Stube – Eppendorfer Weg 247, Tel. 42 05 21 1, Mo-Sa 17-24, So 12-24 Uhr – Griechische Küche seit 1980.

Cafe Leckerei - Eppendorfer Weg 240, www.cafe-leckerei.de, Mo-Fr 8.30-18 Uhr. – Vegetarischer Mittagstisch.

La Bottega Lentini, italienisch, Restaurant sowie Raucher-Bistro – Eppendorfer Weg 267, Tel. 46 96 02 63, www.labottegalentini.de, Mo-Sa 11-24, So 17-24 (Küche jeweils bis 23 Uhr) – Das Bistro eröffnete 1996, am 1. Mai 2004 kam das Restaurant hinzu.

La Scala, italienisch – Falkenried 54/ Eppendorfer Weg, Tel. 42 06 29 5, www.ristorante-la-scala.com, Di-So 19-24 Uhr – Seit 1985, Patron und Chefkoch ist seit 1998 Mario Zini. Die Speisekarte wechselt

alle zwei Tage nach saisonalem Angebot. 4-5 Gänge-Überraschungsmenü. Oktober bis November tartufo bianco aus Italien.

Konditorei Gantert - Eppendorfer Weg 250, Tel. 42 05 34 0, Mo-Fr 7-18, Sa 7-16, So 9-16 Uhr.

Loewen Gastwirtschaft – Eppendorfer Weg 264, Tel. 87 97 39 59, http://loewen-gastwirtschaft.de, Mo-Sa 9-24, So 10-22, Frühstück Mo-Fr bis 13, Sa-So bis 18 Uhr – Pasta, Bratkartoffeln, preiswertes Abendbrot.

Magris Antipasti – Eppendorfer Weg 210, Tel. 75 36 07 17, www.magris.de, Mo-Do 12-15, 18-22, Fr 12-15, 18-23, Sa 18-23 Uhr. – Früher Bistro „Weingut", jetzt italienische Spezialitäten.

Mansaaf, Restaurant – Eppendorfer Weg 208, Tel. 88 14 98 16, www.mansaaf.de, Mo-Fr 12-15, 17-23, Sa 17-23 Uhr – Palästinensische und arabische Küche, wo ehemals „Crepes & Croques" war. Etwa 30 Plätze.

Manufaktur, Bar, Sportbar – Eppendorfer Weg 231, Tel. 46 07 05 60, www.manufaktur-bar.de, Mo-Do 10-2, Fr 10-4, Sa 12-4, So 13-0, Fei 12-0 Uhr. – Seit 1999, 2011 renoviert. Raucherlokal, Fußball und „Tatort" im Fernsehen. Pizza, vom Fass u.a. Staropramen und Kräusen. Terrasse.

Poletto Winebar – Eppendorfer Weg 287/Ecke Curschmannstr., Tel. 38 64 47 00, www.poletto-winebar.de , Mo-Sa 12-24, So 11.30-23 Uhr – Remigio Poletto war Geschäftsführer im „Rive" an der Elbe sowie Teilhaber und Sommelier im („alten") „Poletto". Luigi Francia fungierte als Teilhaber des „Goldfisch" in Eppendorf. Italienische Küche, auch Aufschnitt, Käsespezialitäten. Mittagskarte 12-17 Uhr, Sonntag 11.30-15 Uhr Brunch. Terrasse.

Reizküche, vietnamesisch/asiatisch – Eppendorfer Weg 278, Tel. 42 91 65 46, www.reizkueche.de, Mo-Sa 12-16, 18-23, So/Fei 17-22 Uhr – 100 Plätze, davon 40 im Freien.

RuBios - Eppendorfer Weg 252, Tel. 422 69 76, www.rubios-hamburg.de, Mo-Mi 9.30-19, Do-Fr 9.30-22, Sa 10-16 Uhr. – Biokost und Delikatessen. Snacks, Suppen, Antipasti, Kuchen, Kaffee, Wein.

Trattoria Dorfino, italienisch – Eppendorfer Weg 280, Tel. 41 62 58 77, www.trattoria-dorfino.de, Mo-Sa 17.30-open end – Im Frühjahr 2012 eröffnet.

unzertrennlich, Mittelmeerküche und norddeutsche Gerichte – Eppendorfer Weg 270, Tel. 47 19 39 33, www.unzertrennlich-eppendorf.de, Mo-Fr 12-open end, Sa-So 10-open end (So 10-16 Uhr Brunch) – Beherbergte früher das türkische Restaurant „Mangal".

Vümpf, Kneipe - Eppendorfer Weg 276, Tel. 48 77 15, Mo-Sa ab 16, So ab 18 Uhr. – Hieß mal „Meier Vümpf", seit langer Zeit, etwa um 1975, am Ort. Raucherkneipe, Sportbar, Dart.

Erikastraße

Dear Matsu Teehaus, vegan - Erikastr. 47, Tel. 41 30 53 66, http://dearmatsu.jimdo.com, Mo-Sa 9-19 Uhr, wechselnde Tagesgerichte, über 60 Sorten Tee.

Estancia La Sabrina, argentinisch – Erikastr. 81, Tel. 46 37 55, www.estancialasabrina.de, Di-So 17-24 Uhr – "Ein kleines bisschen Buenos Aires in Eppendorf", seit Mai 2012, Plätze im Freien.

Taverna Symposion, griechisch – Erikastr. 74, Tel. 47 72 41, Mo-Fr 12-15, 17-24, Sa 18-24, So/Fei 12-23 Uhr – Bereits seit den 1970er Jahren „ein Grieche".

Falkenried

Cucibar Viviani, italienisch – Falkenried 30, Tel. 42 10 11 47, www.cucibar.de, Mo-Fr 10-18, Sa 10-17 Uhr – tgl. wechselnde Pasta-Gerichte, Focaccia, Salate.

Falkenstübchen, Nachbarschaftskneipe – Falkenried 36, Tel. 420 77 60, tgl. ab 12.30 Uhr – Speisen, Sportbar, kleiner Biergarten.

Marsbar, Weinbar und Restaurant – Falkenried/Straßenbahnring 2, Tel. 46 00 99 50, www.marsbar-hamburg.de, Mo-Fr 9-24, Sa 10-18 Uhr – 2004 als „Caffeteria e Paninoteca" im ehemaligen Pförtnerhaus (Denkmalschutz) der Straßenbahn-Hauptwerkstatt eröffnet. Wechselnde Mittag- und Abendkarte. 75 Plätze drinnen und 80 draußen.

Frickestraße

Fricke 46, Kneipe - Frickestr. 46, Tel. 47 21 15, www.fricke46.de, Di-Fr 16-2, Sa 15-mindestens 2, So 15-22 Uhr (bei FC St. Pauli-Spielen Sa und So früher geöffnet). – Seit 1976 unter diesem Namen, aber seit Anfang des vergangenen Jahrhunderts ein Lokal. Bratkartoffelgerichte, Hamburger Saison-Spezialitäten, Grünkohl. „Murphy's Irish Stout" vom Fass. Plätze im Freien, Sportbar.

Geschwister-Scholl-Straße

Borchers, Restaurant, Kneipe – Geschwister-Scholl-Str. 1-3, Tel. 46 26 77, www.borchers-hamburg.de, Mo-Fr 12-1 (April-Okt. 10-1), Sa 10-3 (Küche jeweils bis 23 Uhr), So 10-23 Uhr (Küche bis 22 Uhr); Mittagstisch Mo-Sa 12-15, Frühstück Sa 10-13, Brunch So 10-15 Uhr, 3. Sa. im Monat Tanz mit DJ – Eppendorfer Traditionslokal. Reichhaltige Speisekarte. Sportbar. Kleiner Biergarten.

Eppenlove - Geschwister-Scholl-Str. 23, Tel. 64 68 69 58, Mo/Di-Fr 9-18 Uhr – Café, Cupcakes, Delikatessen.

Ristorante italiano da Elena -Geschwister-Scholl-Str. 52 a, kurz vor Drucklegung eröffnet.

Goernestraße

Brospieker, kleine Kneipe - Goernestr. 1, Tel. 47 63 19, Mo-Fr 11-23, Sa 11-18 Uhr. Kleine gemütliche Altbierkneipe mit ständig wechselndem Mittagstisch. Die nette Wirtin kocht gute deutsche Hausmannskost.

Geo, Restaurant, Bar, Lounge, Terrasse. – Goernestr. 19, Tel. 46 77 60 60, www.restaurant-geo.de, Mo-Mi 12-24, Do-Sa 12-open end, So, Fei 10-23 Uhr. – Mittagsbuffet Mo-Sa 12-15, Brunch So 10-15 Uhr.

Hegestraße

Da Remo, italienisches Restaurant – Hegestr. 12, Tel. 42 93 61 35, Di-Fr 12-15, 18-22, Sa-So 18-23 Uhr – Nach dem Tod von Remo Giampetro am 22.1.2012 führt Sohn Angelo das Restaurant. Penne, Pizza, Pasta. Zehn Tische. HSV-Profis sind Stammgäste.

Café Hegeperle - Hegestr. 68, Tel. 47 19 58 20, Mi-So 11-18.30 Uhr – Früher „Bistro 68". Nettes kleines Café, das sich rasch sein Publikum erobert hat. Spezialität: Schneewittchen-Kuchen. Auch Quiches. Plätze im Freien.

Metropolitan Café Francais - Hegestr. 28, Tel. 46 77 74 67, Di-Do, So 10-18, Fr-Sa 10-21 (Happy Hour 19-20 Uhr) – Eröffnete im vormals britischen Shop im Dezember 2012. Frühstück, kleine Mittagskarte, Kuchen, Weine, Champagner.

Petit Café - Hegestr. 29, Tel. 460 57 76, Mo-Fr 9.30-19, Sa-So 11-19 Uhr. – Seit etlichen Jahren im Stadtteil, hat sich mit Obst-/Früchte-Streuselkuchen vom Blech etabliert. Einige Plätze im Freien. Beliefert auch die Filiale Hohe Bleichen 20.

Pius Weinwirtschaft – Hegestr. 12-14, Tel. 46 09 53 10, www.pius-weine.de, tgl. 17-24 Uhr – Im Neubau, seit 2007, benannt nach dem gebürtigen Luzerner Pius Regli. 130 Weine, davon 40 offen (0,1 und 0,2 l). Tapas, Salate, Suppen, Elsässer Flammkuchen, Maultaschen, „Pius Vesper". Weitere Ableger in Hamburg-Pöseldorf, Neustadt i. Holstein, Keitum auf Sylt.

Schröder, Kneipe - Hegestr. 1, Tel. 46 77 58 67, Mo-Fr ab 16, Sa-So ab 15 Uhr – Eckkneipe seit 1896. Sportbar, HSV-Supporters-Treff, Dart.

Hochallee

Savory Bistro – Hochallee 127/Ecke Isestr., Tel. 46 77 73 45, www.savory-bistro.de, Mo-Fr 9-22, Sa 9-20, So 10-18 Uhr – Frühstück, "täglich kleines feines wechselndes Angebot an Speisen", Suppen.

Isekai

Goldfisch, Restaurant, Weinbar am Isebekkanal - Isekai 1, Tel. 57 00 96 90, www.goldfisch.de, Mo-Fr 12-13, Sa 15-23 Uhr, So im Sommer ab 10 Uhr geöffnet. – Im Neubau von 2002, vor allem Fischgerichte, auch T-Bone-Steak. Tgl. wechselnde Mittagskarte 12-15, Frühstück So 10-13 Uhr. Terrasse. Fisch-Kochkurse für max. 9 Personen/5 Std.. – Bootsverleih (auch Picknickkorb) Mai-Sept. tgl. 10-20 Uhr.

Café Isekai – Isekai Ö 13/Ecke Heilwigstr., Tel. 47 34 61, www.cafe-isekai.de, 10-24 Uhr – Die Bootsvermietung am Isebekkanal bietet durchgehend warme Küche, Hamburger Spezialitäten, besonders Bratkartoffeln, Kaffee und Kuchen. Für Privat-Feiern Räume für bis zu 60 Personen.

Vereinsgaststätte der Wassersportabteilung der Sportvereinigung Polizei Hamburg, öffentlich – Isekai 12 ö, Tel. 47 74 14, www.wasp-hamburg.de, Mo-Fr 16-23 Uhr – Sportgaststätte mit Hausmannskost, einige Plätze auf der Terrasse direkt am Isebekkanal.

Isestraße

Restaurant Brücke - Isestr./Ecke Innocentiastr. 82, Tel. 42 25 55 25, Mo-Sa 12-2, So 18-2 Uhr – 1986 eröffnet, laut "Die Welt" "das Wohnzimmer der Kreativen". 30 Plätze, Bar.

Harry's im Kaufrausch - Isestr. 74, Tel. 48 08 31 3, www.harrys-hamburg.de, Mo-Fr 9-19, Sa 10-18 Uhr. – Täglich frische Suppen und Eintöpfe, Salate, Quiche, Paninis. Sehr breit gestreute Getränke-Karte, natürlich auch Kaffee und Tee in allen Variationen.

Positano Osteria, italienisches Restaurant - Isestr. 147, Tel. 51 32 66 99, Di-Fr 12-15, Di-Sa 18-24, So 12-24 Uhr.

Tiefenthal, Bar Restaurant – Isestr. 77, Tel. 46 96 16 72, www.tiefenthal-hh.de, Mo-Fr ab 11.30, Sa-So/Fei ab 10, Frühstück Sa-So/Fei 10-16, Mittagstisch (warme Küche) 12-13 Uhr. Cocktails, Ausstellung, Terrasse. Hieß von 1976 bis 2002 „Josty".

Kegelhofstraße

Treffpunkt Eppendorf, Kneipe - Kegelhofstr. 46, Tel. 57 13 56 92, tgl. ab 10 Uhr – Bierbar, Café, Dart, Raucherkneipe. Hieß früher „Im Dorfkrug".

Klosterallee

Garten – Klosterallee 69/Ecke Lehmweg, bei der Klosterallee-Brücke über den Isebek-Kanal, Tel. 87 50 33 72, www.garten-eppendorf.de, Mo-Do 10-22, Fr 10-23, Sa 11-23, So 11-22 Uhr – Frühstück, Mittagstisch, Thai-Küche, italienisches Eis, Cocktails.

Die Glocke, Kneipe – Klosterallee 65/Isestr. 20, Tel. 420 32 82, www.die-glocke-hamburg.de, tgl. – Seit 1977, durch die Generationen hindurch stets beliebt. Hausmannskost, Raucherlokal (deshalb erst ab 18 Jahre), Sportbar. Von Frank Schulz im Roman „Kolks blonde Bräute" (1991) als „die Glucke" beschrieben.

Klosterstuben, norddeutsche Küche – Klosterallee 80, Tel. 42 01 66 3, www.klosterstuben-hamburg.de, Mo, Di, Do-Sa 17-24, an Isemarkt-Tagen Di, Fr 12-15 Uhr – Traditions-Lokal seit vielen Jahren. Hier gibt's noch „Strammer Max", hausgemachte Eisbeinsülze und Sauerfleisch.

TH 2 – Klosterallee 67, Tel. 42 10 79 44, www.th2.de, Mo-Fr 9-19.30, Sa 9-18, So 10-18 Uhr. – Eine von drei Hamburger Filialen, viele "Latte-Macciato-Mütter". Frühstück, zwei Tagesgerichte, Snacks (Paninos).

Wilder Kaiser, Restaurant und Stüberl, österreichische Küche – Klosterallee 108, Tel. 46 77 78 68, www.wilder-kaiser.co, tgl. 11.30-1 Uhr – Auf der Speisekarte findet man seit 2012 u.a.

Szenetreff war noch in den 80er Jahren „Zur alten Mühle", heute ein bodenständiges Restaurant mit Winter- und Biergarten.

Vogerlsalat, Kaspressknödel, Tafelspitz und Jausenbrett. – Die Lokalität hat eine lange Geschichte: viele Jahre Kneipe, ab 1972 „Die Hütte" und im Keller eine Trattoria, später „La Capanna – Die Hütte", seit 1986 „Quartier", vom 10.11.2000 bis 2007 das Promi-Lokal „Bereuther", danach „Ackermann's" und von März 2010 bis 2011 die „bar hundert".

Lehmweg

China Garten, malaiisch, chinesisch – Lehmweg 35/Ecke Löwenstr., Tel. 48 03 37 00, tgl. 12-15, 18-23.30 Uhr – Außenplätze.

Jus, „saisonale französisch-mediterrane Küche" – Lehmweg 30, Tel. 42 94 96 54, www.restaurant-jus.de,
Mo-Sa 18-23 Uhr – Innen und außen je 40 Plätze, separates Kaminzimmer (20).

ONO by Steffen Henssler, Sushi/Seafood – Lehmweg 17, Tel. 88 17 18 42, www.onobysteffenhenssler.de,
Mo-Sa 12-15, 18-23 Uhr – ONO bedeutet im Hawaiianischen "Frischer Fisch auf den Tisch." Der „Fernsehkoch" (geb. 1972), der mit seinem Vater im Hafen seit 2001 „Henssler & Henssler" führt, eröffnete hier 2009. 75 Plätze plus Terrasse.

Piment, „klassische französische Küche mit marokanischen Akzenten". – Lehmweg 29, Tel. 42 93 77 88, www.restaurant-piment.de, Mo-Sa 19-22.30 Uhr, Reservierung empfohlen – Die Küche von Wahabi Nouri aus Casablanca wurde mit einem Michelin-Stern ausgezeichnet. 30 Plätze.

Rheinländer, Wein- & Kölsch-Bistro, Lehmweg 48, Tel. 51 32 68 02, wechselnde Öffnungszeiten – Kleines Lokal mit 25 Plätzen, Treff u.a. von Fans des 1. FC Köln.

Ristorante Italiano – Lehmweg 58, Tel. 46 77 37 55, www.ristoranteitaliano-hh.de, Mo-Fr 12-15, 18-24, Sa 17-24 Uhr – Plätze im Freien, kinderfreundlich.

mama Trattoria - Ecke Lehmweg 44/ Eppendorfer Weg, Tel. 24 43 87 97, www.mama.com, eröffnete anstelle einer „Schweinske"-Filiale Ende 2013. Details bei Drucklegung unbekannt. Pizza, Pasta, Salate, Suppen. Vierte Filiale in Hamburg. Am Ort des legendären Musiklokals „Onkel Pö".

Thien Huong, vietnamesisch – Lehmweg 49, Tel. 87 09 92 22, www.thienhuong.de, Di-Do 17.30-22, Fr 17.30-23, Sa 13-23, So/Fei 17-22 Uhr. – Ende 2011 eröffnet, der Name bedeutet „Himmlische Düfte." Auch vegetarische Gerichte.

Lenhartzstraße

Mutterland - Lenhartzstr. 1/Ecke Eppendorfer Baum, Tel. 54 80 31 70, www.mutterland.de, Mo-Fr 8-19, Sa 8-18, So nur Café 9-18 Uhr. – Delikatessen, Bio-Feinkost, Geschenke sowie Café.

Löwenstraße

China-Restaurant Lotusblüte, Löwenstr. 22/Ecke Eppendorfer Weg, Tel. 42 08 58 1, tgl. 11-23 Uhr. – Empfehlung von Wahabi Nouri aus dem „Piment" (s.o.).

Lokstedter Weg

Soul Mate Bistro & Bar, Lokstedter Weg 45, Tel. 65 91 18 56, Di-So 16-23 Uhr – Soul Food, Tapas, Sportbar, Außenplätze. Ehemals bekannt als „Winzel Eck" und „Granodoro".

Zum Griechen ("bei Laki") – Lokstedter Weg 37, Tel. 47 76 37, www.grieche-hamburg.de, Mo, Mi-Sa 17-24, So/Fei 12-24 Uhr

Ludolfstraße

Black Angus Steak House – Ludolfstr. 80, Tel. 48 01 31 3, www.blackangus-steakhouse.de, Mo-Fr 17-23, Sa-So, Fei 12-23 Uhr. – Seit 2008, 80 Plätze, zuvor „Arena di Verona".

Trattoria Campo da Franco – Ludolfstr. 43, Tel. 38 64 29 68, www.trattoria-campo.de, tgl. 12-24 Uhr – Großer Garten, Raucherzelt, Festsaal. Früher u.a. „La Fonte".

Martinistraße

Bei Fiete, Kneipe – Martinistr. 30, Tel. 429 164 16, www.bei-fiete.de, tgl. 11-24 Uhr – Sportbar, Imbiss (selbstgemachte Frikadellen).

Ehemals Luftschutzraum, Schlachterei, Imbiss – seit 1980 die Gaststätte „Brospieker" an der Goernestraße.

Chicago Meatpackers, „moderne US-amerikanische Küche" – Martinistr. 11, Tel. 46 77 56 89, www.chicago-meatpackers.de, Mo-Sa 17-0, So 12-0 Uhr – Seit November 2012 Steaks, Ribs, Hamburger, Sandwiches, Wraps, Salate, Cocktails, Eiscreme. Auch in Frankfurt/Main. Vorgänger „neo" schloss Ende 2011.

Restaurant Eppo - im Dorint-Hotel auf dem UKE-Gelände, Martinistr. 72, Tel. 57 01 500, www.dorint.com, Frühstück Mo-Fr 6.30-10, Sa-So 6.30-11 Uhr, Restaurant tgl. 12-14.30, 18-22 Uhr. – Seit 15. September 2011. Innen 126 Plätze, große Außenterrasse. Saisonale Gerichte der Region.

Sài gòn, vietnamesisches Restaurant – Martinistr. 14, Tel. 46 09 10 09, www.restaurant-saigon.de, Mo-Fr 12-15, 17-23, Sa-So 12-13, Happy Hour 17.30-19 Uhr – Seit 1999, vorher Am Herrengraben, Plätze im Freien.

raw like sushi & more – Martinistr. 5, Tel. 47 67 31, www.raw-like-sushi.de, tgl. ab 18 Uhr – Sushi und monatlich wechselnde Special Maki. Sushi-Kochkurse. Seit 1997 an der Grindelallee, 2007 Umzug nach Eppendorf.

Schrammsweg

Campus - Schrammsweg 21, Tel. 46 77 34 46, www.campus-eppendorf.de, Mo-Fr, So ab 17 Uhr – Regionale saisonale Spezialitäten, Tages- und Wochenangebote an Speisen.

Köpke, Restaurant – Schrammsweg 10, Tel. 47 19 38 81, www.restaurant-koepke.de, Di-Sa ab 19 Uhr – Seit Februar 2001 bieten Kathrin und Jörg Köpke-Hemmecke „moderne deutsche Küche mit charmanten, internationalen Akzenten" an. Die Speisekarte wechselt alle zwei Wochen.

Schramme 10, Kneipe – Schrammsweg 10, Tel. 23 80 16 25, www.schramme10.com, So-Do 12-2, Fr-Sa 12-4, Mittagstisch 12-15 Uhr – Siehe Eppendorfer Lokalrunde 1991, S. 140. Nach dem Abgang von „Wir", „Palette" u.a. eine der letzten Kneipen im Stadtteil. Es gibt u.a. Croques, Pasta, Bratkartoffel- und Fleischgerichte. Sportbar.

Tarpenbekstraße

Bierkrug Kalle Schnoor, Kneipe - Tarpenbekstr. 55, Tel. 47 59 55 – Eckkneipe, benannt nach Karlheinz Schnoor (+ 2005), der in der Amateurboxszene einen Namen hatte. Früher „Sporteck".

La Tarradoro - Tarpenbekstr. 61, Tel. 79 02 16 94, www.azzuro-espressobar.de, Mo-Fr 7.30-18, Sa 10-15 Uhr – Frühstück, Panini, Pizette, Kuchen zum Mitnehmen.

„Bistro Italia" – Tarpenbekstr. 49, Tel. 28 78 27 60, http://bistro-italia.tapfy.de, „geöffnet, wenn die Fahne hängt" – Pasta, Pizza, Antipasti. Sehr preiswert.

Woldsenweg

„Tonata", portugiesische Pasteleria – Woldsenweg 1, Tel. 50 03 45 67, www.tonata.de, Mo-Fr 8-22, Sa-So 9-22 Uhr. – Fünf verschiedene Frühstücks-Angebote, Tapas, Teigtaschen. Kinderzimmer. Monatlich Fado-Abende (Reservierung). Ende 2012 eröffnet, zuvor u.a. „Pünktchen" (Kneipe) und „Prinsessan" (schwedisch).

Außerdem Mittagstisch

Beisser, Fleischerei, Feinkost und Bistro - Eppendorfer Baum 4, Tel. 480 05 58, www.beisser-hamburg.de, Mo-Do 9.30-18.30, Fr 9-19, Sa 9-16 Uhr – Das Stammhaus eröffnete Georg Christian Beisser aus Calw im Nordschwarzwald 1836 in der Spitaler Straße. Im Bistro wechselnde Tages- und saisonale Gerichte, traditionell am Mi Leber oder Wiener Schnitzel, am Sa Roastbeef und Chili Con Carne.

Campus Suite – Eppendorfer Landstr. 102, www.campussuite.de, Mo-Fr 7-19, Sa-So 8-19 Uhr – Pasta, Nudeln, Suppen, Salate. Eine von 14 Filialen in Hamburg.

Cucina Matte, gastronomia italiana – Curschmannstr. 5, Tel. 41 35 78 99, www.cucinamatte.de, Mo-Fr 12-16 – Seit August 2002, das Angebot wechselt alle zwei Tage. 22 Plätze. Catering.

Das „Lindtner" gehört bereits seit Sommer 1944 zum Stadtteil, nachdem der Stammsitz am Meßberghof im Krieg zerstört worden war.

Lindner, Feinkost, Tagesgerichte - Eppendorfer Baum 10, www.lindner-esskultur.de, Mo-Mi 9-19, Do-Fr 9-19.30, Sa 8.30-16 Uhr. – Wo früher das 1882 gegründete Delikatessen-Geschäft „P.C. Meyer und Sohn" war. Auch Bäckerei, früher als „Butter Lindner" bezeichnet. 1950 in Berlin gegründet, 1964 erste Filiale mit Bäckerei. Sieben weitere Male in Hamburg.

Meltz, Wild und Geflügel - Goernestr. 1, Tel. 46 13 71, www.wild-gefluegel-meltz.de, Mo-Fr 9-18, Sa im Sommer geschl., sonst 9-14 Uhr – Seit über 40 Jahren, Mittagstisch Mo-Fr 11.30-14 Uhr.

Mercato Piazza, Feinkost, italienisch - Eppendorfer Landstr. 144, Tel. 48 66 46, www.mercato-piazza.de, Mo-Fr 10-19, Sa 10-16 Uhr – "Mehr als ein Feinkostgeschäft", 6.12.1986 von Marion Schmidt-Hietschold eröffnet. Das Gebäude stammt von 1896 (Baumeister Ruppert), bis 1956 befand sich darin die Schlachterei Faupel.

Petit Fisch Bistro, Fischspeisen - Erikastr. 50 a, Tel. 460 29 40, Di-Sa 8-18 Uhr – 2007 neben dem Fischgeschäft Hülsen eröffnet.

Pizza Pasta Parandeh - Löwenstr. 13, Tel. 422 18 78, Mo-Fr 11-15 Uhr – Plätze im Freien.

Starters, Restaurant – Curschmannstr. 9, Tel. 46 96 76 79, www.starters-hamburg.de, Mo-Sa 12-14 Uhr – Am Ort von „Sambreritos", „Curschmann's", „eve". „Wöchentlich wechselnde Speisen à la carte, eigene Tapas und Antipasti in der modernen europäischen Variante."

Umland, deutsche Hausmannkost - Hegestr. 50, Tel. 46 11 04, www.umland-eppendorf.de, Mo-Fr 8-18, Sa 8-14 Uhr – Seit über 100 Jahren im Viertel. Tagesgerichte, Angebot der Woche und der Saison.

Bars

Bar 72 im Hotel Dorint – Martinistr. 72, auf dem Gelände des UKE, Tel. 57 01 50 0, http://hotel-hamburg-eppendorf.dorint.com, tgl. 17-1 Uhr, Küche 18-22, Afterwork-Karte Mo-Fr 17-19 Uhr. - Longdrinks, Cocktails. Im 2011 eröffneten neuen Hotel.

Bar im „Romantik Hotel Das Smolka" – Isestr. 98, Tel. 48 09 80, www.hotel-smolka.de, Mo-Do 17-24, Fr-Sa 17-2, So 17-23 Uhr – Bar im Vier-Sterne-Hotel im englischen Stil, Bibliothek mit offenem Kamin. Große Whisky-Auswahl, kleine Gerichte.

Kopp's Bar - Heinickestr. 1/Ecke Eppendorfer Marktplatz, Tel. 44 88 91, Di-So ab 21 Uhr – Ehemals das legendäre „Jablonsky's".

Eiscafés

Eppendorfer Eiscafé - Eppendorfer Marktplatz 2, Tel. 46 42 42, tgl. 11-19 Uhr.

Eiszeit - Eppendorfer Landstr. 33 und Falkenried 47, www.eiszeit.de, März-Okt. ab 12, Mai-Aug. bis 22 Uhr (bei Schlechtwetter später auf und früher zu). – Seit 1995 im Viertel, zwei von sieben Hamburger Filialen.

Eis-Schmidt - Eppendorfer Landstr. 96, www.eis-schmidt.com, eine von sieben Filialen in der Stadt, im Winter Pause.

Das „Dittsche"-Domizil

Seit 2004 produziert das WDR-Fernsehen die Improvisations-Komik-Serie „Dittsche", die mit dem Deutschen Fernsehpreis (2004) und dem Grimme Preis (2005) ausgezeichnet wurde. „Dittsche", der Mann im Bademantel und Stammgast im Imbiss, ist Oliver „Olli" Dittrich (geb. 1956). Hinterm Tresen steht Jon Flemming Olsen (geb. 1964) als Ingo und das Schlusswort hat Franz Jarnach (geb. 1944), genannt „Schildkröte".

Dittrich ist Eppendorfer und in 177 Folgen war die „Eppendorfer Grillstation" Schauplatz der Sendung. Aber aufgepasst: Der Imbiss trägt zwar Eppendorf im Titel, befindet sich aber tatsächlich Eppendorfer Weg 172 - in Hoheluft-Ost.

Der Mann im Bademantel: Der Eppendorfer „Olli" Dittrich stellt „Dittsche" dar (WDR).

erfolgreich | freundlich | anders
WOLFFHEIM WOLFFHEIM
IMMOBILIEN
Die 100% Experten in Eppendorf.
Eppendorfer Landstraße 32 | 20249 Hamburg | Tel: 040 460 59 39 | www.wolffheim.de
CEPI
Zertifizierter Fachkundenachweis in der Immobilienbewertung
Europäische Immobilien Akademie Saarbrücken
Registriernummer 0023/1997
VHH 1897
BELLEVUE
BEST PROPERTY AGENTS
2013
CONFEDERATION EUROPEENNE DE L'IMMOBILIER
C.E.I
MITGLIED EINES EHRBAREN KAUFMANNS E.V.
ivd

Das andere Epp

endorf „Streetart"

Literatur und Quellen

Adressbücher Hamburg. Diverse Jahrgänge
Alter, Helmut: Eppendorf. Leben und Wohnen im Hamburger Vorort. 1976
Architekten- und Ingenieur-Verein zu Hamburg (Hg): Hamburg und seine Bauten. Jahrgänge 1890, 1914 (2 Bde.), 1929, 1953
Barth, Reinhard: Das Haus. Tagebuchblätter aus der Haynstraße. 1988 (2.Aufl.)
Ders.: Das Haus. Fortsetzung I. 1998
Ders.: Das Haus. Fortsetzung II. 2010
Czichon, Eberhard / Marohn, Heinz: Thälmann. Ein Report. 2 Bände. 2010
Eppendorfer Bürgerverein (Hrsg.): Der Eppendorfer. Jahrgänge der Zeitschrift 1965 ff.
Faulwasser, Julius: Die St. Johannis-Kirche in Eppendorf. 1916
Fladhammer, Christa / Grünwaldt, Maike: Stolpersteine in der Hamburger Isestraße. 2010
Hamburger Wochenblatt / Eppendorf, Harvestehude, Groß-Borstel. Diverse Jhrg..
Hanke, Christian: Eppendorf von A-Z. 2001
Haspel, Jörg: Hamburger Hinterhäuser. Terrassen – Passagen – Wohnhöfe. 1987
Hipp, Hermann: Freie und Hansestadt Hamburg. Geschichte, Kultur und Stadtbaukunst an Elbe und Alster (DuMont Kunst – Reiseführer). 1990 (2. Auflage)
Hochmuth, Ursel/ Meyer, Gertrud: Streiflichter aus dem Hamburger Widerstand 1933 – 1945. 1980
Holstein, Adolf-Friedrich: Festsäle im Erika-Haus: Vom Schwesternhaus zum Zentrum für Kommunikation und Kultur. 2003
Ders.: Das Erika-Haus im Universitäts-Klinikum Hamburg-Eppendorf. 2006
Jenner, Harald: Hundert Jahre Anscharhöhe. 1886–1986. 1986
Kirchenvorstand der St. Johannis–Gemeinde zu Hamburg–Eppendorf (Hg.): St. Johannis Hamburg–Eppendorf. 1975
Kirchenvorstand St. Nicolai (Hg.): So sind Menschen. Kokoschkas Kreuzigung in St. Nicolai. o. J.
Koser, Maria / Brunotte, Sabine: Stolpersteine in Hamburg-Eppendorf und Hamburg-Hoheluft-Ost. Bd.1 A-L. Bd. 2 M-Z. 2011
Melhop, Wilhelm: Historische Topographie der Freien und Hansestadt Hamburg von 1895 bis 1920. 1923
Meyer, Beate / Siegel, Björn (Hg.): „Einer, der nicht mehr dazugehört". Tagebücher von Kurt F. Rosenberg. 2012
Meyer, Gertrud: Nacht über Hamburg. Berichte und Dokumente 1933 – 1945. 1971
Mietergruppe: Haynstraße bleibt! Die hundertjährige Geschichte eines Mietshauses. 2010
Möller, Ilse: Die Entwicklung eines Hamburger Gebietes. Von der Agrar- zur Großstandtlandschaft. 1958
Nationalsozialistische Deutsche Arbeiter–Partei (NSDAP) Eppendorf (Hg.): Die braune Wacht. Amtliche Mitteilungen. 1933 – 1935
Postamt 20 (Hg.): Postgeschichtliche Aufzeichnungen 1868-1954 (Nachträge bis 1961, Ergänzungen bis Ende 1968). 1954
Raffat, Hakim: Eppendorf und seine Parks. 2007 (2. Aufl.)
Ders.: Der Woldsenweg in Eppendorf. 2008
Ruppert, Firma (Hg.)/Alter, Helmut (Text): 75 Jahre J. W. Ruppert. Alfred Ruppert. Heinz Ruppert. o. J. (1957)
Ruppert, Grundstücksgesellschaft (Hg.): Ruppert. 1992
Scheffler, Karl: Der junge Tobias. Eine Jugend und ihre Umwelt. 1962
Schiefler, Gustav: Eine Hamburgische Kulturgeschichte 1890 – 1920. 1985
Schöpflin, Dr. phil. Karin (i.A. des Kirchenvorstandes): Führer durch die Kirche St. Johannis–Eppendorf. Faltblatt. 1990
Schulverein (Hg.): Einhundert Jahre Gymnasium Eppendorf 1904-2004. 2004
Schwarz, Wilhelm: Eppendorfs Vergangenheit in Wort und Bild. 1925 (Reprint bei Kurt Heymann, Hamburg, 1971)
Senat der Freien und Hansestadt Hamburg (Hrsg.): Die jüdischen Opfer des Nationalsozialismus in Hamburg. 1971
Skrentny, Werner: Eppendorf 1860-1945. 1998
Ders.: Zu Fuß durch Hamburg. 21 Stadtteilrundgänge durch Geschichte und Gegenwart. 2009 (7. Aufl., früher: Hamburg zu Fuß)
Stein, Irmgard: Jüdische Baudenkmäler in Hamburg. 1984
Stadtteilarchiv Eppendorf/Redaktion Maria Koser: Stifter, Schwestern, Zufluchtsstätten: Geschichte(n) rund um die Martinistr. (...). 2012
Töteberg, Michael: Filmstadt Hamburg. Von Emil Jannigs bis Wim Wenders: Kino – Geschichte (n) einer Großstadt. 1990
Ders. / Reißmann, Volker: Mach' Dir ein paar schöne Stunden. Das große Hamburger Kino-Buch. 2008
Tügel, Franz: Mein Weg. 1972
Weidlich, Knuth (Hg.)/Skrentny, Werner (Text): Das Eppendorf-Buch. 1991
Weinke, Wilfried: „Wo man Bücher verbrennt..." Eine Ausstellung von Wilfried Weinke in Kooperation mit der Staatsbibliothek Carl von Ossietzky. 2013
Winkelmann, Joachim: Eduard F. Pulvermann. 2007
Wirth, Karl-Bernhard: 125 Jahre Eppendorfer Bürgerverein. o. J. (1999)

WWW

www.abendblatt.de
www.dasjuedischehamburg.de
http://deu.archinform.net
www.filmmuseum-hamburg.de
www.gerdstange.de
www.hamburg.de/contentblob/3947920/data/denkmalliste-gesamt.pdf
www.handelsblatt.de
www.hamburgerpersoenlichkeiten.de
www.hayn-hegestr.de
www.martinierleben.de
www.mopo.de
www.spiegel.de
www.stadtteilarchiv-eppendorf.de
www.statistik-nord.de
http://verfolgte.spd-hamburg.de
www.welt.de
www.wikipedia.de
www.wir-sind-eppendorf.de
www.zeit.de

Impressum:

ein Buch des

Weidlich-Verlag
Grundweg 39
22850 Norderstedt
T. 040/57 201 237
F: 040/ 57 201 238
M. 0160/ 976 34 311
Email: info@weidlich-verlag.de
Website: www.weidlich-verlag.de
Webshop: www.weidlich-verlag.com

Herausgeber:	Knuth Weidlich
Text:	Werner Skrentny
Fotos:	Knuth Weidlich
Layout:	Ron Bourne
Bildredaktion:	Werner Skrentny, Knuth Weidlich, Ron Bourne
Druck:	AZ-Druck Berlin

ISBN 978-3-929307-50-4

Biographien

Herausgeber:

Knuth Weidlich, geb.1954, Inhaber des gleichnamigen Weidlich-Verlages, vertreibt seit 1988 historische und neue Hamburg-Bilder,
brachte mehr als 30 Hamburger Regionaltitel, darunter 1991 das sehr erfolgreiche EPPENDORF-BUCH sowie diverse historische Bildkalender heraus.
Neben dem Vertrieb der Hamburg-Fotografien und künstlerischer Hamburg-Bilder ist ein weiterer Verlagsschwerpunkt, lokalen Künstlern eine Vertriebsbasis zu geben und deren Kunst in Form von Postkarten, Postern, Kalendern und Leinwandbildern zu vertreiben.

Autor:

Werner Skrentny, geb. 1949. Aufgewachsen in Hirsau, Nordschwarzwald. Tageszeitungs-Redakteur in Ulm. Lebt seit 1978 als freier Autor in Hamburg-Eppendorf. Verfasser von „Das Eppendorf-Buch“ (1990) und „Eppendorf 1860-1945. Ein photographischer Streifzug“ (1998). Zahlreiche Reiseführer, u.a. zu New York, Irland, Tschechien, „Zu Fuß durch Hamburg“ (7. Aufl. 2009), sowie etliche Bände zur Fußballgeschichte. 2012: „Julius Hirsch. Nationalspieler. Ermordet. Biografie eines jüdischen Fußballers“. Recherche der Inhalte der 2004 eröffneten Dauerausstellung HSV-Museum. Mitarbeit an Ausstellungen der Kulturbehörde Hamburg.

Dank

Layout:

Ron Bourne, geb. 1948. Londoner, Vater Engländer, Mutter Deutsche. Nach der Ausbildung lange Jahre als Art Director in namhaften Werbeagenturen in Florida tätig. Wurde dort maßgeblich von den US-amerikanischen kreativen Kultur- und Kunstschaffenden geprägt. Zurück in Deutschland arbeitete er in diversen Agenturen als Creative Director. Seitdem freier Grafiker/Illustrator. Lebt in Norderstedt.

Bildnachweis

Sofern keine anderen Bildquellen in den Bildtexten angegeben sind: Historische Aufnahmen aus dem Archiv des Weidlich-Verlag, ehemals Historika Photoverlag Hamburg.
Leider war es uns nicht in allen Fällen möglich. die Rechteinhaber festzustellen und /oder zu erreichen. Der Verlag verpflichtet sich, rechtmäßige Ansprüche nach den üblichen Honorarsätzen zu vergüten.
Titelbild: Spielende Kinder am Mühlenteich und das Will'sche Palais, Aufnahmen der 20er Jahre.

Für die Karten bedanken wir uns beim Landesbetrieb Geoinformation und Vermessung Hamburg.

Aktuelle Fotos von Knuth Weidlich.

Archiv der Ernst Thälmann–Gedenkstätte, Hamburg–Eppendorf;
Martina Berg;
Wolfgang-Borchert-Archiv Hamburg;
Gertrud Bunsen;
Inge Daust;
Hans Ditze, ehemals (ehem.) Bootshaus Barmeier;
Eben Ezer Kirche Hamburg;
Gymnasium Eppendorf;
Hamburger Öffentliche Bücherhallen;
Rolf Hausmann;
Adolf-Friedrich Holstein;
John D. Hope;
Institut zur Geschichte der Medizin am UKE;
Siegfried Jörns;
Kirchengemeinde St. Johannis Eppendorf, Kirchenbüro;
Kirchengemeinde St. Nikolai, Harvestehude;
Landesmedienanstalt Hamburg;
Liselotte Klophaus;
Kloster St. Johannis, ev. Damenstift, Verwaltung;
Hans Meier;
Dr. Reinhard Müller;
Museum für Post und Kommunikation Hamburg (ehem.);
Hans–Peter Nehlsen;
Friedrich Nüsslein;
Petzold & Aulhorn;
Ruppert Grundstücksgesellschaft GbR;
Schule Breitenfelder Straße;
Schule Schottmüllerstraße (ehem.);
Klaus Seifert +; Arnim Silwar;
Staatliche Landesbildstelle Hamburg (ehem.);
Staatsarchiv Hamburg;
Staatsbibliothek Carl von Ossietzky Hamburg;
Stadtteilarchiv Eppendorf, Maria Koser;
Gerd Stange;
Stiftung Anscharhöhe;
Barbara Taterka, "Das Buch in Eppendorf";
Björg Torke (Bootshaus Barmeier);
Verlag Heinrich Ellermann, Hamburg/ München;
Vor- und Grundschule Schottmüllerstraße (ehem.);
Wilfried Weinke;
Winterhude – Eppendorfer Turnverein (WET);
Wolfgang–Borchert–Schule (ehem.);

sowie nicht namentlich genannten Personen und Institutionen.

Straßen- und Ortsregister

Personenregister